A BRIEF HISTORY OF ASIA

亚洲简史

[法] 勒内·格鲁塞◎著
René Grousset

曲水◎编译

敦煌文艺出版社

图书在版编目（ＣＩＰ）数据

亚洲简史 /（法）勒内·格鲁塞著；曲水编译．——
兰州：敦煌文艺出版社，2020.6
ISBN 978-7-5468-1891-7

Ⅰ．①亚… Ⅱ．①勒… ②曲… Ⅲ．①亚洲—历史
Ⅳ．①K3

中国版本图书馆 CIP 数据核字 (2020) 第 075376 号

亚洲简史
[法] 勒内·格鲁塞 著 曲水 编译

责任编辑：田 园
装帧设计：雨 均

敦煌文艺出版社出版、发行
地址：（730030）兰州市城关区曹家巷 1 号
邮箱：dunhuangwenyi1958@163.com
0931-8121698（编辑部）
0931-8773112 0931-8120135（发行部）

三河市华东印刷有限公司印刷
开本 710 毫米 ×1000 毫米 1/16 印张 19.5 字数 300 千
2021 年 6 月第 1 版 2021 年 6 月第 1 次印刷
印数 1 ~ 8100 册

ISBN 978-7-5468-1891-7
定价：49.80 元

编译者序

在漫长的人类历史中，步入文明世界的数千年不过是一个很小的片段，如果将人类诞生、演变和发展的历史长度比作一个月，那么人类文明史充其量不过是几个小时。在这"几个小时"的片段中，亚洲引领人类发展前驱的时间又占去了一大半。

回溯古老时代，我们将亚洲看作是人类文明诞生之地其实并不过誉。亚洲的农耕民族先于整个世界进入了新石器时代，进而出现了最早的政治雏形、中央国家。随后，先一步的亚洲几乎事事都走在了世界的前头。亚洲引领着世界的发展，或者可以说，在漫长的历史中，亚洲就是历史的代名词。

鉴于亚洲的重要性和亚洲史料的丰富，近代研究亚洲的西方历史学家有很多，法国历史学家勒内·格鲁塞是其中非常著名的一位，被誉为"亚洲史研究界的泰斗"。

格鲁塞 1885 年出生于加尔省，就读于蒙彼利埃大学历史系。大学毕业之后，格鲁塞进入法国美术部工作。1914 年，第一次世界大战爆发，格鲁塞服役于法军并参加了多场战役。

战争结束后，格鲁塞返回巴黎，就任巴黎集美博物馆的助理管理委员，1933 年成为色努斯基博物馆的指导及该馆亚洲艺术藏品的负责人。1946 年，格鲁塞因为历史和艺术方面的成就，当选法兰西学院院士，此后仍然活跃在这两个领域，直到 1952 年在巴黎去世。

格鲁塞一生潜心研究亚洲历史与文化，著述颇丰，代表作《成吉思汗》《东方的文明》等享誉历史学界，是西方学生了解亚洲历史的入门读物。

对于亚洲历史的研究，格鲁塞选择了一个很好的切入点——艺术。艺术是文化最精彩的表现形式，它的存在不受时间的限制，没有保存不善或人为伪造的问题。以艺术作为线索，探寻亚洲历史的发展进程，尤其是国家和地区间的交流与融合，可以说是一个非常具有创见性的研究方法。

因为有了艺术这个大的框架，所以格鲁塞在研究亚洲历史时，能够不局限于某一个地区或民族，而是先从整体对亚洲做出一个定义，然后再根据事实逐步拆解，进而勾勒出一幅清晰的亚洲历史画卷。

这种类似庖丁解牛的研究方法奠定了格鲁塞亚洲历史专家的地位，然而格鲁塞的研究也有其不可避免的局限性。

格鲁塞生活在 20 世纪上半叶，那时的欧洲是名副其实的世界中心，而且已经作为中心存在 100 多年了。当时的欧洲种族差异观点盛行，这些观点不可避免地影响到了人文学者的研究工作，格鲁塞当然也在其中。

因为始终持有西方本位的思想，格鲁塞在对一些历史问题做论断的时候，不免陷入主观主义的陷阱当中。譬如，格鲁塞认为中华古文明的一些遗迹有明显的地中海特点，是受到了西方同期遥远的影响，这在我们今天看来就不免有些偏颇。

但无论如何，作为一位谙熟亚洲历史的史学大家，格鲁塞对于亚洲历史的研究依然是帮助我们了解亚洲、理解亚洲和缔造新亚洲所不可不学习的知识。

在本书中，笔者根据格鲁塞对于亚洲历史的研究成果，将亚洲历史归纳为五个阶段，并加以整理编译。

第一卷为古老时代，是从亚洲先民们告别蒙昧开始讲起，以亚洲早期文明的兴起作为终点。在这一卷里，格鲁塞着重讲述了亚洲文明的起源，以及早期亚洲文明的艺术特点。

这里需要解释的是，因为早期的古埃及文明在某种程度上与亚洲更为接近，而古埃及文明的辐射范围以及继承者也是东面的西亚阿拉伯地区，所以作者革除了地理限制，将古埃及文明也放进了亚洲范畴，以保证历史学家作品的完整性。

第二卷为东方的形成，是从亚洲文明的兴起开始讲起，一直到强大的地方政权开始出现为止。在这一卷里，格鲁塞以地域为线索，讲述了东亚、西亚、中亚和南亚次大陆四大区域的文明历程，以及因为文明高度发达而诞生的强大政权。

第三卷为四大帝国，是从各地方政权的兴起开始讲起，一直到这些地方政权在各自的势力范围里称霸为止。在这一卷里，格鲁塞分别讲述了中华帝国、波斯帝国、阿拉伯帝国和印度帝国的强大过程，以及在这些帝国缔造的辉煌盛世中引领世界的亚洲。

第四卷为征战与融合，主要讲述各主要帝国的兴衰，以及在这些强大政权周围一些次级政权的兴起和奋斗。在这一卷里，我们能够看到亚洲舞台上多了很多"新人"，它们在挑战亚洲既定秩序的同时，又在建立新的秩序，亚洲从此时期进入混乱状态，群龙无首的亚洲在彼此征伐中开始显露出衰败的迹象。

第五卷为亚洲的谢幕，是从蒙古大帝国的崩溃开始讲起，一直讲到欧洲人对亚洲的征服。在西方兴起的同时，伟大的亚洲衰落了，世界舞台迎来了新的主角——西方殖民者。它们给亚洲带来了新的秩序，无论是迟暮的帝国还是新兴的民族，都不得不服从于西方强权者，伟大的亚洲一去不复返，取而代之的是一个被欧洲全面赶超的衰败的亚洲。

这五卷历史，讲述了亚洲从引领世界到被世界甩在身后的过程，读后让人扼腕叹息，令人深思警醒。

在中国崛起的当下，了解亚洲、感知亚洲是我们每一个有志于走向世界的中国人都必须要有的情怀。跟着格鲁塞回顾整个亚洲的兴衰，了解形成今天的亚洲格局的历史脉络，相信对于每一位读者都会有很大的益处。

本书编译者水平有限、时间仓促，虽努力保持格鲁塞原有文字，但细节仍不免有疏漏之处，欢迎读者批评指正。本书的一切荣誉归原著者法国历史学家勒内·格鲁塞所有，所有不足之处由编译者承担。

编译者　曲水

2019 年于北京

目 录

第一卷　古老时代

第二卷　东方的形成

第三卷　四大帝国

第四卷　征战与融合

第五卷　亚洲的谢幕

第一卷

古老时代

Volume 1

The Ancient Age

亚洲是人类文明的起源，这里是人类首先告别部落走向社会的地方。在古老文明诞生的时代，当其他大陆还处于一片蒙昧当中时，这里迈出了人类走向未来的第一步。

　　文明的诞生有赖于人类生存的地理环境。早期的文明来源于农业，而早期的农业又受水利灌溉的影响，这也就能解释为什么古老文明都诞生于亚洲（以及非洲北部）的大河流域，因为只有这里才有适宜早期人类聚居的环境。

第一章
遥远的东方

一、华夏的开始

早期亚洲文明是典型的大河文明，以美索不达米亚[①]为代表的大河冲积平原，为亚洲先民们提供了肥沃的土壤。这种平原是上天赐予的礼物，它让亚洲先民早于世界其他地区开始了农业的实践。在这些大河文明中，最璀璨的一个是遥远东方的华夏文明。

东方的平原来自于黄河及其支流的馈赠，它幅员辽阔，可以从北方的北京一直到南方的淮河，从西边的洛阳到山东的沿海丘陵。这片广阔的平原总面积超过 30 万平方千米，面积比不列颠和爱尔兰的总和还要大。

按照地质学的年代计算方法，在中生代的时候，华夏大平原还是一片海洋，山东的丘陵是海洋中凸起的岛屿，大海的海浪冲刷着今天山西的高山，山西以西则是布满黄土的高原。

[①] 美索不达米亚是古希腊对两河流域的称谓，意为"（两条）河流之间的地方"，这两条河指的是幼发拉底河和底格里斯河。

汉代的大禹治水壁画

华夏先民的主要作物——黍

从远古时代开始，黄河从西部遥远的黄土高原奔流而下，它携带了大量的泥沙，一层层地堆积在华夏"海湾"当中，最终填满了整个"海湾"，然后在山东挡住了大海，并一直向海中延伸。直到今天，中华的海岸线还在延伸着。

黄河及其支流为先民们带来了肥沃土地的同时，也带给他们一些厄运。年复一年的冲积，黄河的河床被不断地抬高，两岸的居民不得不垒起高高的堤坝。结果，在黄河的下游，河床已经远远高于它所流经的平原，这对于两岸的居民来说是极大的隐患。

黄河在东边创造着平原，也就是中国人称之为"中原"的地区。在中原往西，是绵延不断的黄土梯田，黄河正是发源于这一片丘陵地带。

整个丘陵被黄土覆盖，这些黄土是过去数万年里被风所塑造和堆积的，它是细腻的黏土、沙粒和石灰岩粉尘的集合。岁月把它侵蚀得层层累累，就像梯田一样。

早期的黄土梯田并不缺水，因此那里是一块和中原平原一样肥沃的土地，种植着小麦和黍稷。

最后，还有一片广大的区域，从北京到开封，再从开封到南京，这是西北的黄土与中原的冲积泥层的结合地域，这里有华夏最肥沃的土壤，在这片广大的区域，黍稷①与水稻耕作结合在了一起。

华夏的文明正是从这一地区开始兴起，伴随着农业的发展步步壮大起来的。

在华夏文明的早期，关于先民们如何焚烧丛林、清理荒草、排空沼泽、平整耕地的记载比比皆是。一些伟大的人物带领着人民在这些事业中奋斗，其中最伟大的英雄人物是神农，他教会人们刀耕火种、使用锄头；另一位是后稷，他教会人民种植黍稷。

在农业世界还有一项最重要的工作，那就是水利。早期的农业对水的依赖超乎人们的想象，然而水不仅仅能够灌溉农业，自然界毫无控制的洪水还能够摧毁人类的文明。于是，治理不受人管束的水，尤其是洪水，便成了横亘在早期先民们面前的第一个生存难题。

挑起解决这一难题的重任的英雄人物是大禹，他带领华夏先民成功地征服了洪水，并让先民们团结在了他的周围。最终，当洪水退去的时候，夏朝便在大禹的威望中诞生了。

二、从先民到农民

农业的发展给先民们带去的最大的好处是让他们开始了定居的生活。这种定居的生活将他们与那些游牧、游猎民族彻底区分开来，并远远地领先于这些民族。

这些游牧和游猎民族最开始不是生活在陕西、山西以北的草原上，就是生

---

① 黍稷，两种作物。一般认为稷者为谷子，即糜子；稷者为黍，即黄米，起源于中国，特点是区域适应性强、耐寒、耐旱。

游牧民族的家园——草原

活在南方的丛林里，他们大概属于同一种族。当华夏先民们选择农业并领先于他们建立国家之后，他们就已经落后成为"野蛮"部落了。而且，可以预想的是，这些"野蛮"部落也必将效仿华夏先民，改变自己的生活方式和思维方式。

果然，从古风时期的末期开始，这些"野蛮人"放弃了游牧和游猎，转而投身于农业生产中来，他们也就成了华夏的一部分。整个华夏已经完全步入农业社会，先民们转变成了更为先进的农民。

如果说是同地区比较，那么古代华夏农民的社会生活和今天中国人的农业生活其实没有什么不同。在大平原上，他们住在泥板堆砌的房屋里，这些泥板屋抵抗不了季风雨和侵蚀所造成的毁坏；而在黄土高原上，他们则居住在从峭壁上挖出的窑洞里，田地悬于农舍之上，有的窑洞的通风口会通到耕地的中间。

在华夏社会里，蚕的饲养很早就已经出现了。如果华夏古书《禹贡》①的记载准确的话，那么，山东及毗邻地区就很可能一直是"桑土"。

从灌木丛和沼泽地里开垦土地是华夏农民自古以来就在进行的工作，这项工作一直延

中国的天坛，天子在此祭拜皇天

续到今天，为的是确保他们征服的土地能够采用一套切实有效的精耕制度。

有人这样说："中国人的农业只不过是更大规模的园艺而已。"我们可以补上一句：在华夏这片土地上，无论是在黄土高原还是在中原冲积平原，我们都很难找到真正意义上的林地。华夏农民对森林有一种超乎寻常的憎恶感，无论是在什么地方发现，都要将它们清除。

在成了这片土地的主人之后，华夏农民便系统地砍伐树木，他们对这项工作的执着程度远远超出他们对燃料的直接需求。同时，华夏农民不会进一步利用那些山丘，只是任由它们光秃秃地躺在那里。因为有西北梯田和中原平原的养育，他们根本不愿意在高原上定居，平原上的黄土就这样滋养着世世代代的华夏农民。

华夏农民的生活异常辛苦，他们有着不屈不挠的耐性，以及上天馈赠的肥沃土壤，然而，他们又必须听任上天的摆布。

自然，决定着华夏农民的一切。在干旱时节，黄土地面临饥荒的威胁，在中原则有洪水泛滥的危险。因此，华夏农民对自然无比敬畏。可以这样说，华夏农民的日常都要看老天的脸色行事，而具体的表现就是节令。

华夏乡村的生活被清楚地分割为截然不同的两个阶段：从春至秋在地里劳

---

① 《禹贡》，中国古代名著，属于《尚书》（一作《书经》，简称《书》）中的一篇，是先秦最富于科学性的地理记载，囊括了各地山川、地形、土壤、物产等。

华夏农民创造的梯田

作，接下来就是在室内度过严冬。华夏农民最初的宇宙观，尤其是把事物分为两个一般类别的原始"分类法"，很可能就来源于此。这种分类的方法，直到今天，依然支配着中国人的哲学体系。

比如，按照类似的分类方法，万物被分为两种形态：阴和阳。阴对应阴影、寒冷、收缩、潮湿和女性，阳对应热、膨胀和男性。这两种法则就像它们所效仿的季节阶段一样，是互相对立的，同时又互相依存、互相转换。而统辖它们交替与转换的秩序，就是宇宙的秩序，也是社会的秩序，或者按照中国人的说法，就是"道"，这是构成中国后来一切哲学学说的一个中心概念。

华夏的原始宗教，其主要目标就是确保季节的循环与农业生活的周而复始相和谐，或者像后来所说的"天人合一"。天上的秩序，由天上的"皇天"所控制，人间的秩序则由国王来保证。为了这个目的，国王被授以"天命"，这让他成为"天子"。

在远古时代，华夏的农民们辛勤地劳动着，这让这个民族积累了大量的财富。而财富很快便诞生了一个前所未有的处于社会顶端的阶层，社会开始分化开来。

三、从陶器到青铜器

尽管我们对于华夏第一代王朝——夏朝——几乎一无所知，但关于那个遥远时期里农民们所使用的器具，考古学还是给了我们一些蛛丝马迹。关于华夏第二代王朝——商朝，考古学也为我们提供了一些意想不到的发现。

鉴定年代来自夏朝的最早的考古发现是一件粗糙的装饰陶器，那件陶器绘有所谓的篦纹图案。这种装饰风格，在公元前 2000 年—前 1500 年的西伯利亚曾广为出现，它的发现或许表明这两个地域在那时候就已经存在某些联系了。

紧接着是发现了绘制器皿。近些年，在河南省的仰韶和秦王寨两个村子里，考古学者们发现了一些砖红色的陶瓷器皿。这些器皿绘有一种生气饱满、笔法灵动的装饰图案。

仰韶陶器的年代被鉴定为公元前 1700 年前后，这个日期与历史记载的夏朝第二阶段是一致的。半山陶器的鉴定年代则在公元前 1500 年—前 1400 年之间，这个年代与商朝第一个时期相吻合。

这些器皿是真正意义上的艺术品，绘有红黑两色螺旋纹的华丽装饰，其装饰品质堪与爱琴海的艺术品相媲美。

而且，这种对比性不仅仅是风格上的。因为人们在乌克兰和罗马尼亚的史前绘制陶器上也发现过类似的装饰，这就让人不

殷商时代刻有铭文的后母戊鼎

华夏的甲骨文

由得猜测：它们可能是通过俄罗斯草原的通路从爱琴海传到中国西北的。但毋庸置疑，这种装饰风格没有在中国存在太久。

在半山遗址中，除了这些螺旋纹装饰之外，我们还得到了很多更简单的装饰形态（棋盘图案）的证据，这些明显是从编织物上模仿来的。这种装饰形态是在公元前 14 世纪所能发现的唯一形态，此时，螺旋纹已经被华夏农民们抛弃了。

在甘肃省的马厂遗址中，我们发现了隔行编织物图案向绘制陶器转移，而后，我们又发现这些图案开始成为最早的青铜器装饰。

考古学家门京的资料中记载，青铜器在大约公元前 1500 年从中国传入了西伯利亚。但是，在中国发现的几件早期的青铜箭头却显示它们似乎是起源于西伯利亚。

此外，几件商代早期的青铜器还被解读出它们对木制品的拙朴模仿，青铜器制作者忠实地复制他的木质模型，甚至还模仿了木头上的槽口和刀痕。这里我们可以想象，突然得到西伯利亚金属制作技术的华夏农民仿佛一夜之间就把他们远古的陶制和木制礼器转变成了青铜器。

而后，1934 年—1935 年在中国安阳所做的考古又让我们看到了一个高度发达的青铜文明时代。在这个公元前 12 世纪处于鼎盛时期的商朝古都，我们有了大量宝贵的发现。

在安阳陵墓中发现的用于占卜的骨头与龟甲上，刻有一直流传至今的最早的汉字。从这些汉字可以看出书写符号与图画符号的差别并不大。

埃及人的象形文字、巴比伦人的楔形文字，以及汉字全都是从类似的图画中发展而来的。然而安阳发现的这些汉字已经充分格式化了，这迫使我们去认识自真正的"原始"图画出现以来汉字所经历的初步精细化的漫长时期，其原型迄今仍未得到揭示。

在安阳陵墓的发掘中，最具代表性的发现是那些令人惊叹的青铜器。考古学家们为此大吃一惊，此时他们不得不承认，在这样一个遥远的时期，各类青铜器的仪式形态和装饰就已经被完美地确立了。

如果此前我们不知道在中国传说里安阳不过是商朝最后的都城之一的话，那我们恐怕会认为这是一项突然出现的奇迹，就像全副武装的雅典娜从宙斯的头颅里蹦出来一样。

展现在我们面前的这种丰富的物质文明证实了中国古代史书在谈及商代帝王时所讲述的那些事情。因为农业的发展，一个灿烂的文明社会已经被华夏的农民们创造出来了。

第二章
古埃及文明

一、孟菲斯文明

在被法老们统治之前，埃及地区的人民已经是同一种源了。尽管他们由不同的民族成分构成，包括柏柏尔人（Berber）[1]、塞姆族人（闪米特人）[2]等。

多个世纪以来，这些民族已经分成了许多不同的部落，这些部落往往以不同的动物图腾和守护神区分，如奥西里斯（Osiris）[3]的不死鸟、阿蒙（Amun）[4]

---

[1] 柏柏尔人是西北非洲的一个说闪－含语系柏柏尔语族的民族。实际上柏柏尔人并不是一个单一的民族，它是众多在文化、政治和经济生活相似的部落族人的统称。

[2] 塞姆族人，亦称"闪米特人"。这个名字出自《旧约全书》创世记所载传说，称其为诺亚长子闪的后裔，是起源于阿拉伯半岛的游牧人民，阿拉伯人、犹太人都是闪米特人。生活在西亚、北非的大部分居民就是阿拉伯化的古代闪米特人的后裔。闪米特是中东民族的语言、文化的一个分支。闪米特人属于白种人（欧罗巴人种）。

[3] 古埃及的冥神，他以木乃伊的形象出现，头戴"阿太夫"王冠，右手持连枷，左手拿着"赫卡"权杖，双手交叉放在胸前。

[4] 阿蒙，古埃及底比斯的主神。

的公羊、荷鲁斯（Horus）^①的食雀鹰、阿努比斯（Anubis）^②的胡狼、拉（Ra）^③的雄狮，等等。经过时间的流逝，这些部落逐渐兼并，最终锐减到了两个，在上埃及和尼罗河三角洲各有一个。

这一时期出现了很多文明产物：铜制的武器、工具、装饰品；在片麻岩版上镌刻出的具有历史性的浮雕，这些浮雕大多以战争、狩猎或者宗教仪式为主题。最重要的是这一时期已经出现了文字，最初这种文字以图画

阿蒙公羊图腾雕像

的形式出现，之后又发展成两种主要组成部分，一种为象形文字，另一种是类似于拼音的文字。

直到公元前 33 世纪末或者公元前 34 世纪初，这两个埃及部落被法老们统一为一个大王国。这个王国自始就极具宗教性，法老被看作是神的化身，他们往往以庄严高贵的身着打扮出现在人民面前，比如头戴黄金蛇形章、手持神杖、神情庄重威仪，极具仪式感，让人顶礼膜拜。这种宗教使埃及的人民成为对法老们顺从的奴隶和虔诚的崇拜者，王国的政权也因此得以稳固。

埃及的 25 个王朝在千百年间得以传承，它们的历史大致可以分为四个时期：公元前 2895 年—前 2360 年的孟菲斯帝国时期，公元前 2160 年—前 1660 年的第一底比斯帝国时期，公元前 1580 年—前 1100 年的第二底比斯帝国时期，以及一直延续到公元前 525 年的赛伊斯时期。

---

① 埃及九柱神之中冥王奥西里斯和伊西斯的儿子，古埃及神话中法老的守护神，是王权的象征，同时，他也是一位战神。

② 古埃及神话中的死神，以胡狼头、人身的形象出现在法老的壁画中。

③ 主神，太阳神。其形象与阿蒙结合在一起，称为阿蒙拉。

具有埃及特色的古雕像

在公元前 2840 年—前 2680 年，孟菲斯帝国达到鼎盛时期。在这一时期，帝国的国王建造了著名的大金字塔，并将埃及的势力扩大，直至腓尼基①。他们在这一时期留下了很多伟大的作品，包括大金字塔、大狮身人面兽以及开罗博物馆中所珍藏的人物造像等。这些传世不朽的艺术品带有浓厚的宗教色彩，这与古埃及人对来生的观念有着极其紧密的联系。

这些巨大如山的金字塔实际上就是法老的陵墓。它们都是由人赤手建造起来的，巨大的金字塔可高达 150 米，很难想象要耗费多大的人力才能建造起来。之所以要建造如此浩大的工程，很大程度上都要归结于他们的信仰。从法老到平民，他们都把一生消耗在准备幸福的来生上。他们相信人有灵魂，死后可以在陵墓中继续过尘世的生活。为了能在陵墓中过上美好的尘世生活，就需要让陵墓具备相应的条件。比如，在金字塔中要把木乃伊保存完好，在墓室中要有死者亲友和百工的造像和画像。这些图像描绘得越是逼真，死者就有越大的机会获得来世的幸福生活。当然，这种对图像和造像的逼真要求，对当时的美术尤其是造型美术水平有很大的推进作用。

当我们回顾这些已经存在于世将近 30 个世纪的埃及艺术品时发现，第四王朝时期的雕塑无疑达到了这一时代的顶峰水平。无论是在姿势还是在神态上，这些艺术品都显得十分自然逼真，甚至有些雕塑经过设计者理想化的处理后，连神情都惟妙惟肖。比如那个头后立着展翅雄鹰的哈夫拉国王的雕像，它的艺术性就达到了极高的水平，国王的高贵神情被雕刻得栩栩如生。

————————————

① 古代腓尼基大约相当于今黎巴嫩地域。

与此不同风格的还有卡阿培尔的雕像，这尊雕像高度写实，具有肥胖身躯和傲慢神态的有产者形象被刻画出来。

它趾高气扬，派头十足，虽然步态显得有些笨重，但精力充沛的神情却体现得淋漓尽致。同一时期还有现藏

狮身人面像雕塑

于巴黎卢浮宫的书记官坐像，锐利的目光中透露着冷漠和严厉；而在开罗博物馆中的书记官坐像则与此不同，有一种失落官员独有的狠毒神情。

当然还有很多十分逼真生动的雕像，它们都被塑造得十分写实且富有当时的生活气息。有时甚至让人觉得，这些犹如魔法师一样的雕刻者真的把这些人的灵魂封印在他们的塑像中，在来生还过着同样富足的生活。

二、底比斯文明

第一底比斯帝国到了第十二王朝时，国力达到鼎盛。在艺术上，这一时代与前一时代相同，都达到很高的成就。现在被开罗博物馆所藏的一些西努斯列特一世的造像，就可称是当时埃及雕塑品中的精品。它有着十分优美典雅的面容，含笑的表情中不仅带着高贵的尊严，还使人感觉到他所处的快乐气氛。相较于第十二和第十三王朝的艺术品，孟菲斯时代的肖像则更富于写实性，而等到后期的拉美西斯王在位时期的雕塑则更为精美典雅。在此之间的第一底比斯时期则更像是两种风格的融合，它十分巧妙地把雄壮和优美融合起来，因而，

我认为这一时期的作品最能代表埃及古典艺术。

第一底比斯帝国不但在雕塑上十分具有代表性，在绘画上也给人留下了深刻印象。比如贝尼哈桑[1]地方的克努姆赫特普二世陵墓中的一幅壁画，主题是一只优美的猫，它正在芦苇中等待猎物的出现。正如马斯伯乐[2]所描述的那样："那伸长的脖子、微微颤动的脊背、摇晃的尾巴、准备扑跃时向后回缩的身躯和那双紧盯猎物的眼睛。"除此以外，还有一些关于花鸟的绘画，这些画作的艺术水平几乎可以和中国这一类艺术品中的精品相媲美。

到了公元前1660年，埃及遭到了一些在历史上统称为希克索[3]的亚洲游牧部落的入侵，部分地区被征服。过了一个世纪，这些入侵者才被赶走。

随后就迎来了埃及历史上最辉煌的上古时期，即第十八王朝（前1580年—前1321年）。这一王朝的伟大法老图特摩斯三世和阿蒙霍特普三世征服了叙利亚，并且与巴比伦、亚述、米坦妮（西部美索不达米亚的王国）以及后期的米诺时代的克里特岛[4]等国建立了友好的外交关系。

后来，阿蒙霍特普三世因企图改革宗教而引起巨大混乱。他的继任者图坦卡蒙尽管改变了宗教策略，但最终还是让位给了更加正统的宗教王室，也就是第十九王朝。随后经过战争，法老拉美西斯二世[5]与当时占领叙利亚的加喜特人[6]瓜分了叙利亚，并与加喜特人联姻，成为盟友。

之后，他的继承人又两次遭到了爱琴海航海民族的攻击（前1229年和前1192年）。尽管都获得了胜利，但是这时的埃及已经元气大伤，只好退回到尼

---

① 贝尼哈桑，古埃及地区。

② 加斯顿·卡米尔·查理·马斯伯乐，法国考古学家，埃及学家，1846年6月23日出生于巴黎，马斯伯乐创建开罗的法国东方考古学院，并任开罗博物馆馆长。

③ 希克索，埃及北方的外族，曾一度征服埃及的部分地区。

④ 克里特岛位于希腊的南端，是爱琴海中最大的岛屿。

⑤ 拉美西斯二世（约前1303年2月21日—前1213年7月或8月）古埃及第十九王朝法老（约前1279年5月31日—前1213年7月或8月在位），其执政时期是埃及新王国最后的强盛年代。法老塞提一世之子。

⑥ 加喜特人原居于扎格罗斯山脉中部，公元前16世纪初占据了巴比伦，建立加喜特王朝。

罗河谷内。公元前 525 年，被波斯^①所灭。

拉美西斯二世执政时期是这个法老帝国的最后一个伟大时期。在这一时期，最为出名的就是它的建筑物。在埃及，几乎无法找到一座城市里没有拉美西斯所建造的或者所重修的古迹。他不但建造了卡纳克^②和卢克索神^③的雄伟神庙，还在古尔纳营建造了极负盛名的拉美塞姆殿堂^④。这些神庙都是那么的雄伟壮观。

拉美塞姆殿堂遗址

在神庙的最前端，是一对夹道而立的狮身人面兽或者公羊像。随后是一座

---

① 波斯是伊朗在欧洲的古希腊语和拉丁语的旧称译音，也就是说波斯是伊朗的古名。

② 埃及卡纳克神庙是古埃及帝国遗留的最壮观的神庙，因其浩大的规模而闻名世界，神庙位于卢克索以北 5 千米处，整个建筑群包括大小神殿 20 余座。

③ 卢克索神庙，埃及中南部城市，坐落在开罗以南 670 多千米处的上埃及尼罗河畔，位于古埃及中王国和新王国的都城底比斯南半部遗址上。

④ 著名的埃及神殿遗址。

埃及陵墓内部

满布美丽浮雕的方尖碑①。通进前庭的是两个巨大的门阀，再往里走，就到了柱殿，柱殿的构造是由像森林般的柱子支撑着一个平阔的屋顶。大殿内部的墙壁上布满描绘法老丰功伟绩的绘画和雕刻。这里就是埃及人的祭祀场所，当然只有法老和高级祭司才能进入。

但这种庄严雄伟的神殿和坟墓并不是埃及的全部。与之并存的还有一个更加小巧俊秀、妩媚动人的埃及，那就是底比斯和赛伊斯的艺术家们对裸体女性雕塑的刻画。

埃及艺术家在雕造法老的妻子或者女儿的时候，也会毫不犹豫地雕刻出那些圆满的乳房、柔软的小腹曲线，或者透明的衣服下臀部的线条。在埃及的陵墓中，看到关于歌女和舞女的绘画，她们所穿的衣服要比雕塑中更加薄透。据说，当邀请雕刻家或绘画家进行创作的时候，她们会有意穿着这种轻柔的纱衣，以让艺术家能更好地描绘出她们婀娜的身姿。

---

① 方尖碑，是古埃及特有的一种建筑物，四方柱形，用整块花岗岩制成，通常是成对的耸立在巨大的庙殿门前，作为崇拜太阳神的象征之一。现存埃及本土的方尖碑总数已不超过 10 根，而且多为单根。可是，在罗马帝国时代，被掠夺到欧洲和美洲都市广场上的方尖碑却有 50 根之多。

第三章
苏美尔与巴比伦

一、苏美尔 – 阿卡德文明

迦勒底[1]这块土地和埃及一样，曾作为后新石器时代的文明活动中心，在当时被诸强国所统治，盛极一时。

公元前4世纪中叶，迦勒底已经分成了两个领域，也就是苏美尔[2]与阿卡德[3]两地。在苏美尔地区，住着苏美尔人[4]，他们说着苏美尔语。而在阿卡德地区住的是闪族人，他们说闪族语。

---

[1] 迦勒底（意即破土者），也就是我们俗称的两河流域，迦勒底王国又称为新巴比伦王国。迦勒底人是古代生活在两河流域的居民，两河文明的中心大概在现在的伊拉克首都巴格达一带，北部古称亚述，南部为巴比伦尼亚。而巴比伦尼亚北部叫阿卡德，南部为苏美尔。

[2] 苏美尔，古地区名。在今伊拉克东南部幼发拉底河和底格里斯河下游。早期居民为苏美尔人。

[3] 阿卡德，古代地区，在今伊拉克中北部，是古代巴比伦文明的故乡。

[4] 苏美尔人（也译作苏马连），是历史上两河流域（幼发拉底河和底格里斯河中下游）早期的定居民族。他们所建立的苏美尔文明是整个美索不达米亚文明中最早，同时也是全世界已知最早的文明。

迦勒底浮雕

　　从一些浮雕上也能看出，两个民族的外貌有着明显的区别。

　　苏美尔人的特征像描绘中那样，具有圆而略短的头颅、鹰嘴样的鼻子、剃光的头发和胡须。阿卡德人的样子则截然不同，他们的头部侧面略显凹陷，鼻子直直的，鼻头圆平，而且也不剃头发和胡须。

　　在最开始的时候，苏美尔和阿卡德两地在政治上的界限是分明的，但是迦勒底文明却以一种混合的形式出现了，在此之间很难分清两者的归属。

　　在关于神的观念中，两地区的人都在很早以前就信奉同样的多神教，在文字使用上，也都采用楔形文字①。

　　迦勒底的各座城市都由一个最高"诸侯"所统治，他们同时也是当地神祇的最高祭司。在这些神祇中，有天神阿努、地神恩利尔、风暴之神阿达德、水神埃阿、月亮之神辛、太阳神沙玛什等，这些神祇也都具有一些天文学上

_____

① 楔形文字，由苏美尔人于公元前 31 世纪左右所创，是世界上已知最古老的文字。

的特点。

迦勒底人对天文学十分看重，为了能更好地了解星宿，他们还建造了最原始的神庙观测台，这种观测台就是由巨大砖块所建成的高达七级的方尖塔。

就当时而言，迦勒底地区十分富足，不仅是因为那里有肥沃的土地，还因为有善于种植的人民。

在很早以前，迦勒底地区就和埃及一样被当地的人们大力开发，繁华得像"地上天堂"一般。

另外，在手工业方面，迦勒底也毫不逊色，特别是在奢侈品的制造方面，他们的能工巧匠以十分娴熟的技艺制造出了色彩艳丽的毛织品、华美的绒毡、精美的家具和后来深受整个东方欢迎的黄金工艺品。

迦勒底商人沿着幼发拉底河和沙漠路径，把这些精美的工艺品带到了亚美尼亚①和卡帕多西亚②的群山地区和叙利亚的海岸地区，不仅如此，还把记录文明的楔形文字传了过去，这是一种用钉子形的铁器在黏土版上所刻画的文字。无疑，迦勒底文明对其周边地区的影响是十分深远的。

在之后的一个时代，即阿卡德帝国③时期，这种优秀精湛的艺术不但得以传承，还以惊人的速度发展起来。阿卡德国王萨尔贡一世④和纳拉姆辛⑤征服了全部的美索不达米亚。阿卡德帝国给我们遗留下了一件惊艳世界的艺术品，也就是如今藏在卢浮宫的纳拉姆辛胜利碑。

这座碑所展现的是这位君王在攻打一处山地时奇袭并屠杀当地居民的场景。胜利碑的画面尽显粗犷豪放之风，艺术家的夸张奔放手法得以大放异彩。

---

① 位于欧亚交界、高加索地区的山区小国。

② 卡帕多西亚是历史上的一个地区名，大致位于古代小亚细亚（即土耳其）东南部。

③ 阿卡德帝国（前 2334 年—前 2193 年），统治区域位于两河流域即美索不达米亚（今伊拉克），早于该地区后来出现的亚述和巴比伦帝国。

④ 阿卡德王国的奠基者。

⑤ 纳拉姆辛继承了萨尔贡的伟业，继续扩展阿卡德帝国的版图，令国势达至顶峰。他是第一位自封为神的美索不达米亚国王（辛，一词为神的意思），亦是第一个被称作"四方之王"的统治者。

楔形文字

那个头带牛角形饰物的国王，有着与其他人物比例不相称的超大体形，他神气自得地站在高处，左手持弓、右手提枪，显得威风十足。那些战败者的形象也十分生动，比如被国王踩在脚下的人、被扔到山下的尸体、向国王求饶的人以及为了躲避一支标枪而跪倒的同伴等，这巧妙的构图以及生动的布局安排，让后世的人看到后都大为惊叹。

阿卡德文明覆灭后，苏美尔人在乌尔^①王朝的带领下，重新取得地区霸权，统治美索不达米亚的全境。

这一时期，苏美尔人的艺术在一位小王侯古底亚的统治下大放异彩。之前的迦勒底雕刻一般都只限于一些石刻画和浅浮雕，到了古底亚时期^②，就开始不受这种胆小作风所限制。

比如藏于卢浮宫的一些古底亚造像。在这些造像中，古底亚都身披一件裸露右肩和右臂的衣服，这使得古底亚的肌肉线条被描绘得十分具有写实感。即使是那种肢体无法被衣物完全掩藏起来的感觉也在塑像中被创造出来，仿佛衣

---

① 今伊拉克境内。

② 公元前3000年后半叶，山地部落古底亚人侵略两河流域，并占领了阿卡德。此后，这个民族在那里持续了200年。

服底下遮盖的是鲜活的肢体。

尽管苏美尔人的艺术成就如此之高，但是他们的命运还是在外人的一系列入侵中发生了巨变。

二、巴比伦文明

公元前2358年，苏美尔人的帝国乌尔帝国被来自东方的伊拉姆人和西方的阿摩利人①所灭。在灭亡了苏美尔人的帝国之后，他们在迦勒底的南北两部分别建立了属于自己的王国。

阿摩利人的国家以巴比伦地区为中心，而后，巴比伦也成了迦勒底的首府。具有变革性的事件是：阿摩利人的国王汉谟拉比灭掉了盘踞在南方的伊拉姆，建立起占有全部美索不达米亚的巴比伦帝国。

在所有留传下来的汉谟拉比时期的艺术品中，其中有一个最为著名，就是如今藏在卢浮宫的闪绿岩石碑。在这座石碑上，不但镌刻了汉谟拉比所创造的伟大法典，还在上面雕刻了一幅庄严的授律画面。

汉谟拉比身着隆重的皇室服装，以站立祈求的姿态虔诚地聆听。太阳神沙玛什则坐在对面的

《汉谟拉比法典》

---

① 阿摩利人是闪米特人的一支。

宝座上，亲口向他传授律条。

浮雕上的线条明澈洗练，尽显出神祇授律时的庄严尊贵之感。如果我们将它和之前的纳拉姆辛胜利碑做一个对比，就能看出来汉谟拉比石碑上的笔法更加稳重，在图案的比例安排上也更为恰到好处。

当然，虽然有这些形式上的优点，但是较之于胜利碑，汉谟拉比石碑的图案中遮在衣服下的躯体却不能像以前那样富有生命的活力。

文学上，汉谟拉比时期很好地保存并继承了先前的迦勒底思想宝藏。

需要指出的是，当时塞姆族人的数量已经远超苏美尔人，在比重上占有绝对优势。因此，古苏美尔的很多史诗也大多被翻译成了塞姆语。之后，塞姆人也学着自己创作一些文学作品，他们创作的作品都被藏于皇家图书馆中。

用塞姆文修订了的苏美尔史诗，包括开天辟地和大洪水的说法，与《创世记》有着几乎一样的情调。

在迦勒底的祈祷词中，学者们也发现了和著名的《咏正直的受难者的诗》一样，都含有希伯来《诗篇》的那种抒情诗式的哀怨。那诗和《旧约》中的《约伯记》有非常高的相似度。比如，在神面前的凡人的可怜模样，悲惨到让人绝望的嘶吼以及那古代神统中引申出的恐怖想象。从这些相似的地方可以看出，迦勒底的思想对邻近的各民族的文化思想发展的确起了很重要的影响。

三、加喜特文明

公元前 1925 年，汉谟拉比王朝和巴比伦帝国被来自小亚细亚[①]高原的侵略者加喜特人所灭。

———————————————

① 小亚细亚，又名安纳托利亚或西亚美尼亚，是亚洲西南部的一个半岛。

加喜特人第一次出现在历史上是在公元前 20 世纪，他们生活在以卡帕多西亚为中心的安纳托利亚高原。他们以哈图沙①为都城，地理位置在今天的土耳其安卡拉以东 145 千米处。他们是一个混合的民族，有可能是纯正的安纳托利亚人，也可能是迁徙过来的一个印欧民族。

他们有自己的本土文化，也吸收了一些迦勒底文化，他们把这两种文化融合到了一起。

我们从摩崖上的铭文可以发现加喜特人的一些文艺作品，它们是用一种并未完全被解读出的象形文字所刻写的，这种文字就是加喜特人自己的文字。

不过，在发明自己文字的同时，加喜特人也学习了迦勒底的楔形文字。德

荒漠中的巴比伦遗迹

① 位于土耳其首都安卡拉东北约 145 千米乔鲁姆省松古尔卢地区的勃尕卡尔村。

国的一支考古队曾在哈图沙发现了一部写在楔形文字泥版上的王室档案,其中还包括当时的外交文字——巴比伦的塞姆语和一些无法全部辨认的土语。

在宗教方面,加喜特人信奉太阳神沙玛什,他以一个长着翅膀的圆盘或叉子作为象征。还有一位女神,希腊神母希贝丽的原型就源于她。

刚开始,这些加喜特人安稳地生活在小亚细亚,他们占据着卡帕多西亚①、旁图斯和一部分亚美尼亚以及西里西亚,在这里他们统治着弗里吉亚②和吕底亚③。公元前 20 世纪,加喜特人开始扩张,势力达到叙利亚北部和美索不达米亚。

公元前 1925 年,他们突袭并攻陷了巴比伦王国,肆意劫掠,彻底摧毁了巴比伦文明。到公元前 1370 年,他们又征服了位于美索不达米亚西北部的米坦尼帝国④。

这时的加喜特人已经把势力从黑海和吕底亚一直扩张到了亚述⑤的边界。加喜特人与埃及人瓜分了当时的叙利亚地区,北部归加喜特人,南部归埃及人。公元前 1279 年,加喜特人与埃及人建立了同盟关系。这样,加喜特人就得以在美索不达米亚以西、叙利亚以北的小亚细亚地区建立了加喜特帝国,并持续了将近两个世纪。

然而,加喜特人在两个世纪的短暂统治时期内也并不太平,他们接连遭遇了外敌的进攻,包括公元前 1229 年—前 1192 年的爱琴人和阿凯亚人的突袭、

---

① 卡帕多西亚是历史上的一个地区名,大致位于古代小亚细亚(即土耳其)东南部。在古希腊历史学家希罗多德的时代,卡帕多西亚包括了从托罗斯山脉至黑海之间的广大地域。

② 弗里吉亚,安纳托利亚历史上的一个地区,位于今土耳其中西部。

③ 吕底亚,小亚细亚中西部一古国(前 1300 年或更早—前 546 年),濒临爱琴海,位于今天土耳其的西北部,其居民的语言为印欧语系-安纳托利亚语,以其富庶及其宏伟的首都萨第斯著称,它大约在公元前 660 年开始铸币,可能是最早铸币的国家。

④ 米坦尼帝国(前 1500 年—前 1380 年),是由胡锐安人(也译胡里特人)于公元前 1500 年在卡布尔河流域建立的中央集权王朝。

⑤ 亚述,古代西亚奴隶制国家,位于底格里斯河中游。公元前 3000 年中叶,属于闪米特族的亚述人在此建立亚述尔城后逐渐形成贵族专制的奴隶制城邦。

来自西北方色雷斯－弗里吉亚人^①的侵略，还有东南方亚述人的袭击。

大约在公元前 1110 年，亚述人就征服了当时土地已经大大减少了的加喜特帝国。尽管在公元前 1060 年，加喜特人又重新夺回了政权，但是到了公元前 850 年及前 715 年，他们就再次被消灭，也就是在最后一次的攻击中，加喜特王国彻底并入了亚述帝国。

通过对加喜特帝国的整个历史的研究，我们可以看出：加喜特人在公元前 14 世纪和公元前 13 世纪的西亚，占有一个重要的政治统治地位，在这一时期，加喜特人和埃及人继承了老迦勒底诸帝在东方的统治地位。在文明发展方面，加喜特人在很多方面几乎成了连接古代迦勒底文明和亚述文明间的桥梁。

在当时的加喜特人活动的地区，考古学家发现了很多加喜特文明艺术品。尽管加喜特文明受到了老迦勒底文明和埃及文明的影响，但是加喜特人也有其独到之处，显示出加喜特人独特的创造才能。

在建造建筑物时，加喜特人与全部使用砖块的迦勒底人不同，他们只把建筑物的上部分用砖砌成，而在基座部分他们习惯用石块搭建。此外，他们的最主要贡献体现在，他们喜欢在建筑物的基座和柱础上雕刻大量的浅浮雕，这种带有大量浅浮雕和雕花的柱础乃是加喜特人的艺术特点。

此外，加喜特人对浮雕的喜爱还体现在那些被刻满浮雕的整面石壁上。比如在雅西里－卡雅那座建在岩石上的庙宇台基，上面镌刻着加喜特人所信奉的两位神祇，即沙玛什神和伟大女神。他们站在各自所特有的动物身上，进行约定好的会面。

通过这一作品，我们可以看出加喜特人的艺术特点：他们喜欢把雕刻的图像设计成长长的行列，善于刻画人物的动作，结构大气豪放，删减去那些琐细的部分，以突出主体。喜欢用兽面装饰门道，或平贴在墙壁上，有时还会雕刻出让人误以为动物的前身要破壁而出的错觉。

---

① 弗里吉亚人是古代居住在小亚细亚中西部弗里吉亚地区以及巴尔干半岛上的一个民族。他们讲一种印欧语系的语言。

加喜特遗迹

加喜特人的艺术是美索不达米亚艺术的一个分支，它和迦勒底艺术一样雄壮有力，而且还具有一种独特的运动感。

四、亚述文明

亚述人并不是一个单一的民族，在亚述人的民族成分中，包括苏美尔人、塞姆人、米坦尼[①]人和其他少数分子。他们在当时是一个十分军事化的民族，亚述人在某种程度上甚至比巴比伦人更加魁梧强壮。

通过亚述人留下的浮雕，我们能看到他们都具有强壮的身躯，四肢健壮发

———————————

① 米坦尼位于美索不达米亚平原的北部。

达，有鹰嘴般的鼻子、粗大的鼻孔、厚厚的嘴唇和一双大而锐利的眼睛，整体给人一种英勇善战的感觉。

从他们遗留下的铭文上可以看出，他们的行为也如他们的外貌那样彪悍狂野。战斗时，他们英勇无比，胜利时放纵而夸耀，对被征服的敌人冷酷无情。

最早的亚述国王就是他们的两位民族大神的祭司长，这两个大神分别是亚述神和金星伊什塔儿，前者是亚述国家的"明祖"，后者既是战争之神，也是丰产之神。尽管它是一个由宗教起源的国家，但是它的本质却是一个名副其实的军事王国。

亚述国和占据了巴比伦的卡西特诸王战斗了两个世纪之久（前14—前13世纪），到提革拉·毗色一世统治时获得了第一次胜利。在阿述纳吉·帕尔二世和沙尔玛尼色三世时期（前884年—前824年），亚述国逐渐征服美索不达米亚和叙利亚地区。

随后是亚述帝国中落的一段时期，相邻的很多民族纷纷摆脱了它的束缚。直到国王提格拉特·帕拉沙尔三世（前745年—前727年）在公元前732年攻占了大马士革①，又于公元前728年攻陷了巴比伦为止，亚述才重现"荣光"。

亚述帝国继续扩张，于公元前722年灭掉以色列王国，又于公元前714年攻破乌拉尔图②。随后辛那赫里布在位时（前705年—前681年），将巴比伦尼亚完全并入版图。

辛那赫里布的儿子伊撒尔·哈顿随后又征服了埃及并使亚述成为其宗主国。最后，伊撒尔·哈顿的儿子——亚述巴尼拔又于公元前646年消灭了中东最后一个独立国，也就是伊拉姆。

至此，亚述人在东方已经没有了对手，他们用近乎恐怖的武力占有了东西方向从卡帕多西亚到伊朗，南北方向从阿拉拉特到埃及和波斯湾的一片地区。

---

① 大马士革，今叙利亚首都。

② 乌拉尔图王国，公元前9世纪中叶—前6世纪初小亚细亚东部的奴隶制国家。得名于亚述对其之称呼，其居民自称比亚伊尼里国（见比亚伊尼里王朝）。又名凡王国，首都吐施帕城（今土耳其凡城）。

他们的文明甚至还影响到了未被其征服的部分伊朗地区和小亚细亚地区，亚述人的首都尼尼微①终于成了实际上的世界都城。

世界上的任何一个民族都不能像亚述人那样会遭受到如此严厉的裁判，当然在他们的性格中也丝毫找不到让人怜悯的地方。亚述帝国可以说是一个非常冷酷专制的国家，它不但作战凶狠、惨无人道，而且政治也十分严酷。与他们那专政无情的冷酷相比，其他任何民族都显得具有仁爱慈悲之心。

亚述人也正是因为他们那凶残和暴戾的性格才能在世界历史上占有一席之地。这些古代的亚洲罗马人以残暴恐怖的手段建立起了一个行政体系，他们把东方民族全部控制起来。这些以前的文明古国在他们强硬的手段下融汇于一个大帝国之下，各国的文明在此碰撞、融合。

亚述人浮雕

---

① 尼尼微，西亚古城，是早期亚述、中期亚述的重镇和亚述帝国都城，最早由古代胡里特人建立，其址位于现在伊拉克的北部尼尼微省，底格里斯河的东岸，隔河与今天的摩苏尔城相望，意为"上帝面前最伟大的城市"。《圣经》中曾提到尼尼微城名："耶和华必伸手攻击北方，毁灭亚述，使尼尼微荒芜，干旱如旷野。"

亚述帝国的国王并不是一位神，他只是亚述军队的首领，而亚述国只有一支军队，因此这位军队首领就成了亚述这个军事国家的唯一领袖。在这些亚述国王的一生当中，几乎一半的时光都是在征战中度过的。当他们不打仗的时候，这些国王就会去狩猎，有时甚至单人同这些野兽——野牛或者狮子——搏斗。

战争对于他们来说不过是一种能带来刺激的消遣形式，他们在此当中寻找快乐并得到满足。这些君王们还会像他们的普通士卒一样手持长枪和弓箭去冲锋陷阵。杀人时，他们也不惜用自己高贵的双手活生生地剥去战俘的皮肤。为了满足施虐的快感，他们经常用尖锐的木刺弄瞎俘虏的双眼。

亚述国王在彻底征服了东方之后，终于迎来了属于他们的和平时期。然而，亚述人的残忍的本性无处释放，于是被任情放纵的生活所替代。这些曾经喜欢和狮子、野牛搏斗的国王，在和平到来之后，深处宫内，每日纵情享乐，就像传说中的萨达那培拉斯一样沉浸在荒淫嬉戏当中。每当节日聚会时，国王就在灿烂耀眼的伞盖羽扇下出现，他身着华丽尊贵的服装，佩戴各种奢华的珍宝，在东方阳光的照耀下，令人目眩神迷。

我们还可以设想一下那些亚述战士：他们取得了最终的胜利，在他们的主子的带领下，从其他文明古国处劫掠了无数沾满鲜血的金银财宝，纵情地畅饮着美酒，在狂欢中享受着胜利的喜悦。

第四章
古印度文明

一、文明的摇篮——印度河

　　古印度的文明正是在印度河流域这个"温暖的摇篮"中孕育出来的。印度河的梵名为"Sindhu"，意为"河流"的意思，指南亚的大河。这条孕育璀璨印度文明的大河像底格里斯河、幼发拉底河及尼罗河一样，也是一条十分不稳定的河流。它发源于多水的地区，它的多条支流都是从富有充沛融雪水和夏季季风雨的喜马拉雅山山区出发，途经旁遮普地区和干燥的拉贾斯坦低地，随后进入信德的沙漠地区，最终从卡拉奇附近流入海中。途经的这些低地都极其缺雨少水，印度河流域的下游地区与苏美尔一样属于荒芜的沙漠。要想在这里发展农业，就必须依靠灌溉技术。

　　一年一度的洪水不仅带来了充裕的水分，还给当地冲积出肥沃又容易耕种的土壤，先天的气候优势也十分适于农作物生长。绵长而又温暖的生长期加之终年不断的充足日照，让这里具备了农业发展的优势。

　　当时，印度河流域的居民主要以小麦为食，这种非原产的农作物最早可能

宁静的印度河

是从西方地区引进的。除了小麦之外，当地先民还种植了大麦、豌豆、菜豆、油用种子等植物来补充食用。值得一提的是，印度河流域是最早用棉花织布的地区之一，当时就已经种植了大量棉花。此外还驯养了一些动物，如狗、猫、牦牛、水牛、羊，可能还有猪、骆驼、马和驴。家畜所挤出的奶也是补充食用的一种食物。

大概到了印度河文明的后期，水稻才出现，这种次要作物是通过与恒河流域交往而从原产地的东南亚传入进来的。当地土生土长的植物要数为人熟知的甘蔗。这里的气候十分适于甘蔗的生长，印度河流域的先民最早种植的作物正是甘蔗。但今天的恒河流域有着更先进的灌溉技术，因此恒河流域种植的甘蔗已经远远超过印度河流域。

要在印度河河边的地块种植农作物并不简单，必须加以灌溉，而且还会遭到天灾的破坏。这里泛滥的洪水不仅来势汹汹，而且毫无规律可言，对此处种植的农作物所带来的灾难往往是毁灭性的。这在后来的考古挖掘中也可以看到，那些相继建造的堤堰遗迹正说明了人们在阻挡洪水的工作上做出了很多努力，但当时的技术水平相对落后，很多时候仍无法阻挡洪水的破坏。

印度棉花园

印度河文明是如何结束的，至今仍然没有定论，但摩亨佐·达罗①的灭亡却是明确的，且充满了戏剧性和突发性。它在公元前 2000 年被一群外来入侵者所洗劫，这些入侵者是谁仍有待考证。但可以确定的是，摩亨佐·达罗在遭受致命洗劫之前，经济和社会的状况已经十分衰微了，无情的洪水不止一次地淹没这里的大部分地区，那些本不坚固的房屋和建筑在洪水的蹂躏下变得不堪一击。可以见得，印度河古老文明的形成要得力于印度河，但印度河对其灭亡也起到了很大的作用。

---

① 摩亨佐·达罗，又称"死丘"或"死亡之丘"（Mound of the Dead），是印度河流域文明的重要城市，大约于公元前 2600 年建成，位于今天巴基斯坦的信德省拉尔卡纳县南部。

二、出土的印度文明

通过对旁遮普省①和信德省②的一些遗迹进行考察，学者发现这两地的文明可追溯到公元前4000年末—前3000年初。

另外，通过一个印度考古团的考察，在摩亨佐·达罗发现的遗迹大概建立于公元前3300年—前2700年。这处遗迹的地基十分坚固，从这一点也可以看出，这里的居民是早有组织且能过城市生活的人。

学者们在这里发现了他们的很多生活用品，包括棉织品、陶器、铜制器皿，还有一些武器。但其中最有价值的，还要数那些数以百计的石质、象牙质和陶质的印章。在这些印章上，不但印有动物的图像，还有一些近似象形文字的图画式文字。

这种古老兽类题材图画，几乎可以和迦勒底的圆筒式印章上的同样题材相比。在这上面除了文字不同外，所刻的动物大多为印度地区所特有，比如：瘤牛、大象、老虎和犀牛。通过这些相似之处，基本可以证明摩亨佐·达罗文明与美索不达米亚文

印度出土的陶器

① 旁遮普省是巴基斯坦人口最多的省份，是旁遮普人的聚居地，省会拉合尔。主要民族有旁遮普人、色莱基人，其余有穆哈吉尔人（从印度回归的穆斯林）等。

② 信德省是巴基斯坦东南部的省。东邻印度，南濒阿拉伯海，面积14.09万平方千米。

明有所接触。这种艺术形式上的相似也可以用两地过去存在的一些种族亲缘来解释。

此外，在俾路支① 所发现的绘着几何图案和树叶形状的瓶子不但与摩亨佐·达罗的彩瓶类似，还和苏萨② 的陶器相类似。

赫兹菲尔德教授在伊朗地区发现的石刻上，有一幅国王和随从们向神祇礼拜的浮雕，是明显的苏美尔人③ 的形象。以此得出结论，这些石刻出现的时期与摩亨佐·达罗所代表的那种文明的黄金时期，属于同一时期（也就是大约前

古印度浮雕

① 俾路支，位于今与伊朗及阿富汗三国交界地区，面积34万平方千米，是巴基斯坦面积最大的省。

② 苏萨，位于伊朗的胡齐斯坦省的城市。

③ 历史学家把美索不达米亚文明分为苏美尔、巴比伦、亚述和迦勒底四个时期。苏美尔人是美索不达米亚文明的创始者，他们在5000年以前就有了象形文字。

3000年）。

通过这些新发现，苏美尔地区和印度河流域的联系被大大拉近，它们不再是各自独立的两个点，而是渐渐被联系起来。

如果把摩亨佐·达罗的动物雕刻与印度最初的雅利安派雕刻相比较，也可以找到一些相似之处。早期的印度雕刻实例有阿育王[①]的石柱柱头。它于公元前3世纪建造于印度的萨拉那特地区[②]。这些石柱头上所雕刻的动物，包括瘤牛[③]、大象等，与摩亨佐·达罗的同类兽像相比较，可以看出它们之间一定存在着某种遥远的关系。

从摩亨佐·达罗的印章上，我们已经发现了它所具有的印度古典艺术的一个优点，即在处理动物的形象时，往往采用那种极其雄浑而且柔和的自然主义手法。同样，在这个遗址上还有一只似羊似牛又似象的奇兽雕刻，它可以被看作是从阿育王时期的石柱柱头到摩诃巴里补罗城的战车式建筑之间印度动物雕刻艺术的预展。

对于摩亨佐·达罗出土古物的年代，我们最为可靠的证据是在巴格达博物馆的目录第1822号的石质像章。这块像章被发现于伊拉克的基什地区，它的雕刻手法属于前雅利安人的凹雕。在这上面雕刻的是一只牛类动物和一些前雅利安人使用的象形文字。这无疑是从印度河传到加尔底亚[④]地区的，博物馆对这件古物的年代标记为约公元前3200年。

---

① 阿育王（前273年—前232年在位），古代印度摩揭陀国孔雀王朝的第三代国王，阿育王的知名度在古印度帝王之中是无与伦比的，他对历史的影响同样也可居古印度帝王之首。

② 萨拉那特位于恒河中游比哈尔邦贝拿勒斯附近。

③ 瘤牛，哺乳纲牛科，牛属。草食性反刍家畜。因在鬐甲部有一肌肉组织隆起似瘤而得名，古称犦牛，亦称犎牛。

④ 在巴勒斯坦附近。

三、早期的印度城市

早在大约公元前 3000 年，印度河流域就已经出现真正的城市。但印度河流域就像美索不达米亚的两河流域一样，洪水的泛滥早早就向居住在这里的先民提出了挑战。想要在印度河流域安定地居住下来，就必须想办法控制泛滥的河水，并掌握人工灌溉和排放洼地积水的技术。

印度河流域的先民经过长期的劳动和观察，渐渐积累并改进了各项农业技术，终于成功地开发了丰富的低地资源，大大增加了农业粮食的产量，这也为之后能够建设起真正的城市提供了物质的保障。

这些新兴城市的方方面面都闪烁着璀璨的古印度文明。这里的居民不仅有文化，而且已经掌握了金属加工的技术，他们在家中储备着剩余的农业产品，并因此得以足食生存。他们有相对先进的劳动分工，各司其职。不仅如此，他们在艺术、建筑和城市规划等方面也体现出了丰富的经验。

印度河文明中最让人感到惊叹的应该是它的城市规划设计，从遗迹中可以看出，几乎所有的房屋都有水井、供水管道系统、污物排放管道、排水沟以及浴室。如此复杂、系统的城市建设，让现代人难以相信这是公元前 3000 年就建造出来的。如此发达的城市规划和设计在同时期的世界其他任何地方都是无法看到的，同比之下，西欧和北美的一些地区直到 19 世纪末期才能取得如此大规模的建筑成就，着实让人惊叹佩服。

城市中所使用的水源大多是从河流上游以自流的方式引进来的，这种方式后来也被数代莫卧儿皇帝用来给他们建造在德里和阿格拉的宫殿进行供水。在城市的中心，以网格状向外分布着市政建筑、市场、作坊、储存区、居民和神庙。这里的每座住所都围绕这一个院子而修建，里面设有几个房间、一间厕所和一

古印度城市遗址

口水井。这些建筑所使用的材料大多是从烧木头的窑里所制造出的土砖。在摩亨佐·达罗的卫城上，甚至还建有一个大浴池，还有一些私人的浴池和会所。

我们通过对印度河文明的先民使用水源的态度，也能看出这些印度人特别重视沐浴、洗涤以及祭祀仪式的洁净。为了满足生活和祭祀等方面的需求，他们早早就研发出了如此先进的供水技术。

之后，随着雅利安人的大举入侵和占领，古印度文明的建筑和房屋也遭到破坏，古印度文明也被外族文明逐渐取而代之。就这样，古印度文明就在异族的统治和同化下，逐渐消失了。值得一提的是，原本产生并兴盛于印度的佛教文化，也逐渐从印度本土灭亡，却反而在中国和东亚等国家和地区兴盛发展起来。也许对于印度来说，不同民族的融合在改变印度的同时，也给它注入了新鲜的活力，由此才开始了印度史上的大帝国时代。

第二卷

东方的形成

Volume 2
The formation of the east

当人类经过了早期的蒙昧时期，过渡到了真正的文明时代时，亚洲仍旧跑在人类大部队的最前方。此时的亚洲形成了四个重要的文明区域，分别是以黄河流域为中心的华夏文明，以两河流域为中心的亚述－巴比伦文明，以伊朗高原为中心的波斯文明和以印度河、恒河为中心的印度文明。

　　这一时期，四大文明还处于彼此分隔、彼此毫不影响的发展状态，共同塑造了东方的文明。东方的形成正是从这一时期开始。此后，当我们要追溯东方文明时，我们都要从这些遥远的文明开始。

第一章
华夏的统一

一、华夏先民的扩张

随着农业的发展，华夏先民们在商朝时期开始形成紧凑的团体，簇拥着走出了中原的边界，到更广阔的地区去开垦新的耕地。

在这个过程中，华夏先民们征服了周边的"蛮夷"。这些所谓的"蛮夷"要么被同化加入到先民开拓的队伍中，要么被先民战胜后驱逐出这块土地。通过征服蛮荒、驯服江河、开垦山林，华夏先民们将自己的领地扩张到长江流域

商朝的遗址殷墟墓葬

和渭河流域。

长江流域靠着捕鱼和打猎为生的部落在中国先民们开拓到长江附近时，追随着华夏先民的脚步，逐渐放弃了渔猎，转而采用农耕的生活方式，他们被同化了，然后成为华夏的一部分。

几乎是同一时期，在渭河流域，一个自称"周人"的华夏先民部落也强大起来。他们奉掌管农业的"后稷"为先祖，开始在这片富庶的冲积平原上开垦耕种，后来的长安城就是在这里建立的。

扎根在渭河平原的"周人"，担负起了在这片土地上清理和耕种的任务。肥沃的土壤使得这片土地盛产稷粟，中国的先民们驱赶了附近的蛮夷，开垦了这片在当时还处在蛮荒状态的土地，然后在这片土地上过着十分简单的生活。

同时与华夏在西部土地开垦的移民相邻的半游牧部落曾经令华夏先民们付出了沉重的代价。

周人的首领为了抵御周围不断攻击他们的部落——戎狄①，拿出了一套"屯垦"的制度，保卫他们开垦出来的耕地。古代史书中记载，他们曾在"野蛮"部落的猛烈进攻下被迫撤退，等这些"野蛮"部落退去后，再从黄土高原下来，迁回渭河流域。

此时，华夏部落的主体是"商"这个原始政权，周人作为商政权西边的开拓者和保卫者，一直以来都在艰苦的环境中与戎狄不断地进行着战斗。

公元前 11 世纪中叶，商政权的最后一位君王纣因为残暴和荒淫受到了百姓的憎恨。当时周人中的领袖武王领导不满纣王行为的百姓发起了叛乱，击败纣王的军队。纣王逃回王宫，投身大火自杀了。武王获得了胜利，进入都城，成了中国先民新的王。

《史记》记载："纣走入，登鹿台，衣其宝玉衣，赴火而死。""武王持大白旗以麾诸侯，诸侯毕拜武王……遂入，至纣死所。"

在边境开垦拓荒的周人战胜了在中原骄奢淫逸的商，成了中原的新王，他

---

① 戎狄是先秦时代华夏对西方和北方的非华夏部落的统称，即北狄和西戎的合称。

们称这个国家为周。周人认为
自己的力量和智慧都来源于在
渭河流域近 300 年的开拓和坚
持，在这里，他们便可以俯瞰
中原。

周人的统治时期（前 11 世
纪—前 7 世纪），周人的艺术
风格由商代流行的奢华炫目，
回归到了简单朴素的原始风格，

周时代青铜器

周代时期出土的青铜器大多带有简朴、粗犷的线条图案。

公元前 771 年，周人的都城遭到了西方犬戎[①]部落的突袭和劫掠。周人抵
抗失败，被迫放弃了渭河流域的都城，迁到了当时中原的中心洛阳地区。他们
发现在这里不用再受到"野蛮"部落的侵袭，于是定居了下来。

然而，他们不知道的是，安逸的生活很快就让他们丢掉了他们祖先坚守的
战士品格，周人慢慢变得文恬武嬉，而最终周天子也成了华夏诸侯的傀儡。

二、混乱的诸侯争霸

周人在击败商之后，建立起了周政权。为了巩固周朝的统治和开垦更多的
土地，扩大国家的领土面积，周政权的统治者实行分封制度，分给了许多有功
之臣土地，让他们在自己的土地上建立诸侯国，从而实现帮助周政权对国家进
行统治的目的。

————————————

① 华夏周边戎狄的一支，活跃于今陕、甘一带，曾一度攻破周王朝的都城，后被秦军所灭。

但是，周朝的统治者没有想到，当周政权的王权衰落时，各诸侯便不再遵守他们与周王的约定，把周王当作一个傀儡，并窥视着周王的位置。

中国古代诸侯国的划分，大多数情况下都是按照地理因素而来的。

周王朝战车的雕像

比如，在西北的渭河流域——现在的陕西省，周王从这里出发，登上了天子的宝座。周王离开了这块土地，于是把这里分封给了诸侯秦伯[1]，秦伯就在陕西黄土高原上建立了自己的诸侯国；在山东东部，从泰山一直到山东半岛，有另一个强大的诸侯国在此建立，那是传奇人物姜尚的后代建立的齐国。

被汉人文明吸引的"蛮族"部落慢慢也自发地加入汉人的队伍，采用了汉人的生活方式和思维方式，在长江中游的湖北地区建立了自己的诸侯国楚国。

周天子权力衰落，无法约束诸侯的行为，各个诸侯国之间开始发生争斗。起初这些诸侯之间的战争是充满侠士风度的战争，两军之间完全遵照着礼法进行战斗。开战之前，双方会站在战车上，互相致以问候，战斗时乘着战车互相冲锋。如果战败的一方能够证明自己的勇敢，那么他们还会得到赦免。

但是当几个诸侯国从这场诸侯混战中脱颖而出后，周天子彻底失去了地位。他们开始把国王的帽子戴在自己的头上，诸侯之间的战争失去约束。早期战争中的侠士精神和怜悯精神被抛弃，这个国家的所有人都被卷入到战争之中。

军事技术开始更新，战车这种竞赛式的武器被更适用于战争的骑兵取代。诸侯之间从谦恭有礼的骑士战争转变成你死我活的征服。

争夺霸权的诸侯国中，秦国因地处渭河高原居高临下的位置，在战争中获

---

① 中国古代周天子分封爵位按照公侯伯子男五等，例如秦国是伯爵国，齐国是公爵国。

得了巨大的优势。此外，生活在中国当时蛮荒的西部边境的秦人在艰苦的环境下充满了尚武的精神，秦国的士兵是各国中最骁勇善战的，他们凭借着敌人的头颅来获取功勋。

周朝时期兵器

中国汉代的史学家司马迁这样形容秦国："秦，形胜之国，带山河之险，县隔千里，持戟百万，秦得百二焉。地势便利，其以下兵于诸侯，譬犹居高屋之上建瓴水也。"

秦国为了征服各诸侯国耗费了150年的时间，他们在战争中施行了各种阴谋诡计和残酷的暴行：

公元前331年，秦军处死魏军8万人；公元前318年，秦军粉碎了韩、魏、赵的联盟，斩8.2万个首级；公元前312年，击败楚国，杀8万人；公元前307年，斩杀6万人；公元前293年，击败韩国和魏国，斩首24万人；公元前275年，斩魏国4万首级，同年再战魏国，斩15万首级；公元前260年，击败赵国，杀40余万人。

此后差不多10年的时间，中国版图的统一者——未来的始皇帝，登上了君主的王座，华夏历史即将进入下一个阶段。

三、百家争鸣大时代

在诸侯争霸这段混乱的战争时期，华夏古代的智者先贤们率先看到了战争动乱对社会的伤害。为了改变这个残酷的社会环境，华夏的先贤们纷纷提出了各自的思想主张。他们的学说在这个动乱的时代相互碰撞，形成了当时华夏思

孔子像

想文化上的百家争鸣。

在这动荡不安的社会环境下，孔子在各诸侯国之间奔走并建立了他的学派——儒学，教义的主要特征是道德。

孔子的思想像苏格拉底[①]一样都是倾向于教人认识自己，在认知中不断地完善自我。孔子也像苏格拉底一样是不可知论者——拒绝探索命运的奥秘："子不语，怪力乱神。"孔子这一学派的所有圣贤哲人都宣扬孝道，提倡祖先崇拜。孔子认为人们应该恪守传统，但不应该完全被礼仪所束缚，尊重礼仪是为了追求心灵的纯洁和诚实。

儒学的主要内容是"仁"，"仁"的概念包括：宽厚、忠诚和仁爱等美德。儒学教义的目标在于"仁政"，这种仁政是借助君主的道德力量，以及君主的影响力，引导百姓向善。如果我们要把儒学精神浓缩成一句话，那就是：它是与世界秩序首先联系的一种公民秩序。

孔子和他的学说在华夏的影响之大是超乎大多数人想象的，事实上直到今天，孔子的儒家思想仍然是华夏文化的思想精髓。

墨子作为孔子的继任者，表现出了极大的独创性。

墨子是有神论的思想家，在他的思想学说中引援了一个人格化的神——"天"，取代了之前非人格化的"天"。墨子认为"天"无所不知、无所不能，但"天"的本质是道德。

墨子强烈地谴责诸侯之间的战争，在他的学说中提出"兼爱"，认为"天"

---

① 苏格拉底，古希腊哲学家，他和他的学生柏拉图，以及柏拉图的学生亚里士多德并称为"古希腊三贤"，被后人广泛地认为是西方哲学的奠基者。

爱所有的人，所以我们应该以善行取悦"天"，君主应该对人民仁善，人民应该人人互爱，甚至是"杀一人以存天下，非杀一人以利天下也。杀己以存天下，是杀己以利天下"的自我牺牲精神。

道家学派与其他学派迥然不同，道家的起源可以追溯到史前时期中国古代祭祀对于世界本质的思考。

正统的观点则认为哲学上的道教是由一位被称为"老子"的圣人创立的。道教徒认为通过修行，可以让灵魂清空一切，只留下它最纯的本真，让自己与大自然合为一体，加入到宇宙的力量中去。

道教的另一位圣人庄子认为，社会和文明只不过是纯粹的习俗而已，我们要"目无所见，耳无所闻，心无所知"，就像卢梭①的信徒一样，除掉身上文明的东西，让人回归到自然的状态，顺应自然。道教最高的思想是"无为而治"。

"道"是道教提出的一种形而上学的概念，道教认为道是宇宙中的一种存在，它没有明确的形象，是不可知的事物。"道"是原始的、混沌的一个整体，分裂成阴和阳两种形态，阴阳相合而万物生。道教认为"万物"是一个相对的整体，它们之间可以相互转换。

道家的先哲以一种超然的姿态平静地接受人类生活的一切兴衰枯荣，对一切都漠不关心。就像马克·奥勒留②所说："啊，世界！你给我带来的一切对我来说都是有益的。"庄子也曾说过："吾师乎！吾师乎！赍万物而不为义，泽及万世而不为仁。"

公元前4世纪中叶，中国诞生过一个奇特的学派——杨朱学派③。它是由

---

① 卢梭，法国启蒙哲学家，主张感觉是认识的来源，坚持"自然神论"的观点；强调人性本善，信仰高于理性。

② 奥勒留，古罗马皇帝，哲学家，罗马五贤帝的最后一位。

③ 杨朱学派是战国时期道家学派之一。创始人为杨朱。告子、子华子、詹子（詹何）、它嚣、魏牟等皆为杨朱学派。庄周受其学说影响，并不是旧时浅薄简单的"自私自利"。他们对老子的思想加以发展，旨在通过对个体的自我完善进而达到社会的整体和谐。他们"贵生""全生"的观点，对稍后的庄周很有启发。《孟子·滕文公》篇云："杨朱、墨翟之言盈天下，天下之言，不归于杨，即归墨。"

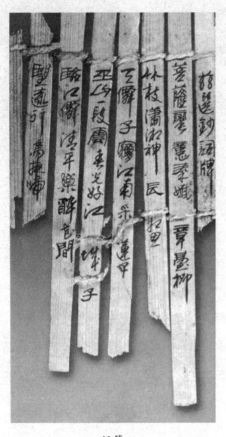

汉简

生活在战国诸侯混战时期的杨朱①所创立。这个学派给人的印象是愤世嫉俗的，教义是一种悲观厌世的宿命论。杨朱留下的笔记中充满了他在这个令人绝望的战乱时期的悲苦伤痛。

法家是这个诸侯混战的时期唯一试图建立一个不依赖道德的治国学说的学派。

法家从人的本性出发，创立了一套本质上以经验主义为基础的法律，以强制性的法律而不是靠自觉性的道德作为仁政的标准，确保国家的兴盛和百姓的安乐。法家认为法律应该以力量为后援："夫虎之所以能服狗者，爪牙也。"

混乱的诸侯争霸带来了无穷无尽的战争，先民苦不堪言，但对于华夏先贤来说，这却是一个好时代，因为他们的学说无论如何都能找到真实的"社会试验田"。

华夏精彩纷纭的各家思想在先民的痛苦中产生，此后的2000多年里，华夏再也没有一个时代像此时一样给予思想如此多的自由。

---

① 杨朱主张"贵己""重生""人人不损一毫"的思想，是道家杨朱学派的创始人。他的见解散见于《列子》《庄子》《孟子》《韩非子》《吕氏春秋》等。在战国时期，有"天下之言，不归杨则归墨"的说法，可见其学说影响之大。

四、华夏的火与剑

经过诸侯国间的混战，终于有几个实力相对强大的诸侯国脱颖而出，它们先是兼并了一些小的诸侯国，势力增大后，这些大一些的诸侯国再进行角逐。

在这场争霸的比赛中，只有最后的胜利者才能笑到最后，一统中原版图，成为一代霸主。从公元前 335 年开始，那些实力强大的诸侯不再效忠于有名无实的周天子，他们纷纷自立为王（在希腊帝国也是如此，当亚历山大死后，他的将军们也同样这么做[①]）。这个时候，华夏一个叫"春秋"的时代结束了，进入了战争更为频繁的战国时代。

战国时期到来后，早期的侠义之战已经不复存在了，取代它的是大规模的群众战争。当诸侯们对抗作战时，他们的百姓也被卷入杀戮之中。笨重而威力强大的战争武器战车也被善于突袭的武器骑兵所替代。早期的军事技术革命在此期间发生。

胡服骑射雕像

---

① 亚历山大大帝去世前并未立下帝位的合法继承者，与他最亲近的是一位昏弱无能的异母兄弟。传说，当他的朋友在他临死前要求他指定一位继承人时，他含糊地说："让最强者继承。"于是他死后，他的将领们企图瓜分这个帝国，引发一些年轻军官对这种安排的不满，继而发生一连串的战争。在这场斗争中，亚历山大的母亲、妻子和孩子都横遭杀身之祸。

公元前307年，赵国（领土大致分为今山西北部和中部，河北西部和南部）的君主通过对蒙古匈奴士兵的观察，发现他们之所以能征善战，很大程度上在于他们具有杰出的马上弓箭手。他们无论是在速度上还是在反应上，都远远超过汉人的战车。通过模仿匈奴，他自己也组建了一支弓箭骑兵团，赵国顿时成为列国当中的强者。

而赵国的邻国秦国（今陕西）在军事改革上走得更远，他们不仅组建了自己的骑兵，还用轻装备步兵取代笨重的诸侯兵。

在这一时期，对应着移动城堡、石弩等攻城器械的出现，攻城兵也相应而生。那种彬彬有礼的骑士战争已经不复存在，为了能最大限度地杀伤对方，诸侯们再也不吝达地用俘虏换取赎金，而是将敌人全部屠杀。

秦国是最好的证明，秦国士兵之所以在战国时期极其骁勇善战，很大程度与他们需要砍下敌军头颅来换取奖赏有关。

屠城的事件也相继发生，当敌军城镇被攻占后，那些投降的老百姓也会被一一屠杀。有些部队首领为了彰显权威，甚至把人扔到装满沸水的锅里烹煮。

秦这个政权早早就发现了与之竞争的其他王朝的弱点，其他政权的王室为了照顾随从们，而把王室领地进行割裂和分封，这样王国的力量就不断被削弱。而秦政权的历任国王则采用无须分割自己领土的方式来奖励他们的臣民。

之后秦政权的国王还找来了一大批法家学者，这些法家学者为了让国王拥有至高无上的权威和征服他国的正当性，建立了一套君王和国家的专制主义理论。

这些严厉甚至冷血的法家摄政大臣在辅佐幼主时，为了确保王室政策的继承，甚至比国王还要卖力，其中有一位就是大名鼎鼎的商鞅①。

《史记·秦本纪》中记载：卫鞅说孝公"变法修刑，内务耕稼，外劝战死

---

① 商鞅（约前395年—前338年），又称卫鞅，战国时期政治家、改革家、思想家，法家代表人物。

之赏罚……卒用鞅法，百姓苦之；居三年，百姓便之。"然而尽管他如此卖力地为秦国服务，却没得到好报。新国王在继承王位之前曾受到商鞅的训斥，结果当他成为国王时，他就用残酷的刑罚杀了商鞅。

即使位高权重的商鞅也遭到了如此严厉的酷刑，可见秦国法律严厉十足，而且在法律面前，各个等级的贵族大臣也被一视同仁。"诽谤者族①，偶语者弃市②。"残酷的刑罚都被加在人民身上，此后秦国用了150年左右的时间，最终统一了当时的中国（长江流域和黄河流域）。

在秦国的几个王国君主的编年史上，记载了大量这样的暴行：

公元前331年，秦国俘获魏国军队并处死大约8万人；公元前318年，他们击败了当时的魏、韩、赵的联盟，斩首了8.2万人；公元前312年，他们战胜楚国，8万人被斩首；公元前307年，他们为斩首了6万人而高兴庆祝。

在这之后，秦昭襄王即位，屠杀的人数和规模更加史无前例：

公元前293年，秦国击败了韩国和魏国，斩首24万人，当然这只是个开始。公元前275年，在击败了魏国的战役中，4万人被斩首，同年又对魏国开战，这次战役，又斩首了15万人。公元前260年，秦国大胜赵国，在这次战役中，尽管秦国答应不取被征服者的性命，但最终还是有40万人被屠杀。恐怖的气氛笼罩着其他诸侯国，之后的10年，秦国没有吞并任何一个诸侯国。

正在这个关键时刻，一位伟大的秦国领袖、之后的中华始皇帝——嬴政，登上了王位，一个铁血的领袖被上天赐给了华夏，这个伟大的民族终于要统一了。

---

① 族刑是中国古代各类株连形式中最严厉的一种，它把犯罪人和一定范围内的亲属都看作是罪犯，分别称为"正犯"和"缘坐犯"，一并追究其刑事责任。

② 弃市，是在人众集聚的闹市，对犯人执行死刑，以示为大众所弃的刑罚。

五、封建与统一

公元前 246 年，未来华夏专制制度的缔造者——"政"——登上了秦政权的王座，被称为秦王政。公元前 221 年，秦政权完成了对其他诸侯国的吞并，通过 10 年无休止的战争，秦国统一了当时华夏的版图。

嬴政采用皇帝作为至高统治者的头衔，成为"秦帝国的第一个皇帝"，在华夏历史中，他又被称为秦始皇。

自华夏统一，秦始皇创立皇帝的称号后，这个名号在各个朝代的统治下维持了 2133 年的时间（从前 221 年至 1912 年）。

秦始皇的伟大功绩中，除了将华夏领土统一之外，他在政治、社会，甚至文化上也进行了统一。

秦始皇要求人们书写同样的文字，这一改革可以说大大提升了帝国的执政效率。在改革之前，华夏不同地域的人们甚至会看不懂对方的文字，而通过强令统一文字，即便是说不同语言的人也一样可以通过文字了解对方所要表达的意思。

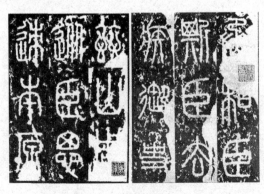

秦朝统一华夏文字

文字的统一方便了思想上的同化，华夏先贤们的思想在秦帝国时期虽然饱受打压，但能够流传下来并在人们心中保有一个重要的位置，不能不说是秦始皇的功劳。

秦始皇还要求他的臣民们在生活上保持统一，这包括统一的服饰、统一的交通、统一的货币、统一的计量单位等。这些大一统的社会元素几乎是通过秦始皇一个人的强烈信念得以推行的。

领土上的统一可以分割，但文化上的统一却让整个民族完全形成一个整体，这也就成了他功绩中非常重要的一部分。

华夏的秦始皇不仅是恺撒①一样的征服者，还是一位天才的管理者。他将秦帝国的中央集权制度扩大到整个帝国，他的君主独裁政治结束了在华夏社会似乎与生俱来的贵族王侯专政的王国时代。

秦始皇没有像他之前的君主那样分封诸侯，而是把他的帝国划分为 36 个基本单位，这些叫郡的单位直接对中央政府负责。每个郡设立一名文职长官、一名军事长官和一位负责监督的长官，他们主持着地方的日常事务，而在郡的

兵马俑

① 盖乌斯·龙利乌斯·恺撒，古罗马皇帝，一位有着卓越军事才能的君主，古罗马帝国的奠基者。

下面，还有更小一级的行政单位——县。

通过郡县制，秦始皇把帝国的触角伸向了每一寸土地，中央的任何政令都可以通过有效的官僚体系实施。

秦始皇做的另一件大事发生在公元前213年，他在坚持法家思想的丞相李斯的鼓动下，下令销毁反对他独裁统治的书籍，尤其是依托于封建礼仪的儒家著作。

虽然这一措施的影响并没有想象中那么恶劣，但因为他的反儒家立场，这个行为还是让他受到了历代儒家学士的憎恨。在华夏的文人笔下，秦始皇变成了一个能干的暴君。

然而，对于我们来说，秦始皇在20年左右的时间里，创立了一套能够持续2100年之久的中央集权制度，这已经足以使他与恺撒和亚历山大大帝① 相媲美了。

---

① 马其顿帝国皇帝，军事家和政治家。在他统治之下，马其顿帝国进入全盛，疆域最广大时从东南欧直到印度河流域。

第二章

亚述的消亡

一、亚述和巴比伦的征战

巴比伦的本来意思是"神之门"，在历史上有古巴比伦和新巴比伦之分，古巴比伦是由阿摩利人建立，而新巴比伦则由迦勒底人建立。

大约在公元前2006年，来自伊朗高原的埃兰人和来自西边的阿摩利人采取夹击的方式，共同消灭了当时苏美尔人所建立的王国——乌尔第三王朝[①]。

之后埃兰人[②]并没有留在美索不达米亚地区，而是重回他们的老家伊朗高原，而那些一直处于野蛮部落状态的游牧民族阿摩利人则占据并居住在了这里，

[①] 乌尔第三王朝大概在现在的伊拉克摩苏尔至巴格达一带，新月沃土的文明中心美索不达米亚的北部，古称亚述，南部为巴比伦尼亚。而巴比伦尼亚北部叫阿卡德，南部为苏美。乌尔第三王朝为苏美尔人建立的国家，因苏美尔王朝早期存在乌尔第一、第二王朝，故史称乌尔第三王朝。约前2006年，阿摩利人击灭乌尔第三王朝，建立巴比伦王国。

[②] 古代的埃兰王国位于如今的伊朗南部省区。埃兰人就像他们南部的邻居美索不达米亚人那样，一直被一系列的朝代所统治着。埃兰人的文化从公元前2000年起，一直得到不断地发展，到公元前650年的时候，埃兰文化的发展被迫中断，此时，埃兰人已经被阿舒尔（古代亚述人崇拜的主神和战神）人所征服了。

伊朗高原

慢慢建立了许多小的国家。

在这些小国家中，比较强大的有伊辛、拉尔萨^①、马里^②、亚述、埃什南纳^③等，巴比伦也是阿摩利人所建立的其中之一，但相对于上面所述的国家，巴比伦的建立要晚一些，直到公元前 1894 年才建立。

在此之前比较强大的城邦分别是伊辛和拉尔萨，因此这一时期往往被称作伊辛－拉尔萨时期。在这一时期出现了两部十分著名的法典，一部是埃什南纳国王编的《比拉拉马法典》，另一部是伊辛国王制定的《乌尔纳姆法典》，这两部法典对后世的影响十分深远，是古巴比伦国王汉谟拉比所颁布的《汉谟拉比法典》的重要前身。

与此同时，巴比伦建立之后经过 6 代君主的经营，国力已经有很大的发展，直到汉谟拉比国王在位时期，这位最伟大的巴比伦国王，趁伊辛城邦和拉尔萨城邦战乱之机，出兵攻占了伊辛城邦，之后继续扩张，相继征服了埃什南纳、马里、埃兰，最后击败了强敌亚述。这时，巴比伦国王统一了两河流域的美索

---

① 拉尔萨王国，古国名，在今美索不达米亚平原南部。约在公元前 2025 年，由阿摩利人纳普拉努姆建立，与阿卡德人伊什比埃拉建立的伊辛第一王朝并存。

② 位于西非地区。

③ 埃什南纳位于乌尔之北。

不达米亚平原，成为古巴比伦大帝国，之后统治了 3 个世纪，直到公元前 1595 年被赫梯王国[①]所灭。

赫梯帝国浮雕

汉谟拉比国王在位期间颁布了当时最完备的法律，即《汉谟拉比法典》。法典建立在两个著名的原则基础上，即"以眼还眼，以牙还牙"，这种以独特惩罚手段报复犯罪者的方式，是为了制止争斗。

《汉谟拉比法典》是世界上最早的一部较为完整地保存下来的成文法典。而且也正是依靠这部法典，汉谟拉比统治时期，巴比伦王国成为古代东方奴隶制国家中统治最为严密的国家。

在赫梯人灭亡了古巴比伦王国之后，他们并没有占据这里，而是退回土耳其安纳托利亚高原。随后，巴比伦的领土被加喜特人所侵占，这一时期被称为巴比伦第二王朝。

亚述人是古代闪族人的后裔，主要生活在西亚尼尼微平原地区，亚述和古巴比伦国力情形恰好相反，当巴比伦强大时，亚述相对弱小，而到了亚述强大时，正是巴比伦衰败的时期。

公元前 1800 年前后，强大的古巴比伦第一王朝国力十分强大，在征服了亚述之后，迫使其成了古巴比伦的附属国。

公元前 16 世纪，外来的卡西特民族夺取了亚述的统治权。与此同时，胡里特人[②]的一支又建立了米坦尼王国，这个王国在强盛时期也曾一度控制了亚

---

① 赫梯，小亚细亚地区的奴隶制国家。公元前 19 世纪时期出现赫梯国家，公元前 17 世纪拉巴尔纳斯始建赫梯帝国。约公元前 14 世纪达到鼎盛。首都先在库萨尔，后迁至哈图沙。公元前 12 世纪瓦解，公元前 8 世纪，残存的势力被亚述帝国灭亡。

② 胡里特人是一个民族，据说由亚美尼亚山地迁徙而来。在公元后的第一个千年中，他们慢慢被同化。他们使用一种有主动格的黏着语，一般称为胡里特语，与乌拉尔图语有亲缘关系。相邻近的亚美尼亚语也与胡里特语有类似之处。

述,但是到公元前14世纪,安纳托利亚高原的大王国纷纷遭到了赫梯人的攻击,亚述人乘机获得了独立。

亚述人独立之后,国家迅速强大起来,他们征服了巴比伦,在巴比伦地区建立了自己的傀儡政权,随后又与米坦尼王国开战,战力强大的亚述人灭掉了米坦尼王国。接着,亚述人继续向西扩张,进攻了今天的黎巴嫩地区,随后与埃及修好。这一时期,出现了以亚述、埃及和小亚细亚的赫梯三足鼎立的强国局面。

亚述国的地理位置可谓强敌围绕,想要生存并发展下去并不那么容易。直到公元前879年,亚述迁都到了卡拉赫,开始了新亚述帝国时期,此后亚述才开始真正地强大起来。

到了公元前745年,提哥拉斯皮勒斯尔三世统治时期,他改革了吏治,重建军队,把以前的临时军队改为常备军,并加强训练,增强了作战能力,之后这支军队就成为当时最为强大的军队。也正是在这个基础上,亚述逐渐走上了军事王国的道路。

提哥拉斯皮勒斯尔三世的儿子萨尔贡二世是一位十分著名的君王,据说他因为十分崇拜阿卡德的建立者萨尔贡,遂也自称萨尔贡。他通过武力成功击败了当时的强敌叙利亚,占领了大马士革,随后又进一步消灭了以色列王国,攻占了它的首都撒玛利亚。

后来,萨尔贡的继任者继续向外扩张,远征并占领了埃及的首都,随后继续向阿拉伯半岛发起入侵,灭掉了当时位于伊朗高原的强国埃兰。

这一时期的亚述通过多年的迅速扩张,成了中东地区最强大的帝国,它的首都尼尼微可以说是当时最大的奴隶交易中心,也正因如此,那时的亚述人几乎成了世界性的奴隶主。

尽管亚述人战力强大,但是他们血腥冷酷的镇压手段无法让如此广大的领土完全臣服于它。那些曾被征服的国家纷纷起义独立,比如埃及、巴比伦以及小亚细亚的吕底亚王国和伊朗的米底王国。

残暴的亚述人得到应有的下场,公元前612年,新巴比伦和米底人联合攻破了尼尼微城。对于亚述人长期的血腥统治，这些军士无疑深受其害，他们采取了以血还血的报复形式，对尼尼微城进行了屠杀血洗。这样，亚述帝国彻底地被消灭了。

亚述帝国灭亡之后，新巴比伦的首要任务就是吞并亚述王国的部分领地。公元前607年，已经十分年迈的那波帕那沙尔国王把军权交给了自己的儿子尼布甲尼撒二世，老国王则只负责国内的行政事务。

这位新上任的君主是位有为的英雄，在他的带领下，新巴比伦王国进入了鼎盛时期。他先是出兵巴勒斯坦，击败了当地埃及人所组织的反巴比伦联军。随后在公元前586年，他又消灭了犹太人的王国，并占领了都城耶路撒冷。

巴比伦神像浮雕

他效仿亚述人的做法，大多数犹太民众都被他抓走成了奴隶，这也就是著名的"巴比伦之囚"事件。最后，他还征服了腓尼基、叙利亚等小国，国力一度达到顶峰。

当时在新巴比伦首都巴比伦城内，还建立了很多令人惊叹的奇迹般的建筑。其中就包括了堪称世界七大奇观之一的空中花园 [1]。据说这是国王尼布甲尼撒二世为了取悦思乡成疾的王后而修建的。还有《圣经》中所提到的巴别塔 [2]，这是国王尼布甲尼撒二世为他所信奉的主神玛尔杜所修建的高塔，高达91米，底层每边长91米。

---

[1] 空中花园，又称悬苑，是世界七大奇迹之一。传说是在公元前6世纪由巴比伦王国的尼布甲尼撒二世在巴比伦城为其患思乡病的王妃安美依迪丝修建的，现已不存。

[2] 巴别塔，《圣经·旧约》创世记第11章记载，当时人类联合起来兴建希望能通往天堂的高塔；为了阻止人类的计划，上帝让人类说不同的语言，使人类相互之间不能沟通，计划因此失败，人类自此各散东西。此事件为世上出现的不同语言和种族提供解释。

尽管新巴比伦的国力十分强大，但因为内部的宗教矛盾严重，最终因内乱导致了它的灭亡。

巴比伦人一直信奉马尔杜克神，而且那些祭司们也都是巴比伦人，但是国王和权贵们则主要是迦勒底人，他们跟巴比伦人信奉着不同的宗教。

一直以来，两派宗教势力一直矛盾重重，终于在经过了100年的统治之后，矛盾日渐激化，在最后一位君王提出要另立新神的时候，发生了叛变。那些信奉马尔杜克神的祭司们宁愿让波斯人统治他们，也不愿被迦勒底人统治。

因为当时的波斯帝国采取的是宗教宽容政策，允许被征服的国家继续信奉自己的主神，加之波斯人金钱的收买，巴比伦的祭司和贵族们偷偷为波斯人打开了坚固的城门。就这样，波斯人不费吹灰之力就征服了新巴比伦王国。

二、亚述的兴衰

亚述是诞生于两河流域北部的国家，所谓两河也就是指幼发拉底河和底格里斯河。它以如今的伊拉克北部地区为中心建立起来，从公元前2500年开始，一直持续了2000多年的时间。

公元前14世纪，赫梯人发明了马拉战车这种新型的作战工具。亚述人很快就通过学习掌握了这项技术，并建立起自己的战车部队。亚述人生活在两河流域的广阔草原上，长期驯养马匹，这也让他们发明了一些马具，比如马缰和马鞍。这些新型工具的发明，为后来亚述人的军事崛起提供了条件。

当时亚述人的战车数量据保守估计也有1.1万辆。这些战车有不同的规格，分别有4轮、6轮和8轮三种。车厢中可容纳3—4个人，其中一名为驭手，其余都是战士。车厢上设有箭筒，以供弓箭手使用。战士们一般还佩带短剑和长矛，用以近战攻击。

当时的亚述国还拥有相对先进的冶金技术，这使得他们可以打造出大量铁制武器。这些铁制兵器相较于青铜武器有更大的杀伤力，甚至可以斩断敌人的兵器，因而那些未装备铁制兵器的军队都不是他们的对手。

亚述马鞍

亚述人的冶金水平还为他们的农业发展带来了巨大帮助。他们运用先进的冶金技术制造出了各种铁制农具，比如铁犁、铁锄、铁锹，大大促进了亚述国的农业水平，粮食的产量也得到提高，这为士兵们长期作战提供了充裕的补给条件。

尽管如此，亚述人的生活环境依然远不如那些尼罗河流域的国家。为了能过上富裕的生活，他们采取了对外侵略的政策。在他们的理念中，"政府就是武力的别称"，生产的目的就是服务战争的需要。

相较于同时期的其他国家，亚述国还采取了十分残酷的律法。亚述的法律中充满了严酷刑法，法律公然鼓励将奴隶折磨致死，那些不服从主人命令的奴隶，往往会被活埋或剥皮。

同样，为了战争的需要，亚述国鼓励人民生育，那些故意小产的女人要被处以炮烙之刑。亚述的孩子们从小就被要求观看残忍的屠杀场面，渐渐地他们对血腥暴力变得麻木不仁。这些种种残酷的政策，为的正是一个目的，那就是把这个国家和人民变成一个巨大的战争机器。

到了提格拉特·帕拉沙尔三世时期（前 745 年—前 727 年），他对亚述军事进行了改革，把募兵制变成了完全由王室供养的常备军，曾经的半农半兵部队成了全职的武装军队。

在兵种的构成上，亚述国也十分先进，具有战车兵、骑兵、重装兵、轻步兵、

亚述战争浮雕

攻城部队，甚至还首次出现了负责开路、修筑等工事的工兵。这些士兵配备当时最精良的战斗装备，包括铠甲、盾牌、头盔等护具，以及弓箭、短剑、长枪等武器。攻城兵还有专用的撞城槌。不仅装备精良，这些兵将经过国家的训练，也变得异常凶悍、残酷。当时的亚述军队纵横驰骋在整个西亚地区，几乎无人能挡、攻无不克。

此外，作为典型的奴隶制国家，在亚述人征服了其他国家后，当地的民众也大多被抢来当作奴隶，用以从事各种劳役和农活。最著名的是亚述人在公元前705年攻破了犹太人的以色列城，2.7万人成了俘虏，进而被发配为奴。所有犹太人都无法忘记这一段刻骨铭心的悲惨历史。

具有强大军事实力的亚述王国在公元前824年—前671年开始了对外大扩张的时期。这一时期相继经历了19任国王，他们都十分热衷于发起战斗。向西他们消灭了衰落的赫梯国，向东他们征服了埃兰王国，远征非洲，征服了埃及。这一时期的亚述迅速扩张壮大，成为一个地跨亚非两洲，人口接近700万的庞大帝国，在当时来说，应该也是人口最多的国家。

亚述人的残酷无情在对外征战中表现得更为突出，以公元前689年的巴比伦为例，亚述人在攻下了巴比伦之后，进行了彻底的屠城，用大火把神殿烧毁；杀死国王后，用长长的杆子挂起他的人头；被活捉的将领会被活活剥皮，然后像屠宰动物一样放血，有时还会砍头分尸，再剁成肉酱。种种暴行，让人无法想象，不寒而栗。

这种通过残暴的军事手段建立起的帝国几乎都不能长久。与那些被征服的人民相比，亚述人只是很少的一部分，他们的残酷暴行让各地人民深恶痛绝以致奋起反抗。亚述人只好分兵镇压，这样军事力量就被分散开来。另外，亚述人的这种毫无仁德的暴力方式也使他们内部出现了矛盾，为了争夺战利品，一些王公贵族矛盾激化，进而发展成自相残杀的流血内讧。

在这种内忧外患的情况下，亚述王室不得不派遣非本族人驻守边远地区。很快，这些被派遣的部队就纷纷起义，比如前 626 年派驻巴比伦的将领就起义反抗亚述，进而建立起了新巴比伦王国。接着，其他地区和民族都开始响应，亚述帝国大厦将倾。

到公元前 612 年，亚述首都尼尼微被新巴比伦军队攻陷，亚述的最后一位国君命令手下杀死了自己心爱的马匹、妻妾以及仆人后自杀而死，这个残暴的帝国就此灭亡。

三、亚述的艺术

亚述的艺术不仅在一定程度上来源于迦勒底，也受到了加喜特文明的影响。

亚述的作品中有一个伫立在动物身上的神像，这一作品完成于辛那赫里布时期（前 705 年—前 681 年），尽管这距离加喜特人的统治时期已经有很长一段时间了，但仍然保有古老的加喜特样板的一般题材、结构和风格。

亚述人经常用大量成队的神话中或历史中的人物来装饰他们的建筑物，这种设计在很大程度上都是因为受到了加喜特人的影响。

在卡尔凯米什的遗迹中，学者就发现了亚述人在浮雕中镌刻的不只有宗教

乌尔王军旗部分展示图

和神话的题材，还有一些相对世俗的历史题材，如描绘君王们在战争或田猎中的丰功伟绩等，这种题材也是受加喜特人的影响。在亚述人的作品中，还能看出一种与加喜特艺术十分相似的运动感，这种运功感的创造风格也是受加喜特人的影响。

但亚述人和加喜特人的艺术风格还是能够轻松分辨出来的，因为亚述人的艺术十分注重细节，这与加喜特艺术有很大差异。

加喜特艺术往往是那种大刀阔斧式的，即使细小的装饰也塑造得十分简洁。而亚述人的艺术则十分细致，甚至要把每一根须发雕刻得须眉毕现。由于他们十分注重塑造一些细致的饰品和织物，使得塑像的主体人物往往穿着华丽、厚重。

这种华丽厚重的雕刻风格，在亚述王国的早期就已经展现出来。比如早期的阿述纳吉·帕尔二世（前884年—前859年）和其继承人沙尔玛尼色三世（前859年—前824年）时期。他们两位的巨大立像虽然显得有些古拙，但是身上的衣物却十分淡雅，浮雕上的人物也雕刻得十分成功。

到了之后的萨尔贡王朝（前722年—前705年），现实主义的背景已经出现在一些战争场面中，比如对不同树木的辨识。过去，这样的浮雕往往刻制得十分浅，而现在也变得凸显出来。铭文的位置也从人身上转移到人像旁。

再之后到了辛那赫里布在位时期（前705年—前681年），艺术品已经普遍地使用背景来衬托出主体，并且在对背景的塑造上，比如对棕榈、松、柏等

不同的草木塑造上，也十分细
致，能够分辨出不同的种类。

亚述狮子浮雕

最后到了亚述巴尼拔当政
时期（前 669 年—前 626 年），
这种浅浮雕艺术已经发展成熟，
对人物或野兽的塑造富有动态
效果，显得十分真实生动。人
物的身材加高很多，不像先前
那样粗矮。此时的雕刻技巧已经达到了最高成就，每一幅图景都以让人称赞的
成熟手法塑造出来。

在亚述艺术品中有很多对各种动物的塑造，比如马、猎犬、野山羊，但其
中最高超的成就应该是对狮子的塑造。这些亚述艺术家的确是依据鲜活的狮子
为参照而进行的创作，而非利用想象。当时的亚述人经常外出猎狮，甚至把狮
子驯养起来并带进宫中，所以我们才能在亚述巴尼拔的一处浮雕上看到，一只
公狮和一只母狮在御园的棕榈树和藤萝之间惬意漫步。

还有一处浮雕雕刻的是一只被抓住了的狮子，它被人从栏中释放出来，愤
怒地咆哮着，准备冲进斗兽场角斗。另一幅如今藏于大英博物馆的负伤狮子像，
像中的狮子已经因中箭而瘫痪，但即便如此，这只凶猛的狮子仍顽强地挣扎着，
昂着头做最后的怒吼。

另外，还有一幅雕刻的是亚述巴尼拔只身与雄狮搏斗的场景。一旁的铭
文这样写道："我，万国之王，亚述之王，亚述巴尼拔，奉神威孤身徒步向
沙漠中一巨狮进击，抓其耳，蒙大神亚述及战神伊什塔儿之佑，亲手以矛洞
穿其身。"

在这些艺术品中，亚述人对动物（尤其是狮子）的塑造都具有非常高的艺
术造就，而且还对后来的波斯艺术造成了很大影响。

第三章
高原帝国

一、阿契美尼德时代

阿契美尼德王朝（前 550 年—前 330 年），是波斯时期第一个把版图扩张到中亚及西亚大部分地区的君主制帝国，也是第一个横跨欧亚非三洲的帝国。在其鼎盛时期，领地疆域辽阔，东起印度河平原、帕米尔高原，南到埃及、利比亚，西至小亚细亚、巴尔干半岛，北达高加索山脉、咸海。

公元前 330 年，在马其顿王国亚历山大大帝的进攻下，帝国都城波斯波利斯陷落，大流士三世在逃亡中被害，帝国灭亡。

波斯是伊朗在欧洲的古希腊语和拉丁语的旧称译音，可以说波斯就是伊朗的古名。在历史上，最早出现的伊朗人是居住在今伊拉克地区的米底人[①]。

公元前 612 年，米底人的国王基亚克萨雷斯带领着自己的臣民消灭了亚述帝国。米底人和他的盟友巴比伦人分割了亚述帝国的领土。其中，米底人得到

---

① 米底王国，是一个古伊朗王国，领土面积最大时西起小亚细亚以东，东至波斯湾北部。他们隶属印欧语系，是第一批在伊朗高原地区定居的民族。亚述帝国曾入侵并试图征服伊朗高原。亚述的入侵促使米底各部落走向联合，从而形成了米底国家。

高加索山脉

了亚述本土，而巴比伦人则得到了迦勒底和叙利亚地区。

到了公元前 550 年或前 549 年，米底人的王国又被另一个强大的伊朗民族波斯人所灭。波斯人的领导者也就是后来的居鲁士大帝，在经过一系列的胜利后，最终打败了 3 个敌人，即米底、吕底亚和巴比伦，统一了大部分的古中东，建立了从印度到地中海的大帝国。

这一帝国一直被阿契美尼德王朝统治到公元前 330 年。而居鲁士的儿子冈比西斯在公元前 525 年进一步征服了埃及。随后国势一度衰微，直到大流士一世（前 521 年—前 486 年）即位，才使得国力有所恢复。

大流士一世和他的儿子薛西斯一世（前 486 年—前 465 年）在位期间，曾进攻并试图征服希腊，但并没有成功。到末帝大流士三世，阿契美尼德王朝被

大流士一世浮雕

马其顿之王亚历山大大帝所灭，并在前334年—前324年征服了波斯帝国。

在古代世界中，第一个阶段的波斯人无疑是一个十分高尚的民族。他们具有很高的荣誉感、人道感和任侠尚义的性格，这在凶残邪恶的亚述王朝之后显得格外突出。

尽管希腊人和波斯人交战多年，但是希腊人却始终把波斯人看作可敬的对手。

希腊历史学家希罗多德[①]就曾写过"波斯青年受教有三事：骑马、射箭和永说真话"。可见，即便是在宿敌希腊人眼中，波斯人的品格也十分高尚。

在伊朗人和印度人还没有分离之前，在他们的原始宗教中，信奉着两类主神：一个是"提婆"，即"天神"，也就是在青天上的神；另一个是"阿修罗"，即"真主"，其性质主要属于道德方面。

但随后，伊朗人和印度人进行了分裂，也就是从这一时期开始，他们两个民族的人对这两类神祇的态度也发生了变化。

印度人以"提婆"为上帝，把"阿修罗"看成魔鬼。而伊朗则以"阿修罗"为唯一的神，把"提婆"视为魔鬼。到了阿契美尼德王朝时期，他们渐渐把作为"阿修罗"之一的、被奉为"智慧之主"的"阿胡拉·玛兹达"视为最伟大的神，并且只信奉阿胡拉·玛兹达这一个神，其他神祇都被忽视了。

这一时期，他们的宗教和一神教已经差别不大。他们对神的祭拜是以在祭

[①] 希罗多德，公元前5世纪（约前480年—前425年）的古希腊作家、历史学家。他把旅行中的所见所闻，以及第一波斯帝国的历史记录下来，著成《历史》一书，成为西方文学史上第一部完整流传下来的散文作品，希罗多德也因此被尊称为"历史之父"。

拜火教的标志

坛上点燃圣火的方式来进行的。在他们所留下的浮雕中，可以看见这样的场景：国王站在燃起熊熊烈火的祭坛前，一个有翼的天神出现在上方。阿契美尼德王朝对待死者的方式是将他们埋葬。

这与他们国家的另一个宗教截然不同，在阿契美尼德王朝中，与国教并存的还有一种被希罗多德所称的麦吉教。

尽管希罗多德并未对此教进行过多的谈论，但通过他所讲述的麦吉教应该就是琐罗亚斯德①的玛兹达教（拜火教）。

──────────

① 琐罗亚斯德出身于波斯帝国建立前的一个波斯游牧部落贵族家庭，20 岁时弃家隐居，30 岁时改革传统的多神教，创立琐罗亚斯德教，但受到传统教祭司的迫害，直到 42 岁时，大夏的宰相娶他女儿为妻，将他引见给国王，琐罗亚斯德教才在大夏迅速传播。77 岁时他在一次战争中在神庙里被杀身亡。琐罗亚斯德教是基督教诞生之前在中东最有影响的宗教，是古代波斯帝国的国教，也是中亚等地的宗教，是摩尼教之源，在中国称为"祆（xiān）教"。

古波斯金币

一般认为，琐罗亚斯德约于公元前7世纪生于米底，在20岁的时候隐居遁世，33岁开始传播他的宗教，教化了一名维什塔斯帕王子[1]，后来还传播到了大夏[2]，77岁时，被蛮族的入侵者杀死了。

琐罗亚斯德的玛兹达教融一神论和二元论为一体，十分耐人寻味。根据琐罗亚斯德的说法只有一个真神，也就是阿胡拉·玛兹达（英明的主，即真神），他支持正直和诚实。但是琐罗亚斯德还相信存在一个凶神，也就是安格拉·曼纽，他代表罪恶和虚伪。善恶两边不停地做着斗争，但是教徒们相信，善神终将战胜恶神。

教徒们还相信有来世，他们认为人死后灵魂不灭，并且灵魂要经过"裁判桥"，在这里人生前的行为会受到审判。善者会升往"圣歌之乡"，而恶者就要下地狱。

在道德问题上，教义强调正直和诚实，反对禁欲主义和单身制度。宗教仪式要求教徒们围在尊师的身边拜火，拜火教也因此而得名。在对待死者上，他们的方式也显得十分独特，他们对尸体既不施行土葬又不施行火葬，而是把尸体放在塔顶上喂兀鹰（这种鸟在几个小时内就能把尸骨剔光）。之所以采用这种处理方式，是因为他们认为尸体会通过接触而污染了火、地、水等神圣的元素。

玛兹达教在阿契美尼德王朝时只是一个普通的教派，到了之后的萨珊王

---

① 波斯帝国的一位王子。

② 大夏，西域古国，位于中亚和南亚次大陆西北部。

朝①时，却成了国教。当然，由此也可以看出阿契美尼德王朝对其他宗教的宽容仁慈。

大流士一世在位时期，对波斯帝国的行政机构职能进行了制定。他将广阔的国土分成了 20 个行政区，每区由三个行政长官管理。其中包括了负责处理民间事务的州长、掌管文牍的官方秘书，还有驻防军的司令长官。这三位长官都由一位特任的巡按管理，巡按会定期巡查各地方的行政事务。从当时的波斯行政制度中可以看出，他们受到了一种双重原则的启示，即中央集权和权力分化制。

但是，这种集权制和分权制的目的并不是为了彻底消灭被统治的各地方民族。这些波斯人十分看重自由主义，尽管他们是东方各民族的霸主，但他们仍然允许与其他民族以及他们所固有的文明共同发展。当然，对这些归顺的人民所信仰的宗教，他们也持容忍态度。这与东方的其他征服民族，尤其是亚述人，形成了鲜明的对比。

亚述人不但要与其他民族的人作战，他们族的天神也要与其他民族的天神作战。其中被大神亚述和伊什塔儿俘虏的上帝包括耶路撒冷的耶和华②、巴比伦的马尔都克③、苏萨的苏希纳克④等。

但阿契美尼德王朝的波斯人从不曾将自己信奉的真神置于其他民族的天神之上。从犹太人对波斯人的态度，我们也能从侧面更深刻地了解波斯人。

犹太民族的先知对埃及、亚述或迦勒底的征服者们还有那些罗马的统治者们只有恶毒的诅咒，没有其他善意的言语。而对于阿契美尼德王朝，他们却心悦诚服地承认了波斯诸王是他们的主人。

---

① 萨珊王朝，又译萨桑王朝，也称波斯第二帝国，是最后一个前伊斯兰时期的波斯帝国，国祚始自 224 年，651 年亡。

② 耶和华来源于希伯来语《圣经·旧约》，是至高、全能、公义、威严、圣洁、信实、慈爱的神（上帝）。他创造了天地万物，宇宙苍穹，同时也管理整个宇宙和一切事物。

③ 马尔都克，巴比伦主神。被认为是恩奇的长子，其名字是"暴风雨之子"的意思，在《圣经》中他起初是暴风雨之神，公元前 2000 年巴比伦人崛起后，马尔都克一跃成为众神之首，被巴比伦人尊为众神之主、万王之王。

④ 苏萨的天神。

二、西方化的塞琉古帝国

公元前 5 世纪，当时在位的大流士一世及其后继者发动了对希腊的战争，史称波希战争，阿契美尼德王朝以此为转折点开始衰落。

波希战争大大消耗了波斯的国力，借此机会，波斯帝国的各地方势力开始纷纷起义，企图摆脱波斯人的统治，其中就包括已被征服的埃及和巴比伦。虽然这些起义都被波斯帝国所镇压，但是波斯也因此大大消耗了国力。

大约在同一时期，马其顿王国的统治者腓力统一了全希腊地区，然而不久之后，这位风华正茂的腓力国王被刺杀身亡。腓力之子亚历山大即位，随后在亚历山大的率领下，开始对波斯发起进攻。

公元前 330 年，在马其顿国王亚历山大大帝的进攻下，波斯帝国的都城波斯波利斯被攻陷，随后其统治者大流士三世在逃亡中被杀死，至此波斯阿契美尼德王朝灭亡。

亚历山大大帝虽然征服了阿契美尼德王朝，但在公元前 323 年 6 月初，亚历山大大帝突然病倒，没出十天就去世了，当时的亚历山大大帝还不足 33 岁。他的早逝使得这辽阔的泛希腊帝国没有一个成年的继承人，这无疑为帝国的颠覆埋下祸根。

刚开始这片广阔的帝国由佩尔狄卡斯^①摄政，但不久后，曾经效忠亚历山大大帝的将军们开始为了争夺权力而发生争斗。帝国摄政王佩尔狄卡斯也在其

---

① 佩尔狄卡斯，又译帕迪卡（死于前 320 年 5—6 月），是亚历山大大帝麾下将领之一。公元前 323 年，在亚历山大死后，他成为亚历山大帝国的摄政王。

塞琉古银币

部下的反叛中被杀死。塞琉古[1]因协助刺杀佩尔狄卡斯有功而获得了巴比伦尼亚行省，从此开始了他的霸业。

塞琉古在公元前335年称王，建立了塞琉古帝国，被称为塞琉古一世。随后塞琉古一世积极扩张，向东扩张领土，自伊朗高原东部地区远至印度河，与印度孔雀王朝旃陀罗·笈多（月护王）订立和约后，转而西进叙利亚和小亚细亚地区。通过一系列的征战，塞琉古帝国急速扩张，成为当时希腊化国家中版图最大的一个。

然而在塞琉古企图进一步吞并利西马科斯在欧洲的疆土时，被托勒密·克劳诺斯[2]所刺杀。塞琉古的儿子安条克一世眼看无法继续完成父亲征服欧洲的大业，只好回到占有庞大亚洲领土的塞琉古帝国。与此同时，他的竞争对手有马其顿的安提柯二世和埃及托勒密[3]的托勒密二世。

对于如此庞大的帝国，统治起来也十分困难。安条克一世和其子安条克二

---

① 塞琉古帝国的创立者，他起初是亚历山大大帝的军官，亚历山大逝世后成为继业者之一，在继业者战争中塞琉古占领亚历山大帝国东部的领土，并自立为国王，建立塞琉古帝国，领土包含美索不达米亚、波斯、小亚细亚一带。

② 托勒密·克劳诺斯，马其顿国王。

③ 托勒密王朝（前305年—前30年），或称埃及托勒密王国。是在马其顿帝国君主亚历山大大帝死后，埃及总督托勒密一世所开创的一个王朝，统治埃及和周围地区。

世在位期间，就经常要应付来自西方的挑战，其中包括托勒密二世和小亚细亚的凯尔特人的入侵。在应付西面攻势的同时，东面的巴克特里亚行省总督狄奥多特、帕提亚行省总督安德拉哥拉斯及卡帕多细亚地方大族阿里阿拉特等纷纷宣布独立。

公元前246年，安条克二世之子塞琉古二世即位。在这时，塞琉古帝国已经到了国力的最低潮，塞琉古帝国在与埃及托勒密的第三次叙利亚战争中战败，同时塞琉古二世还要处理弟弟安条克·伊厄拉斯发起的内乱。而且巴克特里亚及帕提亚相继脱离帝国，小亚细亚诸王国也不再接受帝国统治而宣布独立。整个帝国就像墙倒众人推一样，遭受着繁多的叛乱和侵略。

然而在这一时期，塞琉古帝国出现了一位伟大的领导者，那就是安条克三世。

他在公元前223年登基。尽管他没能在与埃及的第四次叙利亚战斗和加沙战役中获胜，但是他仍然是继塞琉古一世之后最伟大的塞琉古国王。他在东面的领土作战长达10余年，恢复了对安息①和大夏等国家的统治，并且他还远征了印度，与当时的印度王公幸军王②会面。

公元前205年，安条克三世得知了托勒密四世去世的消息，他马上与马其顿的腓力五世达成协议，共同瓜分埃及以外的托勒密属地。随后在第五次的叙利亚战争中，托勒密五世也被他赶出了柯里叙利亚③。这一时期的塞琉古帝国来到中兴时期，一度恢复了昔日的光辉。

然而，安条克三世的光辉并没有持续多久。曾经的盟友腓力五世被古罗马所击败，安条克三世认定这是进攻希腊的好时机，随后开始入侵希腊。

----

① 安息是亚洲西部伊朗地区古典时期的奴隶制帝国。
② 古希腊文献中所记载的塞琉古王朝安条克大帝东征进入印度时所遇到的一个西北印度统治者。
③ 今黎巴嫩东面。

可是，情况远没有他预想的那么美好，安条克先后在温泉关战役① 和马格尼西亚战役② 中被罗马击败，随后被迫签下了让他感到羞耻的《阿帕米亚和约》③，不但要放弃所有欧洲领土和托鲁斯山脉以北的整个小亚细亚地区，还要支付巨额的赔偿金。为了筹集巨额的赔偿金，安条克不得不再次东征，不久在东征的过程中去世。

随后塞琉古四世即位（前187年—前175年），他在位期间主要的任务就是偿还欠下的赔偿金，后来被首相希流多路所刺杀。之后安条克四世继任王位，他为了重新壮大塞琉古帝国而向埃及发起进攻，尽管获得了胜利，并兵临亚历山大，但最后被罗马大使勒令撤军。

此时的塞琉古东部继续发生起义，东部地区被安息占领，安条克四世出征安息期间逝世（前163年）。值得一提的是，安条克四世在一次镇压犹太人暴乱中，洗劫了耶路撒冷圣殿，让10000余人成为他的奴隶，并企图把犹太人全部希腊化。他把耶路撒冷的圣殿用来祭祀希腊众神之王宙斯，这种激进的行为所带来的后果可想而知，由马加比家族④ 带领的犹太人开始起义反抗。

安条克四世死后，国内发生了内乱，王室成员纷纷开始争夺王位。内忧的同时，外患也十分严重。

公元前143年，马加比革命让犹太人重新获得独立，东部的安息势力不断扩张，进而控制了整个伊朗高原。塞琉古帝国在内忧外患的情况下，迅速瓦解衰败，于公元前64年被西面的罗马征服。

---

① 温泉关之战是第一次波希战争中的马拉松战役之后第10年，波斯帝国和古希腊的又一次具有历史意义的交锋，也是第二次波希战争中的一次著名战役。希腊军队在这个狭小的关隘依托优势地形，抵抗了3天，阻挡了在数量上几十倍于自己的波斯军队，但是波斯军队人数众多，在杀了近2万人（也有记载说是7000）的波斯军队后，300名勇士全部牺牲。

② 马格尼西亚战役，发生在公元前190年，是塞琉古帝国与罗马在罗马–叙利亚战争的一场决定性战役，战场在马格尼西亚附近，罗马和他的同盟帕加马击败塞琉古国王安条克三世，确定了罗马在东地中海的霸权。

③《阿帕米亚和约》使罗马的政治霸权得以扩张到地中海东部，并获得了大量金钱和物资。

④ 马加比家族（Maccabees）是犹太教世袭祭司长的家族，曾于公元前2世纪领导犹太人夺回耶路撒冷的第二圣殿。

第四章
印度的早期文明

一、古梵语与"印度 – 雅利安人"

　　古梵语是印度的一门非常古老的语言，也是印欧语系最古老的语言之一。因佛教称此语为佛教守护神梵天所造，因此被称为梵语或梵文。

　　在 20 世纪初期，一些欧洲的语言学家通过对这种古老语言的研究，得到了一个惊人的发现——梵语跟波斯语、希腊语、拉丁语等有着十分紧密的联系，甚至在一些词汇上几乎一致。比如"母亲"一词，在梵语中为"Mātā"，而在拉丁语中则为"Māter"。

　　学者对此感到疑惑，并得出一种推论：原居住在次大陆的操印欧语言的民族与欧洲人有着同样的祖先，那就是古老的雅利安民族。

　　约公元前 2000 年，居住在帕米尔高原一带说着"雅利安语"的雅利安人开始向外迁徙。其中的一支来到了欧洲，成了欧罗巴人的祖先。而另一支则途经伊朗、阿富汗等地，来到了次大陆，被人们称为"印度 – 雅利安人"。

　　这些人身材高大，身形细长，头部较小，皮肤洁白，长着一双蓝色的眼睛，鼻子窄且高挺，金黄色的头发呈波浪形。后来经过民族的融合，他们的皮肤也变成了淡褐色。

在抵达次大陆之初，他们还处于游牧生活的阶段，在文化上要低于当时的印度土著居民达罗毗荼人①。但为了能在这里安定地居住下来，他们就势必要与当地的土著民族争夺土地。这些土著民族在今天的印度仍有代表，一族是达罗毗荼人，一族是蒙达人②。在德干高原地区居住着稠密的达罗毗荼人，而蒙达人则仅在印度中部或东部的少数几个地区居住。

梵文书籍

对于初来乍到的雅利安人来说，不论是印度的土著人还是当地的环境，他们都感到十分陌生。后来经过一系列的战争，雅利安人摧毁了早期由达罗毗荼人所建的城市，并将大部分达罗毗荼人驱赶到印度南部，只有一小部分留了下来，并逐渐与外来民族融合。

这支来到印度的雅利安人给当地的社会和文化带来了十分深远的影响。他们给次大陆带来了优质的马种和小麦，喝牛奶、饮酒、裁剪服饰也很有可能来源于他们。在社会制度方面，雅利安人将父系制度带了过来，并建立了四个等级的种姓制度，即婆罗门（僧侣）、刹帝利（武士）、吠舍（庶民）和首陀罗（最低等）。

第一等级的婆罗门主要是僧侣和贵族，他们拥有解释宗教经典和祭神的特权，对宗教话语有最高解释权，并享有受供奉的权力，主管并垄断文化教育，

① 达罗毗荼人是指南亚使用达罗毗荼语系诸语言各民族的统称，又称德拉维达人。
② 或称蒙达诸民族，南亚印度中部使用南亚语系蒙达语族诸语言的民族集团。

印度婆罗门

他们的教育受众是刹帝利。

第二等级的刹帝利是军事贵族和行政贵族。他们是婆罗门思想的受众，他们被赋予征收各种赋税的特权，主管政治和军事，并世世代代守护着婆罗门阶层。

第三等级吠舍是普通雅利安人。他们在政治上没有特权，而且也要以布施和纳税的形式来供养前两个等级，主要从事商业活动。

第四等级的首陀罗是最低等的种姓。他们大多数是被征服的土著居民，属于非雅利安人。他们的职业被认为是最低贱的，主要包括伺候用餐的佣人、劳动工匠等。

这种制度的影响十分深远，至今印度的社会仍对此有所继承和保留。

二、雅利安人的诸神

在雅利安人的社会阶级中，婆罗门种姓的高贵地位在古代世界历史上的任何僧侣看来都是无法想象的。

受当时物质条件所限，婆罗门的圣典《吠陀》^①只能通过一代代人的口口相传而流传下来。在 6 世纪之前，它不可能被写出来，此时的印度文字源于由波斯人传入的阿拉密安语^②。此外，《吠陀》的主要内容是祈祷文、颂神诗和祭祀的礼仪。在这些诗篇中不乏许多美好且诗意盎然的诗句，甚至具有《荷马史诗》那样的想象力。

那些诗篇中所赞颂的众神都是雅利安人从伊朗带来的。可想而知，这些由半游牧民族带来的神，很多具体形象还十分含混不清。比如太阳神，它有不同的名字，包括阿迭多、苏利耶、沙维特力等。

在赞美诗中往往这样对他描绘："你以光明照耀着大地，充满高高的天空，俯瞰一切万物。七匹褐色的良驹为你引车，让人目眩的阿迭多啊，在你的头发上戴着珠光宝气的皇冠，你是能够明察一切的大神！"

还有同阿迭多有关的黎明之神吴莎斯和天部御者阿须云。在吠陀诗人的赞颂中这样写道："她已经悄然来临，洁白的光彩从她身上散发，她携着光辉的辁子，幽暗之神也为她让位。黎明与黑暗，就像不朽的姐妹，她们彼此相随，又彼此消灭……光明之神，唱着欢快的青春之歌，此辉煌之神，照耀着辽阔大地，她唤醒沉睡的世界，让我们在此发现财富。唤醒鲜活的万物。这位天帝的女儿，她闪烁着美丽的荣光，靓丽的青春，穿着明亮的衣服……你统辖着大地上的所有财宝，啊，你就是黎明之神，用你的光明带给我们幸福！"

还有与她性质类似的婆楼那，他是星空之神，他在天空中俯视着人类的种种行为。诗中这样对他赞美："啊！婆楼那，你的呼吸成为大气中的风，天地无边无际，都包含在你的身体里，啊，婆楼那！你仁慈地包容世界！你的祥瑞之光，照射可爱的天地在周围形成。"此外，因陀罗是雷霆之神，他身藏于暴风雨的浓云之后，指挥着大气运动，他的性格也十分接近于人。"神已经来临，高山天地都为之震动，他所经过的地方，树木丛林无不战栗起来。"

---

① 吠陀，意为知识，它是印度最古老的文献材料和文体形式，主要文体是赞美诗、祈祷文和咒语，是印度人世代口口相传、长年累月结集而成的。

② 波斯人使用的语言。

印度宗教壁画

　　实际上在不久之后，因陀罗就成了战神，他在雅利安人与当地土著发生斗争时，充当他们的保护神。

　　在印度的绘画作品中，因陀罗身披璎珞，头戴皇冠，手持金刚杵、法轮、战斧还有象棒，以白象为坐骑。传说中，他因战胜蛇妖而使得甘露降临，因此《吠陀》这样歌颂他："他把雨水倾注在大地之上，开放天上的山洪。他杀死阿希，水就像牛群一般奔向牛栏，重归河道。"

　　因陀罗还有两位伙伴，也就是风神和雨师，即"摩鲁特"和"鲁特罗"。"摩鲁特啊，你在震天的雷声中，从浓云中挤出乳水……他们用赤红的宝马来引战车，树林挡在前面，都被连根拔起。"

　　除去这些主神之外，还有很多次要的神，比如阿修罗，这本来是一个极古老的神，曾一度和天神"提婆"平起平坐，但是后来，他却成了与主神作对的恶神，而且还具有了恶魔的性格。

　　还有阿布萨罗，本来是天空的彩云，后来发展成了诸天玉女。还有迦摩天，也就是爱欲之神，他手持花弓，骑乘在鹦鹉之上。另一类是四护世，也就是四天王和他们所率领的无数精灵，分别为北方的俱毗罗，或称多闻天王，统领着夜叉（有奇异法力的善鬼恶鬼）；南方的增长天王，统领着腹大如瓶的妖怪；

东方的持国天王，统领着乐师神；西方的广目天王，领着那伽（龙）——一种有魔力的精灵，居住在深渊的水宫之中，有时以蛇形出现，有时以人形出现；那伽的敌人是迦楼罗，一种长着人头鸟嘴的大鸟，在很多佛教和婆罗门教中，就经常会出现金翅鸟用嘴抓走龙的题材。

尽管这些神祇如此丰富多样且具有强大的吸引力，但不久后，这些就不足以满足印度人的思想。他们在很早的时期就出现了沉思玄想，在《奥义书》[①]中，这种观念被充分发展，随后还出现了一种前所未有的教义，也就是轮回转世说，即认为一切众生都在永无穷尽地转世重生，今生的祸福都是由前世的善恶所造成的。

早在如此远古的年代，印度人的那种神秘主义倾向就已经显露出来。很多婆罗门的苦行僧为了参悟《奥义书》中的各种观念，往往遁世而居，远离世俗，从而获得一种内心的平静和解脱。

三、佛陀的一生及佛教的创立

佛陀也就是"释迦牟尼"，他的一生在恒河流域的东部度过。据相关学者研究，他在世的时间大致为公元前 563 年—前 483 年。他的事迹就像美丽的传说一般流传至今，这种美丽是至高的，无可附加的。

佛陀是一个超凡入圣的人，在他的千千万万次转世中，积修了无量善业，最后成就最上智慧，出离诸苦而入涅槃。在成佛之前，他是一位菩萨，相当于佛的候补者。他在天国中等待着最后一次降凡。一天，他得知降凡临近，随即召集了天神鬼众，对他们讲说佛法，然后让弥勒成为他的后继者。

---

① 印度最经典的古老哲学著作，用散文或韵文阐发印度教最古老的吠陀文献的思辨著作。

随后，诸神为佛寻找降世的地点，结果找到了在尼泊尔边境的迦毗罗卫国国主，净饭王①之家。因为在当时，净饭王是全印度最为勇敢聪明的。他的夫人也具有印度人心目中的一切美好品质。

菩萨②下凡后化作一只小象投入王后的胎中，整个自然界都为佛陀的降凡而欢呼雀跃，百鸟群鸣，莲花盛开。菩萨出生之时，吠陀和婆罗门教中的两个最高神因陀罗和梵天都来恭候，用双手将婴孩捧起。随后，两位龙王在空中显身，射出两道温凉的净水，为菩萨灌顶沐浴。婴孩向四方各走七步，意味着成为世界之物，一切众生都为这一神圣时刻欢欣鼓舞。

迦毗罗卫国遗迹

这位小太子的名字叫作悉达多。在他出生七天之后，他的母亲命终升天。一位喜马拉雅山的苦行僧预言这位王子在家则能成为统治天下的"转轮圣王"，

---

① 净饭王是古印度迦毗罗卫国的国王，即佛陀的父亲。净饭王姓乔达摩，名字叫首图驮那，意思是纯净的稻米，所以称为净饭王，属于释迦族。

② 菩萨，佛位的继承人。

出家则能成为佛。一天，悉达多跟随父亲来到揭天祠，所有神像都起身拜伏在他面前，并歌颂他的伟大，认为他不应来拜这些小神。

悉达多入学之后，他与生俱来的知识让其师长大为震惊。不仅如此，在儿童时期，他就已经有了悟道的预感。一天，他看到农夫在耕作时，青草被翻起，虫卵被杀死，他不禁感到悲哀，就像看到了人间疾苦一般。看到农夫因日晒风吹而憔悴的面容，他更产生了怜悯之心。于是，他坐在一棵菩提树下，第一次默想世间的苦难。当他的父王派人来找他时，已经夕阳西下，然而树荫却始终不动，一直为这位圣者遮蔽阳光。

悉达多到了该结婚的时候，选中了一位无论是样貌还是性格都十分完美的女子翟波为妻。

翟波的父亲担心悉达多自幼生于深宫，而无法像真正的刹帝利那样勇敢英武，于是决定以各种兵器对他进行考验。

菩提树

　　结果悉达多在所有的竞技中都胜利了，而且还拉开了英勇的祖先所留下的巨弓，他也是唯一一个能拉开巨弓的人。于是悉达多与翟波成婚，随后也按王室习惯，为他纳了无数嫔妃。

　　尽管有众多美人妃嫔在他身边取悦他，悉达多却总是一副忧郁的表情。他意识到了世间的疾苦和无常。

　　一天，他相继看到了一个年迈的老翁、一个重病缠身的人和一具死尸，这一切犹如当头棒喝，告诫他一切富贵欢乐都将化为虚空幻灭。于是他恳求父王，允许他出家学道。国王大失所望，本想让他为本族成就伟业，结果他却想要出家。于是国王用尽办法，让宫内每日寻欢作乐，以让他回心转意。

　　然而悉达多已经悟到了世间空虚无常，对所有美色娱乐默然无感，决心离开尘世。一天深夜，嫔妃们都已经熟睡，悉达多从睡梦中醒来，看到往日婀娜多姿的妃子们都蜷曲着身体，纵横地酣睡在床上，早已失去了往日的美丽风采，丑秽的样子甚至让悉达多感觉像是看到了狼藉一片的尸体。

　　于是他起身而出，唤来御马的车夫，让他带上最好的骏马，载着他逃出王城。

佛陀雕像

同样，在经书中也对悉达多这一时刻的出逃做出了很多神话般的描述。比如在诸神的帮助下，守护城门的警卫全都昏睡不醒，城门自动打开，随后四天王捧着马蹄，悄无声息地将马车运送出去。

　　此时的悉达多还不像一个出家人，因为他仍蓄有长发，身着华丽的衣服。随后他拔出利剑，斩断头发，一位天神化身成山野的猎师出现在他面前。悉达多用王子的华服与这位山野猎师的破布旧衣相换。从此之后，就再也没有了悉达多太子，只有一位林中隐士释迦牟尼，即释迦族圣者的意思。

随后，释迦牟尼和跟随他的五个弟子开始了为期六年的苦行。他盘膝而坐，一动不动，身体极其衰弱，就像一具骷髅。诸神们看到他的样子，都为他的生命而担忧，他的母亲看到他虚弱的样子，急得从天而降。随后，释迦牟尼意识到了这种苦行的无益，决心放弃这种无用的做法，寻找明智的方法来获得真理。

他走到了菩提迦耶①，坐在那里的一棵智慧树下，开始审谛思维，以求悟出解救世界的大道。

传说此时佛教中的天魔怕他能悟出大道，于是在他禅定的时候，派出魔教大军对他进行攻击。漫天的武器向他飞来，甚至还有大山压顶，然而都在接近他的那一刻变成了宝盖花环。群魔们从眼睛和嘴里喷射出毒物烈火，但也都被他挡了下来。

武力宣布失败后，魔王改用美色诱惑，他唤使自己的女儿们去引诱他。这些魔女们化着艳丽的妆容，浑身散发出悠悠的香气，高耸浑圆的乳房和轮廓优美的臀部在曼舞中摇曳晃动，用甜美的声音对释迦牟尼说着情话。然而，这些都不能诱惑他，最后的三位魔女还被他变成了老态龙钟的妇人。

战胜了诱惑的释迦牟尼继续在树下入定，他把自己的思想集中到世间的诸苦上，他看到世间万物都在生死轮回中饱受磨难而无法解脱。在拂晓时分，他大彻大悟，世间的一切痛苦都来源于对生存的欲望，而生存的欲望又起源于我们对思想、自我和物质世界的错误观念。只有扫除众因，断灭生欲，所有的痛苦才能随之消除。悟道后的释迦牟尼成了至上的佛陀。

此时已经悟得宇宙真理的佛陀开始教化众生，为他们讲经说法，告诉他们世间的生老病死苦都来源于人对欲乐、生存和幻象的渴望，要想消除苦恼就要根绝欲望而灭尽希求。

此外，佛陀还教育僧众们要有慈悲心，怀着悲天悯人的思想，为众神解脱

---

① 位于印度比哈尔邦伽耶城南10千米的菩提迦耶（Bodhgaya），距印度东部最大城市加尔各答607千米，是佛祖释迦牟尼悟道之处，也是佛教信徒心目中最神圣的地方。

痛苦，布施他人，勿杀众生。佛陀的弟子们渐渐增多，他们都必须剃掉头发，身穿黄衣，遵从安贫、持律和清净身心的誓约。随后，佛陀让他们各自分散说道，让他们到各个地方教化民众。

佛教升天的象征——佛塔

佛陀的父亲净饭王多次派遣使者传命给他，想在死前再见儿子一面。于是佛陀遵从了父亲的请求，回到了曾经的迦毗罗城，再次见到了家人。他对父亲十分恭顺，对妻子也十分温和，他说服自己的弟弟难陀也出家为僧。之后，在父亲病危之时，佛陀又一次回到家中，看望病重的父亲，并为因生他而死亡的母亲说法33天。

此时，传道40年的佛陀已经80岁高龄。他意识到自己的寿命将尽，在一次庄严的说教中，他告诉弟子们自己行将寂灭，并告诫弟子们遵守戒律，持身圣洁。随后，病重的佛陀来到了末罗国的拘尸那迦[1]，决定在此涅槃[2]。

在涅槃之前，他安抚弟子阿难悲痛的心，告诉他尽管自己死去，但他生前

---

① 拘尸那迦为释迦牟尼圆寂地，位于印度北方拘尸那揭罗西亚村。
② 涅槃，意译为无为、自在、不生不灭等。

的所有说法将继续像导师一样教导他。随后，佛陀进入了一种十分微妙的禅定，一切思想都消灭不见了，个人意识彻底寂静，十分安静地去世了，在佛教中被认为是最上涅槃。

第三卷

四大帝国

Volume 3
The Four Empires

随着东方文明的持续向前发展，四大主要文明相继过渡到了帝国时代。对于当时的人来说，帝国给他们带来的好处是毋庸置疑的：广阔的国内市场，高效的官僚体系，因庞大财政而建立起来的军队……

中华帝国、波斯帝国、阿拉伯帝国和印度帝国相继问世，并各自雄霸一方。这些帝国对内实行自上而下的强势统治，对周边政权则兼有扩张吞并和文化辐射。这直接导致亚洲成为以这四个帝国为中心的四大文化辐射圈。

其中，中华帝国辐射整个东亚和部分东南亚、中亚地区；波斯帝国辐射伊朗高原、中亚、高加索地区；印度帝国辐射印度次大陆、印支半岛、东南亚岛屿地区；阿拉伯帝国辐射中东阿拉伯、两河流域、中亚甚至北非和南欧。

在大国的辐射之下，弱小的民族也渐渐抬头，强势人物开始了统一各自民族的历程。他们在积蓄着力量，等待着属于他们的时代的到来。

第一章
中华帝国的扩张

一、来自北方的威胁

华夏的先民们自接受了农耕的生活方式以来，就一直受到来自四周游牧民族的侵略，尤其是来自北方的草原游牧民族。

秦始皇统一中原后，抵御当时被称为匈奴人的草原游牧民族、保护帝国的边境就成了秦帝国的重要任务。

为了阻止匈奴人入侵，秦始皇将古代先王们在北方边境修筑的城墙连接成一个整体，构筑了一条从渤海湾的山海关到渭河源头（今甘肃）的古代防御工事——长城。

匈奴是中世纪突厥人和蒙古人的先驱，长城以外直到西伯利亚森林，整个上亚细亚都在匈奴人的控制之下。他们和其他游牧部落共享着蒙古草原，畜群是他们唯一的财富，他们带着自己的牲畜们追随着草场迁徙。

匈奴人身材魁梧、体格健壮，他们长年生活在马背上，是天生的骑手和弓箭手。在华夏的史书中，他们被描绘成彻头彻尾的野蛮人。对华夏北部边境的

抵御草原民族的长城

农民来说，这些人是可怕的邻居。每当匈奴人的草原受到灾害时，他们就会从草原上冲下来，袭击华夏先民的农田，杀死百姓，抢走粮食和财物，然后在华夏的军队到来之前消失在茫茫的草原上。

秦始皇曾发动对匈奴的战争，当时他面对的是一个并不统一的草原。秦始皇的军队曾取得一定的胜利，然而这种局部的胜利并不足以摆脱来自匈奴人的威胁。

在更大规模的战争到来之前，秦始皇就去世了。他的继任者并不是和他一样的政治强人，在一连串的阴谋之后，国家很快就陷入战乱之中。

在一次全国性的叛乱中，秦始皇的继任者，也是国家的帝王被迫自杀。国家又回到了无政府状态，各军队和地方首领趁机抢夺地盘，开始了持续数年的互相攻杀。最终，一个名叫刘邦的平民领袖在这场战争中脱颖而出，从而建立起了东方最强大的帝国——汉帝国。

在汉帝国统一中原王朝的同时，蒙古草原上也经历着战争和统一。而当汉帝国建立的时候，被称为汉高祖的刘邦赫然发现，来自北方草原的威胁已经远远超过了秦始皇所曾面对的威胁。

公元前 200 年，汉帝国和匈奴的战争爆发，最终结果是汉帝国大败。皇帝刘邦在平城（今中国山西北部）附近的高地上被匈奴人包围了整整 7 天。

体现秦末兵器已有较高技术的弩机

为了逃出重围，刘邦只好把中原一位美人的画像赠给匈奴的国王，请求匈奴国王让他离去，他会把这位美人送给匈奴王。逃离匈奴包围圈的 2 年后，在匈奴国王的威逼下，刘邦只能把后宫中的一位美人送给了匈奴的国王，以换取匈奴和汉帝国短暂的和平。

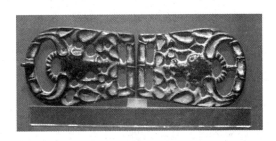

出土的匈奴配饰

这种以汉帝国屈膝换取和平的状态一直持续了 60 年，在这段漫长的时间里，汉帝国经历了一场大内战，但稳定后的国家迎来了大发展。60 年后，当刘邦的曾孙刘彻成为帝国的皇帝时，他终于有能力对匈奴发起一场决战式的战争了。

公元前 141 年，汉帝国最杰出的皇帝——汉武帝——登上了皇位，与此同时，他还继承了父亲景帝和祖父文帝积攒下的丰厚国力。

这位雄心勃勃的皇帝为了解决匈奴人对汉帝国的威胁，决定征服蒙古草原。

在蒙古草原的西边一端，原本生活着另外一些游牧民——斯基泰人①。早先，匈奴人把他们赶出了大戈壁。为了打败匈奴人，汉武帝决定联合被匈奴人赶出大戈壁的斯基泰人。他打算让斯基泰人从西向东对匈奴发动进攻，汉人

---

① 斯基泰人，是前 8 世纪—前 3 世纪位于中亚和南俄草原上印欧语系东伊朗语族之游牧民族，作者在这里指的应该是我们熟悉的西域诸国。

霍去病墓石雕

从蒙古草原攻击匈奴人。但这个提议遭到了斯基泰人的拒绝，于是汉武帝便独自发动了对匈奴人的战争。

公元前 128 年，汉帝国的将军卫青率军穿越了蒙古戈壁，袭击了匈奴的后方翁金河[①]，"斩首" 700 人，使用匈奴人的方法，打了匈奴人一个措手不及。

与这种 "反袭击战斗" 同时开展的是向蒙古草原进行的军事殖民。这些军事殖民的营地类似于罗马帝国的军事前哨地，他们建立边境防线，保卫中原的耕地。靠着这种手段，汉武帝成功地让匈奴人的牧场向更远的北方移动，从而将战略要地河套地区纳入了汉帝国的疆域。

河套地区就是今天的鄂尔多斯草原，在华夏民族衰落的时候，这里一直为游牧民族的军队所占据，并以此作为进犯中原的一个集结点，现在，这一集结点永久性地归属了汉帝国。

公元前 121 年，卫青的外甥霍去病带领着 10000 汉帝国骑兵再次进攻匈奴，他取得了比卫青更了不起的军事成就，他把匈奴赶出了甘肃东部，这里是丝绸之路的起点。

之后，公元前 119 年，霍去病和他的舅舅卫青一起带领着 5 万骑兵，再次袭击了匈奴人。他们兵分两路，卫青领兵直捣翁金河，俘获了匈奴的国王。霍去病率领军队穿过整个戈壁，直逼杭爱山脉，击败了那里的匈奴军队，俘获了 80 名匈奴首领，在那里进行祭神仪式，象征着蒙古草原彻底被汉帝国占领。

虽然汉武帝击败了匈奴的军队，保证了汉帝国的边境安宁，但是匈奴人并

---

① 翁金河，在今蒙古国境内谢图汗左翼后旗南，源出三音诺颜右翼中左旗北杭爱山脉南麓，东南流 600 余里，至旗境潴为胡尔哈鄂伦泊，水道提纲，自杭亦哈马勒山而北，水皆北流，至俄罗斯入北海。

没有从蒙古草原消失，因为汉人对无法耕种的蒙古草原地区并不关心，而把更多的目光集中在中亚肥沃的土地上。匈奴人依旧盘踞在蒙古草原等待崛起。

二、汉帝国的崛起

在汉帝国崛起的过程中，帝国的第一任皇帝刘邦是一个至关重要的角色。在秦帝国灭亡的战争中，中国的历史学家将关注的焦点都放在了刘邦和他的主要对手项羽身上。

刘邦虽然出身平民，但却是一个老谋深算的政客，他机敏过人，是一位自命不凡的冒险家。历史记录告诉我们，刘邦"不事家人生产作业……好酒及色"。他总是在一位被称为"王媪"的店主家里饮酒，要么是因为慷慨大方，要么是为了自我吹嘘，刘邦说自己总是支付高于标准价格的酒钱，而实际上他总是赊账。

有一天，当刘邦喝醉睡在店里，店主王媪觉得自己看到了一条龙在刘邦的头顶上盘旋。她认为这是一个吉兆，刘邦可能会成为一位了不起的人。从此以后，王媪就比从前更加愿意让他赊酒账了。

早年的刘邦有很多传奇的逸闻趣事，让我们觉得十分过瘾。有一次，地方长官要求他用一千钱作为给自己的"贺礼"，

刘邦画像

然而刘邦却凭着赤裸裸的厚颜无耻给摆脱掉了，愣是一文钱也没给。

刘邦后来因缘际会成了一个小地方的"亭长"①，也就是帝国的基层小吏。这样的人在正常的年代是不会有太多机会的，然而秦帝国的崩溃给了刘邦这个冒险家一个天赐的良机。

有一天，刘邦受命押解一队囚犯，在半路上他想到不如索性砸碎他们的锁链，让他们成为自己的追随者，于是他真的这么干了。他和他的早期追随者很快便获得了一小块地盘，并不断地壮大。

刘邦的成功在于他不安分的性格之外也有着聪明的一面，他非常善于听取别人的意见，尤其是那些强于他的人。他对下属和领地的百姓都十分宽容，这使他很快就拥有了一批忠实的拥护者，这些拥护者甚至不仅仅包括他的下属和领地的百姓。

在与主要对手项羽的斗争中，刘邦一直都处于下风，但善于用人和宽容的特质最终让刘邦赢得了大多数人的支持。在一系列精彩的谋略和战争之后，刘邦终于把项羽赶到了绝路上。在项羽因为战败而自杀后，刘邦成了帝国的新皇帝。

秦始皇为了他的利益而创立了华夏帝国的独裁制度，结果不到5年的时间，就让刘邦成了最终的受益者。刘邦因为极度善于用人获得了帝国的统治权，然而在统治的初期，他又不得不拿出大片的封地和王位来犒赏其他的雇佣兵，因为正是在他们的帮助下，他才能够获得帝国。

这种犒赏行为让帝国回到了秦始皇之前的分封时代，然而善于权谋的他最终以各种借口除掉了他所分封的诸侯，皇帝的权力被统一了起来。

然而，对雇佣兵诸侯取而代之的是刘邦的亲属，他的兄弟子侄被他以诸侯的形式分封到全国，这些人在刘邦死后形成了强大的势力，威胁着皇帝的权威。

刘邦死后，权力从幼小的皇帝移交到了皇太后吕氏手中。经过了一系列残酷的宫廷斗争，吕后的帝国统治权在她死后又移交到了刘邦的另一个孩子，就

---

① 秦帝国在县以下设置各种地方自治单位，亭就是其中之一，亭长就相当于现在的乡长或镇长。

是后来的汉文帝手中。这个时候，刘氏诸侯的势力已经过于强大。

经过汉文帝和他的继承者汉景帝的经营，以及不间断的权谋和战争，皇帝终于从诸侯手中夺回了帝国真正的统治权。当权力被景帝移交给中国历史上大名鼎鼎的汉武帝时，皇帝的权威已经不可撼动。

汉帝国初期文物——瓦当

汉武帝 16 岁继位，在位 54 年（前 141 年—前 87 年）。他天生精力充沛，智力超群，他酷爱统御他人，但也能够听得进他人的意见。

汉武帝继续削弱着地方诸侯们的势力。他聪明地采取了一项激励措施，即将诸侯们的土地"平均"分配给他们的孩子，这样没用多长时间，地方就再也没有强大到可以挑战皇帝的诸侯了。在这样审时度势的改革和强势的对外战争中，汉武帝让汉帝国无可阻挡地崛起了。

三、属于文人的政府

汉武帝对于帝国的另一项影响深远的改革是将儒家文人引入政府。

在汉武帝之前，文人在帝国扮演的角色只是皇帝的顾问，无论文人本身持有何种思想，他们都必须依附于掌握帝国权力的君主、权臣或将军。但在汉武帝时期，对文化尤其是儒家文化的重点宣传让儒家思想在整个帝国散播开来，儒家思想成了华夏民族的思想和行动指南。

在这个基础上，汉武帝将儒家文人引入到了政府中来，让他们从担任一些思想、文化方面的官员到渐渐成了整个官员阶层的核心力量。

汉武帝死后，他的后继者仍然保持了对儒家的尊重态度，这让汉帝国这个由权臣和将军构成的政府慢慢转变成由文人控制的政府。

到了 9 年，汉帝国的运气开始变差，接连出现的几位昏庸的皇帝让帝国政治陷入动荡之中。在一片动荡中，全国知名的政治家王莽掌握了政权，他用一个名为新朝的政权取代了汉帝国。然而，这个政权只持续了几年便被瓦解。

在一连串的动乱和战争之后，刘氏的后人重新掌握了政权，另一个汉帝国诞生了。

虽然王莽的帝国是短暂的，但在这短暂的时期，王莽又进一步提升了儒家在华夏民族当中的地位。

汉代服饰

王莽是一位造诣颇高的儒家文人，他像当时所有的儒家文人一样，极力推崇传说中的先王统治制度。为了恢复先王的统治制度，王莽召集了一群和他有着一样理想的儒家文人对帝国进行改革。王莽称帝的这段时期，可以说是真正的文人们的国家。

为了恢复先王的制度，王莽颁布了一系列令人匪夷所思的改革法令。这些法令的主张，即使在今天看来也显得十分超前。

王莽认为，帝国的土地应该平均分给每一个国民，并不准进行买卖，以防止富人对穷人的兼并。王莽认为奴隶或仆役是有悖人伦的，所以他强令很多富人释放他们的奴隶或仆役，并彻底禁止人口买卖，但是在国家层面他却可以拥有奴隶。

王莽建立了一个专门负责对国家经济进行管理的团体。这些文人官员奉命限制每个季度的日用品价格，并按照市价收购那些无人购买的货物并储存起来，等到这些货物匮乏时再投放到市场上，从而达到稳定货物价格的目的。

此外，王莽还颁布法令，要求帝国之内除了农民之外，其他所有行业的从业者都要将所得利润的十分之一作为税款，上交给国家。

王莽作为一个相信儒家乌托邦理论的文人皇帝，颁布了许多理想主义的法令，给帝国带来了混乱，从而也彻底葬送了自己的帝国。

王莽失败之后，重新建立的汉帝国废除了王莽的改革，但是文人作为一股力量依然在帝国中占据着十分重要的位置。

王莽画像

在此后的汉帝国以及魏晋南北朝时期，儒家的地位虽然并不是一直稳固，但文人却越来越成为整个民族和帝国的核心力量。等到华夏又兴起一个强大的帝国时，我们惊奇地发现，那已经是一个完全由文人缔造的盛世了。

四、称霸东方的汉帝国

在击退了来自北方的威胁之后，汉帝国将目光投向了周边所能达到的所有区域。

对于像武帝这样的统治者来说，疆土扩张的野心是永远得不到满足的。古代中华的版图只限于华北和华中，也就是黄河流域和长江流域的北部，先民们的足迹并没有涉及更南边的密林和沼泽。

在汉武帝之前，秦始皇最远曾经到达过今天的湖南省中心，并派遣一支远征军到了更远的南方。然而对于汉武帝来说，远征是不够的，他要的是把那里变成帝国的一部分。

公元前 111 年，汉武帝结束了南方处于帝国之外的历史，他将今天的广西、广东都纳入到了帝国的版图之中，并让华夏永久地拥有了那里，这一事件对历史进程产生了不可估量的影响。

汉帝国货币五铢钱

在更南的南方，汉帝国一度拥有今天的越南北部和东京湾，它们作为整个帝国一部分的历史，持续的时间甚至比汉帝国本身还要长。

在东方，汉帝国没有遇到任何对手，甚至一个像样的政权都没有。虽然在秦统一华夏的早期，今天朝鲜半岛的北部曾经出现过独立的政权，但因为他们受华夏文化的影响，或者政权本身就是华夏先民们建立的，所以当中原地区出现强大的汉帝国时，他们理所应当就成了汉帝国的一部分。

在东方和南方扩张的同时，强大的汉帝国还将目光投向了更远的西方。

西方的中亚地区和北方的草原不同，那里生活着习惯定居的人民。一个个定居点沿着塔里木盆地的南北弧拱分布的沙漠绿洲展开。这两条虚线是骆驼商队的天然行程，正是这些商队把中原帝国跟西方世界联系了起来。

早在公元前 108 年，汉武帝的将领们就把华夏的宗主权强加给了这一地区的两块主要绿洲：罗布泊和吐鲁番（高昌）。公元前 102 年，一位名叫李广利的汉族将领率领 6 万人向那里进行了一次空前大胆的进军，直捣费尔干纳（拔汗那），这次远征有着一个非常具有战略意味的目标。

高昌古城遗址

面对匈奴勇敢善战的骑兵，汉人步兵往往处于下风，一方面是因为匈奴人都是天生的骑手，另一方面还因为中华农耕地区缺少战斗力和耐力都出色的马匹。

汉武帝通过外交活动了解到中亚地区盛产他所需要的战马，为了保证对匈奴人的军事优势，汉武帝必须在实力强盛的时候获得这些战马。

公元前120年，汉帝国强迫费尔干纳送来了大量的尼西亚牡马。在这里，我们要补充一点就是：这一事件在艺术史上也留下了它的蛛丝马迹。

因为考古学家在汉墓中的浅浮雕上发现了一种膘肥体壮的中原马，这是一种小型的佩尔什马，有着壮硕的臀部和胸部。在中原和朝鲜发现的同一时期的赤陶塑像，展现了一种线条更加典雅、风格更接近希腊的战马，毫无疑问，它正是公元前102年从河中（指中亚阿姆河、泽拉夫尚河与锡尔河交汇的平原地带）引进的。

强盛的汉帝国对于中亚这些绿洲国家来说，犹如庞大的巨兽，他们无力抵抗，只好在汉帝国和另一个巨兽匈奴之间摇摆，哪一方强势便倒向哪一方，这

中华出图的西域马浮雕

种悲惨的命运一直持续到汉帝国第一次崩溃。

王莽政权覆灭后，幸运的刘秀成了汉帝国的新皇帝。但由于王莽失败后国家陷入了混乱，刘秀成为皇帝时，华夏已经丢掉了大部分的外国属地。为了收回这些属地，汉光武帝刘秀花费了 32 年的时间重新建立起了华夏在东亚的霸权。

40 年，安南①国发起叛乱，摆脱了华夏的统治。汉光武帝派著名将领马援②前往安南国平叛。42 年，马援进入北部湾③，次年初平定了安南国的叛乱。

45 年，蒙古的匈奴人和突厥人④迁徙到了东方大兴安岭附近，威胁到了汉帝国的统治。马援接到命令，从印度支那⑤出发，前往汉帝国的北部边境，迎战蒙古的游牧民族。

46 年，一场罕见的干旱导致蒙古地区大范围的畜群和牧民饿死，游牧民族发生内乱。48 年，内蒙古的游牧民族为了反抗在外蒙古鄂尔浑河上游统治着他们的首领，沿着鄂尔多斯河套的边境建立了国家，承认汉帝国的宗主权，帮助汉帝国守卫着长城和黄河部分地区。汉帝国恢复了华夏在远东地区的霸权。

---

① 安南为越南古名。

② 马援（前 14 年—公元 49 年），字文渊。汉族，扶风茂陵（今陕西杨凌）人。西汉末至东汉初年著名军事家，东汉开国功臣之一。

③ 英文旧称为 Gulf of Tonkin，音译为东京湾。现中国大陆地区称该区域为北部湾，中国台湾地区沿用东京湾的旧称。

④ 突厥是历史上活跃于蒙古高原和中亚地区的民族集团的统称，也是中国西北与北方草原地区继匈奴、鲜卑、柔然以来又一个重要的游牧民族。540 年，突厥这个词始见于中国史册。

⑤ 印度支那，简称印支，亦称中南半岛或中印半岛，指东南亚半岛，东临南海，西濒印度洋，因位于印度和中国之间，古印度人称中国为支那，因而近代欧洲人为了方便记忆而命名印度与中国之间的地区为印度支那。

在汉帝国无暇西顾的时候，中亚塔里木盆地绿洲上一个个小国家都倒向了匈奴，因为他们连接着华夏和印度、波斯和地中海世界的贸易路线，作为东西方交流的主要通道，汉帝国必须开展一次争夺这里统治权的战争。

73 年，后汉帝国的两位将军窦固[①]和耿秉[②]率领军队，击溃了北部的匈奴人，在哈密绿洲建立了一块屯垦移民地。74 年，进攻吐鲁番绿洲，匈奴王投降。

为后汉帝国收复西域做出最多贡献的是勇敢的将军班超[③]。班超在一次奉命前往罗布泊地区打探消息的时候，发现当地国王已经向匈奴靠拢，于是召集随行的士兵，趁夜偷袭匈奴使者的营地，带领不多的士兵消灭了 100 多人的匈奴使者。他们震慑住了鄯善国[④]的国王，迫使准备投靠匈奴的鄯善国，乖乖向汉帝国俯首称臣。

班超在西域地区纵横捭阖，施行殖民政策，不用汉帝国提供粮草和士兵，仅仅凭借着每个被他征服的绿洲提供的兵力，就将整个西域纳入汉王朝的统治中；斩断了匈奴在西域的触角，使匈奴的后背暴露在汉帝国军队的攻击之下，保护了汉帝国不再遭受匈奴的入侵。

班超塑像

91 年，汉帝国的军队进攻蒙古，长驱直入打到了鄂尔浑河的两岸，俘虏了匈奴酋长全家。94 年，班超率领来自龟兹和罗布泊的西域人组成的军队，攻灭了焉耆国[⑤]。

---

① 窦固（？—88 年），字孟孙。扶风郡平陵县（今陕西咸阳西北）人。东汉时期名将，窦融之侄。

② 耿秉（？—91 年），字伯初，扶风茂陵（今陕西兴平东北）人，建威大将军耿弇的侄子，大司农耿国长子，东汉将领、军事家。

③ 班超（32 年—102 年），字仲升，扶风郡平陵县（今陕西咸阳东北）人。东汉时期著名军事家、外交家，史学家班彪的幼子，其长兄班固、妹妹班昭也是著名史学家。

④ 鄯善国是西域古国之一，国都扜泥城（今新疆若羌附近）。

⑤ 西域古国。

　　焉耆国投降，焉耆国国王被班超在其杀害汉人都护的地方斩首，震慑了整个西域诸国。班超被汉帝国封为西域都护，定远侯，成为中亚（一直到波斯和印度的门户地区）事实上的总督。史书记载他"逾葱岭（帕米尔高原），迄县度（悬渡），出入二十二年，莫不宾从"。

　　匈奴彻底失去了和汉帝国争夺东方控制权的资格，汉帝国在东方的强大是不可想象的，这种强大的程度导致无论是当时还是后世，都以汉这个词汇来代指中原王朝。汉民族无可争议地成了东方的主人。在那个时代，我们甚至寻找不到可以撼动汉民族称霸东方的对手，也许唯一能够让帝国的统治松动的便只有他们自己了。

第二章
波斯帝国

一、阿萨息斯王朝

在伊朗高原完全被亚历山大大帝征服之后，公元前 330 年—前 250 年，伊朗高原都处在希腊各王朝的统治之下。

不过，随着时间的推移，希腊人的统治开始松动，也就在这个时候，伊朗各民族中的一支——帕提亚人——开始在科尔萨巴德①地区寻求独立并获得了成功。帕提亚人使用的是"帕拉维语"，这种语言是伊朗的一种地方语言，它由古波斯语发展而来。帕提亚人在历史上有一个更加广为人知的称呼——安息人。

在逐渐完成了部落的统一之后，安息人的领袖阿萨息斯创立了自己的统治王朝（前 250 年—前 224 年），被称作阿萨息斯王朝。

在此时期，安息人与希腊的塞琉古几乎没有停止过战争，他们从希腊人手中夺取了伊朗西北和美索不达米亚地区，之后他们又与东方的希腊文化继承

---

① 今伊拉克地区。

安息银币

者——罗马人——进行战斗。

罗马人企图侵占当时已被安息人所统治的美索不达米亚和亚美尼亚地区，但阿萨息斯朝的两位国王并没有让他们得逞。

密斯利德提斯一世统治时期（前 174 年—前 136 年），奠定了安息帝国的广阔疆域，北达小亚细亚东南的幼发拉底河，东抵阿姆河。另一位是奥罗德斯国王，他成功地抵挡了当时罗马人对卡里（美索不达米亚的一个城镇）的进攻。

阿萨息斯王朝成功地抵御了外敌的入侵，进而恢复了伊朗高原的独立。可以这样说，阿萨息斯王朝是阿契美尼德王朝的延续，因此阿萨息斯诸王也复用了"大王"和"列王之王"的称号。

现代出土的帕提亚帝国的酒杯

尽管阿萨息斯王朝在此时期十分强盛，其领土一度从叙利亚扩张到了印度河流域，但是他们的伊朗文明却几乎处于停滞不前的状态，这是由于希腊文明的过于强盛造成的。

此时的阿萨息斯王朝深深地被希腊文明所影响，可以说基本"希腊化"了。在他们的货币上留有浓厚的希腊风格。在他们的习俗上，为了追求时尚也大多采取希腊的习俗。在此时期有一件耐人寻味的事件，当罗马执政者克拉苏的首级被送到阿萨息斯王朝的领导者奥罗德斯王面前时，奥罗德斯王正在听着希腊著名悲剧家欧里庇得斯所创作的戏剧。

不过，希腊文明在伊朗高原的生命力虽然十分强盛，但拜火教[①]仍有些不合时宜地在"波西斯"[②]地区留有据点。到了 3 世纪初期，波西斯被拜火教的祭司家族所统治，也就是之后的萨珊王室。

萨珊王室在阿尔达希尔一世的领导下发动起义，随后成功推翻阿萨息斯王朝，并于 224 年杀死阿萨息斯末代帝王。从此之后，阿尔达希尔一世自立为全伊朗的王中之王。

二、萨珊王朝

拥有了政权的萨珊王朝统治了波斯 400 多年（224 年—652 年），它以保卫伊朗民族及文化为宗旨，在西方抵抗罗马人及其后的拜占庭人[③]，在东方抵抗着以突厥为主的游牧民族的侵犯。

在对西方的作战中，萨珊王朝的第二代君王沙普尔一世于 259 年俘虏了罗马皇帝瓦利里安。随后他还攻击了叙利亚，但并没有保持住他的领地。

到萨珊王朝末期，喀斯鲁大帝终于成功地入侵了叙利亚，并在 540 年通过

① 即琐罗亚斯德教，信奉多神特别是火神，并实行烦琐的祭祀仪式，因而得名。

② 波西斯，即现在的法尔斯省地区，是伊朗 30 个省份之一。面积 122 600 平方千米，在所有省份中排行第四。人口约 4 323 000 人（2004 年数据），省府设拉子市。

③ 拜占庭人因来自拜占庭一地而得名，拜占庭是古希腊一座城市，位于连接黑海到爱琴海之间的战略水道博斯普鲁斯海峡上，罗马皇帝君士坦丁在第 4 世纪重新命名它为君士坦丁堡，并且让它成为罗马帝国的首都。

萨珊王朝金币

奇袭攻占了安提阿城，此时他的领地已经远达也门。接下来，喀斯鲁二世大帝在 613 年曾一度统治了叙利亚、巴勒斯坦、埃及和小亚细亚地区很多年，之后才几乎占领了君士坦丁堡。但是到了 628 年，拜占庭皇帝赫拉克流斯成功反击了萨珊王朝，并将其征服。

在东方，萨珊诸王同样保持着他们保卫并扩张雅利安主义的热情。萨珊王朝皇帝巴拉图二世在位期间（276 年—293 年），从萨迦王朝末帝手中抢走了赛伊斯坦。

到了萨珊国王巴拉图五世在位期间（420 年—438 年），萨珊人又击退了当时已经占领了大夏和喀布尔的游牧民族嚈哒人[1]的进攻队伍。但巴拉图五世的继位者腓鲁兹则在随后的作战中失败，并于 484 年被杀死。

直到 565 年，萨珊王喀斯鲁一世与突厥人联手把嚈哒人消灭，萨珊王得到了大夏地区，而突厥人得到了外乌浒河地区。之后在一些遗址中，也看到了萨珊王朝曾统治大夏的印记。不过，在萨珊王朝统治大夏仅仅几年之后，突厥人就夺走了大夏的统治权。

在萨珊王朝刚刚建立的一段时期，他们以恢复原有的民族、宗教和君主政治为使命。在此期间，他们的情感是民族主义和宗教虔敬主义的。

之前饱含希腊色彩的国王称号是"王中之王"和"希腊之友"，随后被"奥尔玛兹达之仆"和"阿利亚之王"所替代。萨珊诸王则以阿契美尼德王朝的继承者自居，直接越过了马其顿统治时期的夺权者。他们还在此基础上编制了一个新的宗谱，把阿尔达希尔一世和阿流士（即薛西斯）的血统相联系。

尽管如此，阿契美尼德王朝和萨珊王朝还是有很大的不同，前者可以说是

---

[1] 嚈哒人是古代生活在欧亚大陆的游牧民族。

一个世界性的帝国，它大量汲取了亚述 – 巴比伦、希腊的文明。而阿尔达希尔及其后裔所建立的，只是一个完全属于波斯人的帝国。

另外，拜火教和萨珊王国的建立有着很重要的关系。阿尔达希尔一世在位期间就编订

萨珊帝国壁画

了一部完整的玛兹达教圣书，也就是《阿呋斯陀》。在宗教的信仰上，萨珊王朝和阿契美尼德王朝有所不同，尽管他们都信奉阿胡拉·玛兹达，但拜火教却更像一种一神教，这点与阿契美尼德王朝的宗教有很大不同。

此外，萨珊诸帝允许教士们在政府中占有较高的权力，这使得教会的势力逐渐变大，以致后来君王们都开始抵制他们。但这些抵制教会势力的君王很多都下场十分悲惨，比如阿尔达希尔二世、沙普尔三世、雅兹达迦德一世和巴拉什等。第一位被废黜，后两位被杀，最后一位则在贵族和拜火教教徒的联手之下被弄瞎眼睛。

三、波斯的衰落

619 年，萨珊王朝的国王科斯洛伊斯二世占领了埃及，将波斯领土扩张到前所未见的地步。

可以想象，此时的科斯洛伊斯二世一定十分得意。然而，与此同时，阿拉伯半岛也发生了一件大事。一位名叫穆罕默德的人复兴了伊斯兰教。这个刚刚诞生不久的宗教，以让人无法想象的速度急剧发展，随后也将席卷波斯帝国。

阿拉伯沙漠

先知穆罕默德死后，艾布·伯克尔成为继任哈里发统治阿拉伯帝国，他的即位不仅是四大哈里发时代的开端，同样也意味着阿拉伯迅速扩张时期的到来。

刚开始，阿拉伯帝国的目标是拜占庭帝国所统治的叙利亚地区，因而他们首先将主力部队投入到了与拜占庭帝国的作战中。然而，当他们在叙利亚地区获得了一系列的胜利之后，他们就开始着手准备对波斯帝国的进攻，萨珊王朝的噩梦也就开始了。

此时的波斯帝国由于科斯洛伊斯二世去世，国内一度十分混乱无秩序。亚兹德格尔德三世即位后，他开始重新整顿国家，以多种行政措施恢复了因战乱而导致混乱的经济；外交上，也与拜占庭皇帝希拉克略和好，可以说此时的波斯已经基本稳定。

当亚兹德格尔德三世得知南方的穆斯林进攻时，一开始他并不在乎，这位骄傲的皇帝完全不把这些游民放在眼里。

然而，渐渐地，一系列失败的战报传到宫中，亚兹德格尔德三世开始意识到问题的严重性，甚至连希拉这个极其重要的战略城市也被攻陷了。终于，亚兹德格尔德三世愤怒了，他派遣大将鲁斯塔姆出战，前去收复失地。

作战前期，阿拉伯的名将哈立德·瓦里德因叙利亚战场吃紧，撤出了对波斯的战争，前往支援叙利亚前线。这时在美索不达米亚战场上，在缺少了哈立德·瓦里德及其主力部队后，已无法继续和波斯军队抗衡。于是，鲁斯塔姆抓住了时机，发起进攻。面对猛烈的进攻，阿拉伯人最后放弃希拉诸城，退回沙漠，以寻找更好的时机。

在此时期，波斯军队又获得了几次战役的胜利。然而这只不过是双方决战的序曲，并不能起决定作用。

终于，636年7月，在幼发拉底河支流阿提克河西岸的乌宰布一带，双方的主力军队隔河对峙，双方都派出了全部实力，决定胜负的大战一触即发。

在波斯方面，主将鲁斯塔姆不断让国王征召士兵加入战场。而阿拉伯方面，已经成功地在叙利亚地区击败了拜占庭帝国，进而把之前派往叙利亚战区的军队都调到了与波斯的战场中。

与此同时，哈里发还交给了阿拉伯统帅赛义德·阿比·瓦嘎斯一个任务，即在打败波斯之后，让波斯帝国的国王及人民皈依伊斯兰教。

于是，阿拉伯派出了20位魁梧英俊的勇士在波斯首都泰西封[1]与波斯国王亚兹德格尔德会面。亚兹德格尔德问这些使者"阿拉伯人为何敢入侵我们的国家"。阿拉伯使者回答，阿拉伯先知将如何改变这个半岛，并将伊斯兰教恩赐给这里的人民，随后提出让波斯人皈依伊斯兰教的要求，实际上就相当于劝降，否则就开战，并把亚兹德格尔德赶下王位。

波斯国王当然不会如此轻易地就被说服，把庞大的帝国拱手让人。此时，阿拉伯军队已经推进美索不达米亚地区，对这里进行侵略来获得充足的粮食补给，并将这里的原住游牧人赶出牧区。

当地的波斯人不断向国王抱怨，要求国王把他们赶走，否则就直接投降穆

---

[1] 泰西封是伊拉克著名古城遗迹，亦译"戚息丰"。位于首都巴格达东南32千米处，滨底格里斯河左岸，当迪亚拉河河口。

斯林。随后，不胜其烦的亚兹德格尔德开始催促前线主将鲁斯塔姆赶快对阿拉伯人发起进攻。

如果不是国王的催促，主将鲁斯塔姆一定会继续按兵不动，以待良机。结果在国王的强烈要求下，鲁斯塔姆只好下令渡河，向阿拉伯人发起进攻。这也为波斯人的失败埋下了伏笔。

波斯的军队有 6 万多人，其中步兵有 4.5 万，重骑兵有 1.5 万，其余为战象部队。他们把 33 头战象放在军队最前方，以发挥这巨兽最大的破坏力。而在阿拉伯方面，他们在战前齐声呼喊着穆罕默德的启示，在真主安拉的护佑下，穆斯林士兵能以一当十，并让异教徒内心充满恐惧。随后穆斯林指挥官发出进攻信号"安拉至大"，士兵们跟随呼喊三次，在第四声时，全体士兵开始冲锋。

在战斗刚开始时，战象发挥出了巨大的威力。这庞大的巨兽在波斯人的操控下，犹如一个巨型的移动城堡，在穆斯林的队伍中左突右撞，使穆斯林的战马纷纷受惊，仓皇逃窜。被打乱的穆斯林部队不断被对手击退。后来，穆斯林首领想出了办法，他派出弓箭手，缓慢接近战象，然后把战象的驾驭者拉下来。没人操控的战象像无头苍蝇一般，不分敌友，四处逃散，很快，阿拉伯人就重新夺回了根据地。夜幕降临，两军纷纷回营休息，养足精神，次日继续。

第二天黎明，战争还在继续。此时，穆斯林方面来了一支 1000 人的援军打破了僵局。这支部队由将领卡卡率领，他们犹如神兵天降一般英勇无比。卡卡骑着战马身先士卒，把波斯指挥官斩于马下。

战象雕像

波斯人看到自己的指挥官阵亡，都感到十分沮丧，士气大败，前一天的象兵也因装备损坏没有派上战场，战斗力大不如前。夜幕降临，双方收兵。这一天穆斯林阵亡了2000余人，而波斯人则死亡了10000多人。整个晚上，双方都在大营中不停地呼喊着几大家族的名字，以此来鼓舞士气，准备迎接生死决战。

第三天清晨，广阔的战场上尸横遍野，场景十分苍凉。双方军队都开始了一项悲伤的任务，那就是将那些阵亡的战友拖离战场，由妇女和儿童掘墓掩埋。与此同时，战斗继续。波斯人的战象部队重新运用到了战场上，并由一组骑兵和步兵保护，以防阿拉伯人袭击驭者。尽管穆斯林在信仰的鼓舞下十分英勇善战，然而战象的出现仍然使他们难以抵挡。

随后，阿拉伯统帅赛义德想出了办法，在之前的战斗中，他知道了大象最薄弱的部位就是眼睛和鼻子，他命令卡卡带领部队主要攻击战象的弱点。

随后，卡卡把目标锁定在两只巨象上，它们是象群的首领。卡卡跳下战马，用长矛刺入一只大白象的眼睛，在剧烈的疼痛影响下，大象把它身上的波斯士兵甩落在地。其他士兵纷纷效仿，随后，波斯人的大象都被刺瞎双眼、砍掉鼻子，盲目地在两军当中来回冲撞，把所有拦路者都踩在脚下，最后跳到河中，被河水冲走。

看到这一世间难见的奇观，双方士兵都惊呆了，甚至不禁停下了战斗。但没过多久，双方又缓过神后，继续厮杀。直到夜幕再次降临，双方难分胜负。

当天晚上，阿拉伯部落的首领们召集各自部落的士兵去骚扰敌军。夜战一直进行到白天，双方都没得到休息。而此时，一场飓风骤起，鲁斯塔姆宝座上的华盖被风吹走，本人也被大风吹到河中。

波斯王子来不及逃跑，只能躲在骡子下面。阿拉伯士兵看出了他异常的装扮，确认必是贵族，于是拉出去处死。随后，这位士兵站到了鲁斯塔姆的宝座上面，宣布波斯统帅阵亡的消息。

主将阵亡，士兵们再无心作战，纷纷撤退逃跑。阿拉伯军队获得胜利，这也就是著名的卡迪西亚之战。

卡迪西亚战役的失利使波斯人元气大伤，当时波斯几乎失去了所有精兵部队，一时间再也不能组建一支类似的部队。更严重的是，大量军官也没能幸免，连鲁斯塔姆也阵亡了，这更加在心理上击垮了波斯人。

随后的一系列战斗中，阿拉伯人士气大涨，一路势如破竹地攻下了萨珊王朝最为富裕的麦达因 ① 七城。萨珊国王亚兹德格尔德从都城泰西封出逃，跑到伊朗中部以求各地藩属的保护。

最终在 642 年的尼哈旺德战役 ② 中，波斯的 5 万大军全军覆没，萨珊王朝彻底衰败，亚兹德格尔德跑到东部求助于唐帝国。结果当时的唐帝国拒绝援助。最终，这位国王众叛亲离，被一位磨坊工人杀死。

四、唐帝国的附庸

据中国的一本史书《旧唐书》记载，661 年，阿拉伯人入侵了波斯领土，当时的波斯正处于萨珊王朝时期，其君主亚兹德格尔德三世分别在 638 年、639 年和 647 年、648 年，向当时的唐帝国政权请求军事援助。结果时任唐帝国皇帝的唐太宗以路途太过遥远为由，拒绝了波斯人的请求。

不久，波斯王朝被灭，其君主亚兹德格尔德三世也被杀害。他的儿子卑路斯沿着丝绸之路向东逃亡，一直到了吐火罗地区，大致在今天的阿富汗和巴基斯坦北部。在当地土著部落的庇护下，卑路斯想要借助唐帝国的势力来完成

---

① 位于底格里斯河东岸。

② 642 年，哈里发欧麦尔统治时期，阿拉伯军队与波斯萨珊王朝军队之间进行了最后决战。双方一度僵持数天不分胜负，最后阿拉伯军队发动殊死总攻后彻底击溃波斯军队，相传波斯将士伤亡在 10 万以上。此次战役之后，萨珊再也无力组织任何反击，不久全部领土都被阿拉伯人占领，其末代国王亚兹德格尔德三世出逃，具有 1200 多年历史的波斯帝国就此灭亡。

唐军壁画

复国。

　　卑路斯在 654 年派使者出使唐帝国，以求支援。可是，当时的唐高宗仍然认为路途过于遥远，再次给予拒绝。

　　与此同时，阿拉伯的军队正驻扎在波斯东北的呼罗珊①地区，在这里阿拉伯军队经常对当时唐帝国所控制的中亚地区进行劫掠。卑路斯借助吐火罗部落的帮助，向呼罗珊的阿拉伯军队发起进攻，但最后还是被阿拉伯人打了回去。

　　661 年，卑路斯继续派遣使臣出使唐帝国以求军事支援。地理上，中国与占据波斯的阿拉伯帝国十分遥远。这一次，唐高宗和大臣们认为这是一次很好的机会，可以借此控制中亚地区。

　　因此，唐帝国派出特使远赴中亚，在当时的波斯疾陵城（今伊朗的扎博勒地区）设立波斯都督府，并任命卑路斯为首席长官都督。当时的唐帝国国力十分强大，中国的势力控制了很远的地区，并在中亚地区设立了 22 个都督府，

_____

① 位于伊朗的东北面，土库曼斯坦的南面和阿富汗斯坦的北面，而历史上的呼罗珊地域极其广阔，与现在相比还要往南北方向延伸，西面从阿姆河一直延伸到里海，东面从伊朗中部的沙漠边缘一直延伸到阿富汗斯坦中部的山脉。阿拉伯地理学家甚至说过，呼罗珊曾延伸到印度的边界。

其中之一就是这个波斯都督府。

662 年，唐帝国又把卑路斯册封为波斯王，这样卑路斯就在名义上继承了萨珊帝国的正统地位，可以更名正言顺地帮他复国，随后又将波斯故地纳入了唐帝国的势力范围。

尽管如此，中国和波斯的距离太过遥远，以当时的科技水平，派兵援助十分消耗兵力物力。而且当时的唐帝国正在同吐蕃作战，无法为卑路斯提供实质的援助。因此，在 670 年—674 年，卑路斯一直在长安，被封为右武卫将军。这样，我们也可以看出，所谓的波斯都督府并没有什么实际权力，不过是虚位罢了。

此后的很长一段时间，阿拉伯帝国都不断侵略东方。直到 751 年，大唐军队终于出征阿拉伯，两个当时世界上最为强大的帝国在怛罗斯[①]地区爆发了大战。这是一场大规模的遭遇战，据说此时唐帝国军队所面对的是阿拉伯的 20 万联军，而唐帝国只有 2 万人。尽管唐帝国军队在人数上处于劣势，但训练有素的唐帝国士兵沉着以对，击杀了数万名敌人，使阿拉伯军队惨败。而唐帝国的军队也死伤过半，其中阵亡数和俘虏数也各占一半，最终有几千人得以生还。

此时的阿拉伯帝国也奔忙于平叛，因此没有继续向东方侵略。可是没过多

新疆出土的波斯银币

---

① 怛罗斯所在地还未完全确定，但应在葱岭（今帕米尔高原）以西、吉尔吉斯斯坦与哈萨克斯坦的相邻边境、塔拉兹地区。

久，唐帝国内部发生了政变，也就是 755 年的"安史之乱"①，这次叛乱导致唐帝国国力急剧下降，对外的势力也迅速萎缩。之前唐帝国所设立的都督府也都各自独立，自谋生路。不管怎么说，当时的唐帝国盛极一时，对周边直至中亚地区的文化都有很大影响。

---

① 安史之乱是中国唐代玄宗末年至代宗初年（755 年 12 月 16 日—763 年 2 月 17 日）由唐朝将领安禄山与史思明背叛唐朝后发动的战争，是同唐朝争夺统治权的内战，是唐朝由盛而衰的转折点。

第三章
阿拉伯帝国

一、伊斯兰之前的阿拉伯世界

地理环境决定了人类发展的历程，毫无疑问，在环境相对恶劣的阿拉伯地区，统一政权的出现要远远晚于大河平原。

在穆罕默德出现之前，阿拉伯地区还处在一个个分散的小部落的状态下，阿拉伯人还只是一个蛮荒的民族。他们之中的各氏族都区分得极为细致，他们具有豪迈的性格，不受任何正式法律的约束，在完全没有政府主义的统治之下，他们是一个十分落后的民族。直到穆罕默德执掌大权之时，这个落后的荒蛮民族爆发出了巨大的军事和精神的潜力。

570年，穆罕默德出生于麦加的一个强有力的氏族，即古莱氏族。古莱氏族掌握着周围一带的商业贸易，穆罕默德的父亲是一位沙漠商队的经纪人，在他出生之前，他父亲就在经商的途中去世了。

穆罕默德长大后以赶骆驼为生。这种赶骆驼的生活使他在早年就接触了阿拉伯的不同部落，在这些人中，有的信奉犹太教，有的信奉基督教。这些对宗

麦加古城

教的接触也潜移默化地影响着穆罕默德的宗教观。

穆罕默德是一个诚实、精明、性格豪爽的年轻人，他有着远超同龄人的智慧，并且对一切崇高的事物都充满热情。

当时，阿拉伯各部的信仰十分原始落后，他们甚至对麦加城卡巴神龛的黑石盲目崇拜。于是，穆罕默德决心要将他们提升到一神教的水平，一种纯洁、简单和彻底的一神教。

因为没有政府的管理，那些氏族们在无尽的内战中打到筋疲力尽。穆罕默德决心要团结这些部落，组建一个伟大而民主的统一政府。看到那些部落的氏族们仍保留着残忍而野蛮的风俗，他决心要用教化和训练指导他们走向文明。

当然，由于时代和国家条件的限制，在穆罕默德向人们解释宗教体系时仍

阿拉伯游牧壁画

带有一些神秘的色彩，但这并不伤大雅。穆罕默德的理想具有清晰和连贯的脉络体系，可以积极实际地指导人们实践，他最终将把这些阿拉伯人民带到祖先们从未达到的一种高度。

在制定了教义的主要方针和明确的一神教观念之后，穆罕默德开始积极地向亲属们布道。然而他们并不愿意听信他的话，因为他们是属于麦加的异教贵族，这种新教义恐会对他们不利。于是，穆罕默德开始向麦加的老百姓甚至那些异乡人传教。

那时，他的家中挤满了穷苦人们，他用热情友好的方式招待他们。不论贫穷还是贵贱，不论宗教的相同还是各异，他都一视同仁。在热情友好的演说中，他对所有人宣称真主的唯一和社会的平等。他的话深深地影响了当时的人民，特别是那些居无定所、贫困潦倒的人。

但是，麦加的那些偶像崇拜的贵族们却一致抵抗穆罕默德的传教，并决定要杀死他。结果，穆罕默德及时逃离了麦加，来到了他们的世仇所住地——麦地那，这里的人们欢迎让他做领袖。他出逃的日子是 622 年 6 月 25 日，而这一天也成了伊斯兰教的纪元。

二、迅速扩张的伊斯兰文明

来到麦地那之后，穆罕默德建立起了第一座清真寺，而后也成为这里的领袖，开始了完成阿拉伯统一的事业。

　　在当时想要统一阿拉伯，无疑是一件十分艰难的事情。但是，这位先知也因此显示出了他的伟大和耐心，他一步步地开始对各个部族的征服，总共用了8年的时间，才完成了对麦加的征服。

　　这个城市的人民一直以来顽固地信仰着异教，不愿接受任何卡巴神龛以外的宗教改革。终于在两次打败了他们之后，穆罕默德摧毁了他们的偶像。随后，穆罕默德用宽容的心态原谅了这些仇敌，将破损的神龛改建为一座礼拜寺。

沙漠中的清真寺

　　当然，在统一阿拉伯之前，穆罕默德还要征服开柏尔①的犹太分子，以及也门、哈德拉芒特等地的异教部落，让他们改变宗教信仰。这一事业完成后，此时整个阿拉伯都信仰一个上帝，也就是真主安拉。穆罕默德回到麦加。

　　632年3月，穆罕默德组织了第一次场面盛大隆重的穆斯林参礼，据说参加教徒有10万人以上，这位伟大的"先知"终于完成了他的心愿。

　　但是，经过20年的斗争，他的身体和心力已经消耗殆尽。在他预感到死亡快要降临时，他召集他的教徒，并对他们宣讲了最后的训教："你们大众，

---

① 位于巴基斯坦西北。

要谛听我的话，因为我不知今后一年内是否还能和你们在一起。你们彼此要仁爱正直。每个人之生命财产应视为神圣不可侵犯。受人好意的人要以德报德。你将在真主面前陈述你的行为。要倾听女人的诉说，因为她们乃是你们的伴侣……要知道所有穆斯林彼此都是兄弟，你们都是同胞一家。慎防一切不义行动……"

然后，他将手举向天空，呼道："啊，真主，我是否已说出我必须说的话，而且完成了我的使命？"

所有教徒都一起回答："是的，您已经完成了！"

然后他说："啊，真主，请接受此证言。"

集会结束。这一神圣庄严而又富有人道主义的仪式让最后的几个怀疑者也皈依了伊斯兰教。几天之后，也就是 632 年 3 月 8 日，穆罕默德在亲眼看到他事业的成功之后，去世了。

伊斯兰教之所以有如此强大的扩张能力，在很大程度上，并不是因为它相较于之前所替代的宗教有多大的优越和崇高，更多的是因为它所出现的适当时机。这一时期，人们都在等待着它的出现，它恰恰代表了人们的宗教需求、社会渴望以及政治的野心。

实际上，伊斯兰教也并没有创造出真正新鲜的事物，更多的是对以前各种宗教，包括犹太教、基督教以及玛兹达教的综合与简化。

在伊斯兰教的圣书《古兰经》中，经常有其他宗教书籍的启示，包括《圣经》《福音书》，甚至《阿吠斯陀》等。其中最多的就是犹太教，那位真主安拉就是以色列古代的耶和华。这位"战神"是一个严厉而又神秘的形象，它唤起了人们最高的想象力。此外，在一些仪式上也从犹太教借来了不少，比如要斋戒沐浴、行割礼、禁吃猪肉等，在此之上还加入了禁止饮酒。

伊斯兰教还袭用了一些宗教的观念，比如灵魂死后不朽、死者的复活、最后的审判以及天堂和地狱等。在伊斯兰教的一些箴言中，常常教导人们要仁爱友善，这与《福音书》十分类似。

除去受基督教的影响之外，伊斯兰教还在一定程度上受到玛兹达教的影响，比如从奥尔玛兹达和阿里曼的大决斗，或者类似的耶和华和撒旦的战斗中，启发了他安拉与伊布里斯永恒战斗的观念。

三、四大哈里发时期

可以说，尚未统一的阿拉伯在政治上已经取得了成功。他们信仰一个宗教，即有强大的精神影响力和以绝对的一神论为观念的伊斯兰教；他们有一个道德标准，也就是在《古兰经》中所要求的那种简单、纯洁而博大，一种社会组织，即以平等为基础，由"先知"代表的神权统治。由此，阿拉伯人就开始征服东方了。

穆罕默德生前并没有看到在《古兰经》中所提到的吉哈德，也就是"圣战"。这些"圣战"是由穆罕默德的继承者，所谓的"哈里发[①]"所开展的。他们分别是：艾布·伯克尔（632年—634年在位）、欧麦尔（634年—644年在位）、奥斯曼·伊本·阿凡（644年—656年在位）以及阿里·本·阿比·塔利卜（656年—661年在位）。

此前的拜占庭帝国和波斯帝国由于长年的战争已经国力大衰，阿

哈里发画像

[①] 哈里发是指穆罕默德去世以后，伊斯兰阿拉伯政权元首的称谓。

拉伯人也借此时机对它们发动了攻击，摧毁了拜占庭，波斯则被覆灭。

通过 634 年在阿吉纳达因和 636 年在雅库萨的两次战争，阿拉伯人占据了曾属于拜占庭的巴基斯坦和叙利亚。637 年，他们又击败了波斯，成了波斯的主人。随后，在 640 年—642 年，阿拉伯人完成了对埃及的征服。

相对于彻底被征服的波斯萨珊王朝，拜占庭帝国要好一些，尽管它失去了叙利亚、埃及，随后还失去了非洲领土，但是它至少还保存了小亚细亚地区。

因此，在这一段时期，我们看到阿拉伯帝国迅速扩张，在几年之间已经从非洲及图拉斯山脉扩展到了乌浒河及印度河。到了 8 世纪，它甚至还越过了乌浒河，从当时向中国称藩的突厥人所建立的伊朗王朝手中，争夺了外乌浒河的领土。

在这四位哈里发统治时期，他们急速扩张了阿拉伯帝国的领土面积，并且他们也一直保持穆罕默德的精神以及本民族的传统。他们不居住在宫殿之中，也不用任何奢侈品，对待自己像对待人民一样平等，他们与族人平等而亲密地生活在一起，甚至住在帐篷里。

这些阿拉伯领导人在生活上简朴低调，他们保持与人民平等，轻视所有物

油画中的阿拉伯骑兵

质文明和世俗文化。然而这种方式并不能持久，在他们战胜了这些中东的古老文明国家后，他们很快就被当地的文化所征服。

叙利亚文化就率先完成了对阿拉伯人的复仇。当阿拉伯人征服叙利亚之后，阿拉伯的一支最为强大的家族——属于古莱氏豪族的倭马亚家族，被委以统治这里的任务。这些统治者很快就习惯了这里的生活方式，渐渐地挣脱了阿拉伯人的传统束缚。

然而，虔诚的哈里发，也就是穆罕默德的女婿阿里，则始终如一地拥护正统的伊斯兰教。

进而，这两种不同文化和生活的差异，马上就引发了战争。结果，阿里战败，660 年，倭马亚家族的摩阿维亚继承了哈里发之位。至此，四大哈里发时期结束，倭马亚王朝时期开始了。

第四章
印度帝国

一、孔雀王朝

孔雀帝国（前 322 年—前 185 年）是印度历史上第一个空前庞大的统一君主专制帝国，除印度半岛南端之外，北起喜马拉雅山南麓，南达迈索尔[①]，东至阿萨姆[②]西界，西至兴都库什山[③]，全在孔雀帝国的统治范围之下。领土如此辽阔的印度帝国，一直到 16 世纪才被莫卧儿王朝超越。

这个伟大的印度王朝奠定了印度的大体统一疆域，并且把印度文明传播向了世界，其中最为出名的阿育王时期，佛教被发扬光大。

在印度 - 雅利安人进入恒河中下游地区之后，他们开始使用铁器，生产力快速发展，奴隶制国家也从此开始形成。

公元前 6 世纪—前 5 世纪，印度已经进入了列国时代，当时有 16 个邦国，

---

① 今印度西南部。

② 阿萨姆处于今印度东北，西部同孟加拉国接壤，南部与梅加拉亚邦、特里普拉邦为界，北与中国、不丹相邻，东部毗连那加兰邦、曼尼普尔邦和米佐拉姆邦。

③ 兴都库什山是亚洲中南部高大山地。大部分位于今阿富汗境内。

其中包括摩揭陀、迦尸、般遮罗和犍陀罗等。

公元前 327 年，马其顿人亚历山大大帝率军侵犯西印度，随后在继续进攻南部和东部时，遭到当地势力的抵抗。

当时恒河平原最为强大的势力就是摩揭陀国[1]，正处于难陀王的统治之下。摩揭陀王国的贵族旃陀罗·笈多在公元前 325 年率军击败了马其顿驻军，收复了失地，进而统一了北印度。

随后在足智多谋的部下考底利耶[2]的帮助下，笈多在公元前 317 年击败了驻扎在印度西北的马其顿军队，宣布了印度的自由。之后他回到摩揭陀国的首都华氏城[3]，将从前的难陀王推翻，自立为皇帝。由于旃陀罗·笈多出生于一个饲养孔雀的家族，于是这个新建的王朝就被称为孔雀王朝。

公元前 305 年，叙利亚塞琉古王国入侵印度，结果被印度人击败，被迫将今阿富汗和俾路支斯坦的大片土地割让给印度。

公元前 297 年，旃陀罗·笈多国王由于痴迷于大雄创立的耆那教[4]，结果绝食而死。第二代国王频婆娑罗继位，他与佛陀处于同一时期。他在位时期，开始不断向外扩张，据说 16 个大城君主都被他消灭，至此孔雀王朝已经得到了印度河平原、恒河平原、孟加拉湾、德干高原以及远达阿拉伯海的广大领域。

公元前 273 年，频婆娑罗王病逝。他的儿子们因为争夺王位而自相残杀。阿育王在王公大臣们的帮助下，最终获得了胜利，夺得了王位的继承权。

此后，阿育王开始继续用武力对外扩张，他也是一位十分著名的嗜血君王，在他开疆扩土的过程中，所到之处皆生灵涂炭，丝毫不亚于历史上任何一位有名的残暴人屠。

---

① 摩揭陀，中天竺之古国，是蜀身毒道（南丝绸之路）上的贸易大国，为佛陀住世时印度十六大国之一。位于今南比尔尔地方，以巴特那、佛陀伽耶为其中心。

② 考底利耶，古印度政治家、哲学家，摩揭陀国孔雀王朝大臣，曾协助旃陀罗·笈多一世建立孔雀王朝。擅长权谋，后人称之为"印度的马基雅维利"。

③ 位于比哈尔邦东部恒河南岸。

④ 耆那教，又称耆教，是印度传统宗教之一，创始人称作大雄，其教徒的总数约 400 万人。

阿育王寺浮雕

　　比如在公元前 262 年，这时阿育王已经在位 8 年了，他开始了对南印度羯陵伽王国的征伐。据相关铭文记载，在羯陵伽王国被征服的过程中，有 15 万人成为俘虏，10 万人被残忍杀害，受伤的人更是多到无法统计。除了迈索尔地区外，阿育王统一了印度全境，至此，印度帝国达到了空前的强大。

　　然而也正是这场战争让阿育王彻底觉悟。他看到那些战死的尸体像山一般堆积在一起，鲜血流成了河，他感到懊悔了。于是，他找到了高僧优波毱。与其多次长谈之后，他决定皈依佛门。

　　从此之后，阿育王彻底改变了曾经的统治策略。他把政策和诏书刻在印度全境的岩石和柱子上。通过这些石刻我们能够看出，在阿育王暴力征服羯陵伽之后，他为自己因贪图权力而造成的大屠杀感到深深懊悔。

　　他不再继续武力扩张，而是开始追寻正义，并认为正义的胜利是一切胜利中最为伟大的。信奉佛教的阿育王不仅放弃了残暴的征伐，而且还发誓要用余生来传播这高尚的教义。随后，他多次开展佛教结集，并且积极修建佛塔，据说达到了 84000 余座，佛教信徒也迅速增多。

阿育王不仅在印度国内宣扬佛教，而且还派遣使团出使他国，其中就包括锡兰、缅甸、爪哇等国。其中，后两个王国一直信奉佛教至今，并继续对外宣扬佛教，远达东南亚和非洲。

佛教的传入，不光从宗教上深深影响了这些国家，还把印度文化、文字带了进来。可以说，阿育王是佛教中仅次于释迦牟尼的第二位重要人物，同时也是印度文明的重要传播者。

阿育王在位时期是孔雀王朝的鼎盛时期，然而这个通过武力而建立的庞大帝国并没有统一的基础，在各个地方的政治、经济和文化上都保留着很大的独立性。

随着阿育王去世，帝国的政治很快开始衰落，阿育王的子嗣们迅速瓜分了帝国的土地。帝国迅速崩溃，约在公元前 185 年，孔雀帝国的末帝布里哈德拉塔被他的将军普希亚密特拉·巽伽所杀，孔雀帝国至此结束。

关于孔雀帝国迅速衰败的原因，历史学家们有很多不同的看法。一般认为是由于庞大的帝国在经济、政治和文化上存在着很大的独立性，地区间存在着巨大的差异、经济发展不平衡、缺乏统一的经济基础。自给自足的自然经济加之地理上的阻隔，极易形成分裂的统治。如果统治者没有强力的手腕，那么帝国就离分崩离析不远了。

此外，有些学者还归因于阿育王后期所采取的戒杀生教义，使得阿育王及其后代对战争采取回避的姿态，国家的军事实力被大大削弱，无法控制地方势力的割据和抵抗外来的入侵。

另外，阿育王的继承者们也都十分平庸，没有强有力的统治能力，使得中央对地方的控制渐

孔雀王朝建筑遗迹

渐衰减。帝国内部无法安稳统一，外族很快就会趁机入侵，孔雀帝国就这样瓦解了。

二、笈多王朝

阿育王死后，孔雀帝国迅速瓦解。从公元前2世纪初开始，大夏希腊人、塞人①和安息②人先后入侵印度，其中大月氏人成为最成功的侵入者，他们在北印度建立了强大的贵霜帝国。

经过了近400年的统治，贵霜帝国（55年—425年）逐渐衰落，在南亚次大陆的西北部和北部地区分裂出了许多小王国。当时在恒河上游地区的一个小国王室利笈多家族开始崛起，随后统一了部分这些分裂的小国，并自称为"摩诃罗阇"，意为众王之王。而其余则被北方的嚈哒人（白匈奴人）所灭。

笈多王朝的银币

到了室利笈多的孙子旃陀罗·笈多一世（约320年—335年在位）时，势力更加强盛。他与摩揭陀公主结婚，成为国王。他以华氏城为都城，在恒河流域东、中部建立笈多王朝，定都吠舍离（今巴塞尔城）。随后在国力的渐渐巩固之下，周围的一些小国也

---

① 塞种人，简称塞人，属欧罗巴人种印度地中海类型。原是住在中国新疆伊犁河流域的游牧民族。在公元前160年前后，塞种人受大月氏人的驱赶，向南迁徙。
② 帕提亚帝国（前247年—公元224年）又名阿萨息斯王朝或安息帝国，是亚洲西部伊朗地区古典时期的奴隶制帝国。

都臣服于他，以致今比哈尔邦的大部分、北方邦、孟加拉邦都处于王朝之统治下。

旃陀罗·笈多的儿子沙摩陀罗·笈多（海护王，约 335 年—380 年在位）在位时期，开始了大规模对外扩张活动，他也被人们称为印度的拿破仑。通过武力，他征服恒河上游及印度河流域东部，遂统一了北印度。

同时，在海陆并进的攻势下，向南征服了奥里萨、德干东部，直抵帕拉瓦王国首都建志。笈多王朝势力最大扩张到南印度马德拉斯（即金奈）西南地区。海上的势力扩大到马来半岛、苏门答腊和爪哇等地的印度人侨居地区。沙摩陀罗·笈多的迅速扩张使印度国力达到强盛。此外，他还是一个文武全才的君主，被人们称为"卡维罗阇"，即诗人国王。

旃陀罗·笈多二世（超日王，380 年—413 年在位）继承了父亲打下的广阔江山，并用联姻的方式巩固自己在北印度地区的统治地位。此外还征服了乌阇衍那的塞种州长国，夺取马尔瓦、卡提阿瓦和信德。

在超日王的统治时期，贵霜人的后裔已经被完全征服了。在西方只有三个强大的势力，其中西北印度河流域以东地区的马拉瓦人及卡提阿瓦人已经臣服于笈多王朝。而西部沿海地区的古吉拉特的塞种人则与笈多王朝处于敌对状态。

对西南部德干地区的伐迦陀迦王国，超日王将自己的女儿下嫁其国王，取得同盟关系。因此，超日王此时主要进攻塞种人。388 年—409 年，超日王先后征服了马尔瓦（今中央邦）、古吉拉特和卡提阿瓦（苏拉什特拉）。

笈多王朝的领土扩及阿拉伯海沿岸，控制了北印度东西海岸的繁荣城市和港口，对于笈多王朝手工业和商业的发展有着积极的意义。超日王还把都城迁到华氏城（今巴特那）。为了能巩固对西印度的统治，加强与国外的经济贸易，他还在马尔瓦建立了行宫。

超日王的儿子鸠摩罗·笈多一世（约 415 年—455 年）时期，笈多王朝开始走向衰落，刚开始住在那马达河流域的部族普士亚密多罗人开始反抗笈多王朝的统治，国内矛盾日益激化。

国王只好派遣太子塞建陀·笈多领军前往镇压，战斗十分惨烈，被派去的军队险些被敌人所灭。与此同时，鸠摩罗·笈多一世去世了，随后塞建陀·笈多继承王位（455年—467年）。在他的带领下，最终击败了普士亚密多罗部族，使反叛得以镇压。

国内的叛乱刚刚平息，笈多王朝又遭外敌入侵，嚈哒人（白匈奴人）的侵犯让笈多王朝陷入困境。

嚈哒人是中亚的游牧部落，5世纪20年代越过阿姆河侵入萨珊波斯，结果被统治萨珊王朝的波斯人击败。到了5世纪中叶，嚈哒人南下，从西北方侵入印度笈多王朝的领土，对西印度和中印度发起凶猛的进攻，塞建陀·笈多派兵抵挡了嚈哒人的入侵，暂时保住了笈多王朝。

然而随着塞建陀·笈多去世，笈多王朝就一蹶不振，内忧外患日益加剧。5世纪70年代末，嚈哒人通过侵略实力不断增强。到5世纪末，嚈哒人国王头罗曼乘笈多王朝衰败之机，大举侵犯印度。

大约在531年，嚈哒人进犯至今中央邦的瓜廖尔城，在那里建起太阳神庙，

笈多王朝遗迹

并立石歌功颂德，然而没多久，就被马尔瓦的耶输陀曼所击败，退回到印度河

以西。

头罗曼在 540 年死后，嚈哒人继续对北印度发起进攻。嚈哒人的进攻使印度遭受严重破坏，昔日繁华的城市被夷为废墟，经济大不如前，政治也被多个小国所分裂，很多笈多王朝的地方长官和藩属的统治者都变成割据一方的独立君主。

就这样，笈多王朝一步步分裂开来，并就此灭亡了。然而，笈多王朝的灭亡却没有让嚈哒人获得太多的好处，因为仅仅 20 年后，约 558 年—567 年，在萨珊王朝和突厥人的共同夹击下，嚈哒国也灭亡了。

三、印度的宗教改革

公元前 3 世纪—公元 7 世纪，佛教的发展对印度文明的发扬做出了巨大的贡献。但是，佛教却从来没有掌握人民大众，即便是在佛教最为鼎盛的时候，婆罗门文明和婆罗门教也一直被人民信奉祭祀。这一点通过印度的文学作品就可以证明，婆罗门教的神话史诗正是在佛教的鼎盛时期（前 3 世纪及公元 2 世纪）所形成的。

到 8 世纪以后，婆罗门教从底层浮升起来，进而将佛教彻底消灭。从 8 世纪至今，印度除了婆罗门教诸神外，不知道有其他神。经过几百年的演变，婆罗门教发展成了印度教。

印度教可以说是婆罗门把所有教义与民间奉祀都归纳到正统宗教范围内而进行的诸教混同的结果，这种方法利用了三位一体（即梵天、毗纽天、大自在天三主神）的观念，从而调和了印度三个主要宗教。

梵天，据说是宇宙的灵魂和创造者。在一些关于他的画像上，他拥有四个头颅和四只臂膀。他骑在印度天鹅的背上，有时与他的伴侣雄辩的音乐女神"辩才天"一同出现。女神手中所持的是法螺和轮宝，坐骑是一只孔雀。尽管梵天具有人的性格特点，但是由于他来源的关系，作为一位天神始终因哲学气浓重而显得抽象，在供奉、文学以及艺术方面，都没有很大的作用。相比较之下，印度人最崇拜的还是最能体现印度精神的毗纽天和大自在天。

毗纽天，是印度诸神中最为古老的一个。因为他是日神，所以在神群中，他的作用十分重要。他的神格都是通过他的颜色——深蓝色来表示，同时也是他的两个化身黑天和罗摩的颜色。在中世纪的印度教时期，毗纽天的画像上有四只臂膀，各持法螺仙杖、莲花以及轮宝。他的坐骑是金翅大鹏鸟，美丽的女神吉祥天和大地女神布弥天是他的仙侣。

毗纽教徒认为，世界的保存者就是毗纽天，他在经历过万千世纪的睡眠之后，开始创世。他将宇宙都包容在自己的身体中，每当创世期到来时，他就会醒来再造一个天地。（在他的肚脐中长出一朵金色的莲花，从花中诞生梵天。）

毗纽天每成为一次新的"阿婆陀罗"（相当于拯救世界而化身降入凡间），都符合世界每一时劫。在他许许多多次的化身之中，其中最主要的有十次，这十次在印度的艺术史上都十分重要。

毗纽天画像

有一次，他降生成了一个婆罗门侏儒。就在当时，印度诸天神正在与恶神阿修罗们作战，并且天神们还处于十分不利的劣势。

骄傲的阿修罗领袖巴哩马上就要获得全世界的统治权。正在这时，毗纽天降世。巨大眼睛如莲花一般，四只手臂各持不同法器，身着黄袍，皮肤黝黑，面容美丽，头戴美丽野花之冠……投胎于虔诚的阿迭提体内。他一降生，就变成了一个矮小的婆罗门侏儒，随后便去找恶神巴哩。此时的巴哩正在庆祝马祭，以此能确保对天神们战斗的胜利。看到身着婆罗门衣服的侏儒来到面前，巴哩毫不怀疑地欢迎了他。矮子念了一篇颂词，随后便向巴哩请求赐予他三步以内所能跨过的所有土地。巴哩毫无防备，笑着应允了。

随后这矮子瞬间暴长起来，第一步就跨过了大地，第二步就钻入了天空，第三步后无一粒微尘不被他所据有。巴哩在这位法力无边无际的大神体内看到了整个宇宙，包括世间万物：日月星辰、草木野兽、天神恶魔。在阿修罗们看到这位大神体内的整个宇宙时，他们意识到自己要灭亡了，因而都俯首就缚。

除了毗纽教之外，在印度教徒中还流行着另一个大宗教，就是湿婆教。湿婆是印度教三主神中的破坏神，他实质上是一个复合的神祇。他与吠陀中的森林及旋风之神鲁特罗有关，同时他也是"丰有之神""时间之神""破坏之神"以及"恐怖之神"。可以说他是由崇拜他的信徒们通过把各种面貌总结归一而创造出来的。教徒们称他为摩诃提婆，也就是宇宙间唯一的大神，所有的其他诸神都自他而生。

这位古代风神的形状是多样的，因为他代表了不可驾驭的大自然力量，所以在印度的哲学世界中，他象征着宇宙进化底层的破坏势力，也就是说死亡是生存的真正法则。死是生命的永恒创造者，这种观念进而十分奇怪地反映到了湿婆的绘像上。

他有时是一个疯癫的苦行僧形象，浑身肮脏丑陋，往往出现在坟地尸场之间，莫名其妙地疯舞着，有时隐居在大雪深山之中，进行着无法想象的苦行。而且他的宗教还允许十分猥亵的仪式，教徒们礼拜着湿婆的象征物，即"棱伽"（男根）。湿婆以这种十分原始的"男根"形式而受侍奉，有时是传统的，有时是十分写实的，在子宫中挺然直立着。这里面有着十分深奥的象征主义，从其哲学的含义上，它显示给我们的是这破坏之神与创造之神的统一，死即为生殖的源泉。

湿婆的苦行僧形象和之前的大神们一样，都具有四臂，上边的两臂分别持着手鼓和牝鹿，下面的两臂则做着结印，额头的中间还长出第三只眼睛，身穿虎皮衣，脖颈上围着一条活蛇。

在他高高的发髻上则戴着新月、骷髅、梵天的第五个头颅和恒河女神的殑伽。

他的这些奇异特征都与他的一生经历相关。据说，以前圣水只是在天上流的，后来幸车王为了祈求圣水下降，灌溉大地，就进行了难以置信的苦行。结果圣水像洪水一样流了下来，湿婆为救济众生，用自己的头接水，圣水在他头上的发辫间环绕，经过 1000 年后，水从喜马拉雅山分为七个源头冲了下来。

由此，我们可以看出，这位破坏之神是具有慈悲之心的，在关键时候甘愿自我牺牲来拯救众生。

在头发簪上所戴的梵天的第五个头是跟他另一次经历有关。据说有一次梵天想做某乱伦的举动，引起了湿婆道德心的狂想，随后他割下了这意图犯罪者

印度教教堂

五个头颅中的一个，之后却后悔自责，因为梵天乃是众神之父，湿婆发狂，随后他在癫狂的状态下做了很多奇怪的事情，比如引诱了塔拉伽姆森林中隐士们的妻子。

这些隐士们是异教徒，他们十分愤怒，向湿婆投掷了带着火焰的斧子和一头巨鹿。湿婆把这两件东西都抓住了，成了他的持物。随后，隐士们变出一只猛虎，向湿婆扑去，结果被他轻松制服并用小手指把虎皮剥下。最后隐士们又驱赶出一条巨蛇，结果被湿婆围在脖子上，成了项链。

以上就是印度教教徒最信奉的三个主神。在三个主神中，又往往把毗湿奴或湿婆立为一个主神，其他神都在其下，并且都是这两个神之一的化身，所以印度教也是具有特殊性的一神教。

第四卷
征战与融合

Volume 4

Battle and integration

当东方强大的民族度过了高速发展的周期，开始呈现出疲态的时候，周边弱小的民族便迎来了他们发展的机会。此时，强大民族因为缺乏内部自我更新的动力，不得不将推动历史和改造自身的任务让给弱小民族。或者通过国家战争，或者通过民族融合，在经历了一次又一次的血与火的洗礼之后，各个民族才能够重新焕发生机。

　　这时的东方正处在一个稳定向动荡过渡的阶段，因为地理环境被征服的原因，原本分隔开来各自发展的帝国，也主动或被动地联系在了一起。强势的文化互相影响，整个东方出现了前所未有的交流浪潮。

　　每一个民族都是推动这场民族大交流、大融合的推手，不过，如果非要寻找一个主角的话，那么原本羸弱的边缘民族蒙古人则是一个不能被忽视的角色。这个人口还不足亚洲百分之一的民族，用自己的金戈铁马几乎横扫了整个亚洲，让亚洲在走向衰落的前夜，经历了一次诡异的统一。

第一章
中华的危机和盛世

一、汉帝国的衰亡

华夏在强大的汉帝国统治下得到长治久安。长城脚下鄂尔多斯附近的匈奴人建立的汉帝国的同盟国，他们一直是作为十分听话的外援，巩固着汉帝国的边境，这种情况一直持续到汉帝国衰落。

25 年，复辟后的汉帝国很快又走向了衰落。皇子们总是在年幼时登基，又很快去世，皇帝的权力逐渐掌握在太后、嫔妃和宦官手中。

中央的力量日渐衰微，于是儒家的文人们通过官方的教条来巩固中央的统治基础。79 年，一个由儒家学者组成的委员会编订了孔子和儒家学派著作的权威版本。

儒家权威教条的确立促使儒士成为一个有组织的社会阶层。儒家作为官方文化的代言人，为了稳固其在朝廷中的权力，与当时掌握了权力的宦官们展开了一次政治斗争。

175 年—179 年，儒家的斗争失败了，他们中有人为了阻止汉帝国的衰落而葬送了自己的性命。

同样在这段时期，由于严重的社会危机和自然灾害，农民阶层的生活日渐困难，饥荒导致了大部分中国农民背井离乡、流离失所，一些道家学派趁此机会组建了有组织的"教会"。其中一名叫作张角的道教学派领袖通过治疗病患、彰显奇迹，笼络了大批信徒，又从玩忽职守的地方政府手中接管了修桥补路、赈灾济贫之类的公共事务，赢得了公众的感激。

几年的时间，张角就获得了数十万的底层追随者。他把这些人武装起来，在一些将领的带领下，以黄巾作为标志，发动了一场席卷全国的叛乱。

汉帝国皇帝为了镇压这场叛乱，不得不将军队的控制权下放给各地的最高长官，允许各地私自组建军队，最终这场由道教组织的农民起义被各地方政府联合镇压了下去。但此时，帝国也失去了最后一点对地方制约的权力，汉帝国开始走向灭亡。

黄巾军起义被镇压后，汉帝国的掌权者并没有吸取教训让帝国走向复苏的道路，他们依然忙于内部的政治斗争。

朝廷的官员为了清除掌握了大量权力的宦官，召来了在平叛时表现出色的将军董卓以帮助他们剿杀宦官。但愚蠢的官员们没想到的是，董卓趁此机会夺取了帝国的权力中枢，扶持傀儡皇帝，成为汉帝国的独裁者。

但董卓的残暴导致他被手下的将领背叛，董卓被刺杀身亡了。没有人为董卓的死感到可惜，然而，最后一个强人的死去让无数拥兵自重的地方豪强感觉到了机会，汉帝国彻底陷入内乱中。

196 年，一名叫曹操的军事领袖占领了汉帝国首都洛阳。他同样扶持了一个皇帝作为傀儡，自命为帝国的保护者。

与残暴的董卓不同，曹操是一名出色的领袖，他强大的人格魅力和才能为他带来了众多的拥护者。经过八年的时间，在 204 年，曹操结束了北方的内战，成为中国北方的主人。此时，虽然曹操仍然以汉帝国的摄政身份出现在人们的视野中，但没有人怀疑曹操已经成为最有希望重新统一帝国的人选。

在帝国南方的长江流域，一位叫作孙权的领导者征服了整个华南地区，他宣布曹操背叛了汉帝国，因此宣布独立。

　　还有一名出身汉帝国亲王的落魄后裔
刘备，见到自己的国家如此衰败，站了出
来，在三位举世无双的同伴的帮助下，尤
其是作为他首席顾问的诸葛亮的帮助下，
在四川建立了自己的权威。

　　曹操、刘备和孙权三人，先后建立了
魏国、蜀国和吴国三个小的政权。其中
作为汉室皇族出身的刘备建立的蜀国被后
来的历史学家认为是唯一正统的汉室继承
者。而曹操建立的魏国和孙权建立的吴国
被后世认为是篡位者建立的"非法国家"。

曹操画像

　　曹操、刘备和孙权像史诗中的英雄一样的伟大人物，但他们的继承者却没
有继承他们的能力。北方曹操死后，曹家迅速衰落，魏国的权力落到了曹操的
军师司马懿手中。最后司马家族统一了中国，建立了晋帝国，而汉帝国最后的
残余势力蜀国最终也被司马家族覆灭了。

二、民族融合与华夏统一

　　在汉帝国强盛时期，庇佑在汉帝国强大军事下的匈奴部落在黄河河套地区
沿长城扎下了根，为强大的汉帝国献出了自己的忠诚。但随着汉室的衰落，他
们越过了长城，开始蚕食中原地区。

　　在军事强人董卓被下属杀掉，而另一个军事强人曹操还没有占领帝国首都
洛阳的那段时期，匈奴人就趁着中原内战再次进入中原进行劫掠，汉帝国有名

的女诗人蔡琰就在这场劫掠中成了匈奴的俘虏。

在汉帝国灭亡的前夕，匈奴的一位首领称自己的一位女性先祖是汉帝国皇室的成员，所以自己也是汉帝国皇室的一员。308 年，这位匈奴首领在一次匈奴首领的集会上宣称，自己作为汉帝国皇室的成员有权利继承汉帝国的领地，并给自己改名为刘渊。

311 年，刘渊的儿子刘聪派兵进攻中原腹地。这个时候，中原帝国已经变为晋帝国，这些匈奴人闯进了已经成为晋帝国首都的洛阳，他们劫掠皇宫，屠杀市民，杀死了太子和大量的大臣，并俘获了晋帝国皇帝。

刘聪强迫晋帝国皇帝作为行酒侍者，直到有一天刘聪兽性大发，杀死了他。匈奴人抓走晋帝国皇帝后，一位皇子在西边的另一个首都——长安——这个刚被匈奴洗劫不久的废墟中称帝。316 年冬，匈奴的骑兵再次出现在长安城下。由于长安城被匈奴骑兵封锁，这位皇子在饥荒中被迫开城投降。晋帝国皇帝再次成了刘聪的阶下囚，担任行酒侍者。

为了躲避匈奴人的侵略，晋帝国在 317 年将首都迁到了长江以南的南京，从而放弃了整个北方。北方被游牧民族占领，他们在成为中原地区北方的霸主后很快便陷入内斗当中。

游牧民族的内斗甚至比汉民族的内斗还要惨烈，刘聪死后，另一位匈奴首领石勒残酷地推翻并屠杀了刘聪的家族。

石勒是一位汉化颇深的匈奴首领，他对中国文化有一定的了解。但是他的继任者却继承了游牧部落的野蛮，制造了大量的恶行。

石勒的继承人并不是他的儿子，而是他的侄子石虎。石虎的残暴超出一般人的想象，他总是把他最漂亮的嫔妃做成烤肉，端上餐桌给周围人分食。

史书上记载："妆饰宫人美淑者，斩首洗血，置于盘上，传共视之。又内诸比丘尼有姿色者，与其交亵而杀之，合牛羊肉煮而食之，亦赐左右，欲以识其味也。"

游牧民族在北方的统治给中国带来了难以估量的损害，不仅是长安这样的历史名城遭到洗劫和烧毁，很多小的城市、城镇甚至乡村都遭到了破坏，田地荒废了，大量的人口遭到屠杀，北方汉民族人口锐减。

354年，苻坚成为北方蛮族统治者的首领，他建立了以古国秦为名的另一个政权。这个政权一度被认为是能够给北方人民带来福祉的，然而，即使在苻坚的统治下，北方的汉人也仍然过着悲惨的生活。比如，汉人在遭到野兽的威胁时请求他的帮助，但苻坚拒绝了这个请求，并告诉汉人"野兽饥则食人，饱当自止，终不能累年为患也"。

终于，北方游牧民族经过不断地厮杀，在蛮族的短命王朝的不断覆灭中，出现了一个比较持久的政权。

一个名叫拓跋的突厥部落建立了被称为魏的政权，史学家常常将这个政权称为北魏或拓跋魏，以区分于三国时期的曹操的魏政权。

后来，拓跋王朝进行了彻底汉化，融入到了汉人之中。这一点，无论对于拓跋部落还是对于汉人都是有很大益处的，因为北方人民在饱受战乱的痛苦之后，终于迎来了一个相对文明的政权。

拓跋人陶俑

581年，拓跋王朝的大臣、汉族贵族杨坚取代拓跋王朝的皇帝，建立了一个新的政权——隋。

在北方经历战乱和民族融合的同时，华夏南方的汉人政权也在经历着分裂与战乱。晋帝国南迁之后不久开始腐败，军事贵族掌握了政权，在经历了几个无能的皇帝之后，平民出身的军事贵族纷纷上台。他们推翻了晋的统治，先后建立了宋政权、齐政权和梁政权，这三个政权并非同时存在，而是彼此更迭的。

557年，南方的最后一个军事强人陈霸先推翻了梁政权，这甚至要早于隋政权的出现。

因此，当杨坚建立隋政权之后，他要面对的竞争对手就是南方的陈政权。是北方统一南方还是南方统一北方，这个现实的问题很快就得到了答案。589

年,杨坚征服了南方,中国再次统一在一个帝王的手中,大一统的隋帝国建立了。

三、盛世的开端

杨坚在统一了中国之后,便把目光瞄准北方草原。这个时候,草原上出现了另一个强大的部落——突厥。

在匈奴、鲜卑等草原民族相继衰败之后,突厥人崛起了。他们踏着匈奴人的足迹,迅速完成了帝国的统一。

突厥人建立起了庞大的帝国,但这个帝国的统治并不那么牢靠。杨坚就是利用这一点,不断煽动东西突厥之间的矛盾,让突厥帝国始终处于内战当中,从而削弱了突厥帝国的实力,恢复了华夏在草原和中亚的地位。

杨坚去世后,他的儿子杨广继承了皇帝的位置,虽然在历史上他的名声并不好,但我们不得不承认杨广是一位非常有能力和天赋的帝王。

在对外事务上,杨广继续执行他父亲的政策,不断地煽动突厥人的内讧,并在内讧中扮演仲裁者,从中赚取威望。到了608年,隋帝国在西域地区已经

古画中的京杭大运河

恢复了一定的影响力。

在国内，杨广还主持修建了连接洛阳到长江的大运河等公共工程，但这一切都在他三次远征朝鲜失败后，成了为他人作嫁衣。

隋帝国被杨广的过度征伐和巨大工程拖垮，百姓怨声载道，各地纷纷起义，最终贵族李渊在其子李世民的帮助下成为隋帝国的继承者，建立了辉煌的李唐王朝。

唐帝国刚刚统一时，突厥人认为中原的战乱是他们再次入侵中原的好时机。东突厥的颉利可汗带领突厥骑兵越过边境，来到了唐帝国的皇城长安城外，唐高祖李渊惊恐不已，唯有李世民带着 100 精锐骑兵出城与突厥谈判，震慑住了突厥人。

颉利可汗选择与唐帝国议和，带领军队撤回了蒙古高原。李世民在国家中的地位越来越重要，他的父亲对他的巨大的威望感到不满，他的两个兄弟妒忌他的荣耀，决定除掉他。最后李世民在一场家庭之间的斗争中获得胜利，坐上了皇帝的位置。

突厥人得到了这场宫廷政变的消息，认为这又是一个入侵华夏的绝佳时机，于是 10 万突厥大军从蒙古草原出发，一直打到长安城下。

当时的长安城中并没有多少军队，但李世民依然出城迎战，并独自一人深入敌阵，提出和对方首领单挑。李世民再一次用他的气魄震慑住了突厥人，双方议和，在获得了大量的财富之后，突厥人撤出中国。

为了防止突厥人的入侵，唐太宗李世民的手下建议他加固长城，但被他拒绝了。唐太宗没有选择防守，而是在积攒了足够的力量之后，调集全国的军队向东突厥进攻，击败了颉利可汗，把他们赶到了更远的北边。

最终，东突厥臣服在了唐帝国的脚下，整个东突厥汗国被纳入唐帝国的疆域，东突厥的官员放弃了他们突厥的官衔，加入唐帝国，听命于汉人可汗，为唐帝国服务了 50 余年，为了汉人的利益而征战。

唐太宗像汉武帝征服匈奴那样征服突厥，将西边的突厥部落和戈壁的绿洲也纳入自己的势力范围。击溃了东突厥后，唐太宗将目光投向西突厥，642 年，唐帝国的远征军消灭了所有胆敢抵抗的突厥部落，整个亚洲的其他民族都笼罩在唐太宗的威名下，瑟瑟发抖。

消灭了突厥之后，唐帝国将目标转向塔里木盆地，唐帝国的军队穿越了戈壁，出现在了吐鲁番绿洲，攻破了一个又一个反抗的国家。整个西域各国都雌伏在唐帝国的脚下，承认唐帝国作为其宗主国。

西域使者觐见唐太宗

唐帝国的强盛在当时是无与伦比的，他不仅仅以军事力量对周边国家进行威慑，更是用宽广的胸怀和灿烂的文化吸引着周边国家崇拜的目光。如果我们仅仅认为唐帝国的盛世是一场军事的盛世的话，那无疑是愚蠢的。

在李世民和他继任者的政府里，充斥着各种肤色、操着各种语言的官员，大量非汉族将军和士人成为帝国的执政者，他们共同建立了一个闪耀世界的盛世。

649年，在位23年就将大唐帝国扩张到印度和波斯边境的太宗皇帝李世民去世了。盛世的基业已经打下，他的子孙将迎来一个更辉煌的时代。

四、辉煌的时代

唐太宗死后，由于继任者的软弱导致皇后武则天掌握了国家的权力。她甚至登基称帝，成为中国历史上唯一一位女皇帝，唐帝国由此陷入了一段时间的混乱。

在混乱当中，突厥人趁机叛乱，但唐帝国的力量实在太过强大，叛乱的突厥等部落只是在地方部队的讨伐下便土崩瓦解了。

帝国高层的政治混乱带来了数十年的大纷争时代，虽然唐帝国的国力仍然在发展，但帝国人民更加渴望一个稳定的政府。

女皇武则天画像

这种愿望在 712 年得到了满足，唐太宗的曾孙唐玄宗李隆基登上皇帝的位置，他创造了中国历史上最辉煌的时代之一。

玄宗皇帝继位时只有 28 岁，年轻的他有着更多的精力掌控这个帝国，改变帝国的现状，实现他的抱负。他开创了华夏历史上少有的全方面盛世，无数的天才人物纷纷涌现，使这个璀璨的时期更加耀眼。

在内部，唐玄宗甚至不需要进行深入的改革，只需要给百姓平稳的环境，就让百姓富裕到了前所未有的程度，国家财富也因此充裕起来。

在对外扩张上，714 年，唐帝国的军队赢得了与西突厥的一场战争，许多突厥部落重新归顺唐帝国。716 年，突厥统治者在一次叛乱中被杀害，他的脑袋被人送到了中国玄宗的手上。

721 年突厥可汗的继任者与唐帝国讲和，他们成为唐帝国忠诚的盟友。736 年和 744 年，唐帝国军队又击败了再次反叛的突厥人。748 年，中原人的庙宇修到了伊塞克湖西边的托克马克城，塔里木盆地的西域小国再次成为大唐帝国的藩属国。

712 年—714 年，阿拉伯人占领了费尔干纳①，费尔干纳国王跑到疏勒②避难，请求得到那里大唐军队的帮助。

715 年，大唐军队进入费尔干纳，赶走了阿拉伯人的前哨，帮助费尔干纳国王恢复了王位。同样被阿拉伯人占领的布哈拉③和撒马尔罕④，还有吐火罗⑤（巴尔克），都试图从大唐帝国那里得到帮助。

唐军西域驻扎城市遗址

---

① 费尔干纳，又称费尔干纳谷地，是天山和吉萨尔–阿赖山的山间盆地，位于乌兹别克斯坦、塔吉克斯坦和吉尔吉斯斯坦三国的交界地区。

② 疏勒国为西域古国，著名的西域三十六国之一。相当于今新疆之喀什噶尔。

③ 布哈拉，位于今乌兹别克斯坦。

④ 撒马尔罕，位于今乌兹别克斯坦。

⑤ 吐火罗是最初在塔里木盆地讲吐火罗语的游牧民族，原始印欧人中地处最东的一支民族。

从 718 年—731 年，这些国家的国王都一直在向唐帝国朝廷上表称臣。唐玄宗同意了这些人的请求，并派遣在他统治下的突厥部落协助他们对付阿拉伯人。但由于吐蕃[①]人的扩张，玄宗皇帝一直拿不定主意是否要派大唐军队去那么远的战场上帮助他们。

在帕米尔高原的南部，吐蕃对大唐在塔里木盆地的保护国和通往印度的交通通道产生威胁。这条通道和通道上的国家——钵和（瓦罕）、小勃律（吉尔吉特）、大勃律（巴尔蒂斯坦）对唐帝国和印度的贸易有着重要的意义。

747 年，唐帝国将领、龟兹副节度使高仙芝由奇里克（婆罗犀罗）山口穿越帕米尔高原，在小勃律建立了大唐的藩属国。

749 年，吐火罗王国请求唐帝国帮助他对付一位山地首领时，高仙芝再次穿过帕米尔高原扫清了这里的反抗者，高仙芝成为中国在中亚的"总督"。大唐在天山和帕米尔高原成了塔什干、费尔干纳和小勃律的主人，成为克什米尔、大夏和撒马尔罕的保护者，奠定了大唐帝国在亚洲无与伦比的霸主地位。

五、唐的衰败

骄傲的高仙芝在西域轻率地引发了一场唐帝国与阿拉伯帝国的局部战争，战争以唐帝国的失败而告终，唐帝国在中亚地区的势力因此有所减弱。

正当唐帝国打算重整实力，对西域的阿拉伯势力进行一次彻底的驱逐时，安禄山[②]叛乱爆发了。唐帝国的主要军事力量都用到了对内平叛的战争中，从而错过了与阿拉伯势力决战的机会，从此也彻底失去了西域。

[①] 是由古代藏族在青藏高原建立的政权。

[②] 安禄山是唐代藩镇割据势力之一的最初建立者，也是安史之乱的祸首之一，并建立燕政权，年号圣武。

晚年的唐玄宗变得酷爱享乐，现实的成就迷惑了他的头脑，他变得昏庸起来。虽然中央政府仍然掌握在文人手中，但地方军队却渐渐被一些野心家所掌握，安禄山就是这样一个非汉族的野心家。

当安禄山发起叛乱时，强大的唐帝国居然没有办法组织起像样的平叛力量，以至于叛军很快便占领了首都。经过艰苦卓绝的战争，叛乱虽然被平息了下去，但唐帝国却再也回不到往日的盛景了。在叛乱发生的时期，除安南以外的唐帝国所有外国领地都丢失了。

为期八年之久的内战，加之劫掠所带来对财产耕地的毁坏和农田大面积的弃耕，使当时的人口大量减少。在内战还没开始之前，754年，这时已经经历了140年的和平时期，人口普查为5200万人，约900多万户。到839年，平叛后的唐帝国用了将近四分之三个世纪的时间去休养生息，结果人口普查显示只有不到500万户。

当时的唐帝国面临人口的急剧下降和空前的社会经济危机，尽管国家在理论上仍是土地的唯一所有者，而实际上，帝国只不过起到一个分配者的作用。

当时每一个唐帝国的农民在他们成年的时候，都会被分配一块从七亩半到十五亩不等的土地，这块土地一辈子都属于他。除此之外，还能得到一块不到三亩半的地产，这块地产可以传给自己的子孙后代，其余土地则不可以。

唐货币开元通宝

当他们死后，所被分封的土地将被收回，再分封给其他农民。大片的地产只有官员才能占有，而且他们的土地可以被继承，这样就产生了很多大地主，大地主把土地交给雇农去种植，只需付给他们佣金。

可想而知，在土地兼并之风的挤压下，小农民肯定是没有办法保护自己的土地的，因此在8世纪中期，农民的小块土地就突然间消失了。

安禄山叛乱使国家财政彻底崩塌，为了平定叛乱还要长期大量征兵。如此沉重的苛捐杂税和兵役制度使得农民难以生存。他们为了生活，只得无视禁止卖地的法令，而把他们的土地卖给大地主。

渐渐地，他们的小块土地没有了，他们完完全全成了地主的雇农。到了8世纪末期，所有拥有土地的家庭甚至没有超过总人数的百分之五。这些农民现在成了贫困的无产者。

贸易也走向了衰败。781年—783年，帝国为了补充空虚的国库，没收了商人的一部分货物。这项措施执行之后，曾经一度具有繁华贸易的都城长安变得荒芜，就好像被蛮族部落洗劫了一样。商业的苛捐杂税极其沉重，到了793年，来自四川的茶叶甚至要交纳百分之十的税。

安史之乱平定之后，帝国虽然回到了政府手中，但地方的野心家仍然在。帝国在征讨无效之后，不得不与这些军阀达成一种微妙的默契。帝国政府手中的人民和土地变得越来越少，更沉重的负担就加在了这些人身上，民不聊生的社会为革命的爆发提供了条件。

终于在875年，一个心怀怨恨的知识分子黄巢发动叛乱。黄巢具有极高的智商和充沛的精力，他曾是一个司法不公的受害者。他于河北南部和山东交界之处发起叛乱，这里一直以来都经常是叛乱的发源地，包括汉时期的黄巾起义和清时期的义和团运动。

875年的叛乱是从一场农民暴动引起的，一些为了生存而铤而走险的人揭竿而起，组成所谓的大军，开始四处劫掠。为了能平定这场叛乱，朝廷想出了一个只会让叛乱更加普遍的方法。政府下令，让农民自己武装起来，从而为政府所用。结果可想而知，等他们武装起来之后，那些生存得十分艰难的农民和劳动者都纷纷加入到叛乱的队伍中。

黄巢组建大军之后，迅速扫荡了山东的部分地区和富裕的河南平原。接着他挥兵南下，洗劫了两大港口，即福州和广州。当黄巢刚抵达广州的时候，广州人紧锁城门，准备抵抗。黄巢提出讲和的条件，即任命他为广州节度使，但被朝廷的大臣们拒绝了。因此，他强行攻城，成功后屠杀了全城百姓，而且还砍掉了所有桑树，以至于很长一段时间内，再也没有丝绸运往阿拉伯人的帝国。

879 年的夏天，广州的炎热气候着实折磨了黄巢叛军，这期间大批人死于疟疾。随后，他带领着幸存者回到了北方，攻占了洛阳和长安，将这里洗劫一空，并屠杀了城中居民。而政府则再一次溜之大吉，逃到了四川。

这时的政府只好求助于外援，即一个被称为沙陀的突厥游牧部落。这个部落的首领是一个只有 28 岁，且忠诚、勇敢、富有同情心的青年，他叫李克用。

为了平定内战，当时定居在山西北部地区（878 年）的他率骑兵挥师长安，这时的黄巢早已带着洗劫所得的战利品跑到安全的地方。农民士兵无时无刻不想着带着战利品回到自己的村庄，过起安定的日子。所以，李克用很快就赶走了最后一支残存的反叛部队，并派人请皇帝还都长安。

黄巢的主要副将朱温及时调整军队，投到了唐军帐下。随后朱温也获得了一块重要的封地，即开封地区。

之后朱温决心铲除李克用，把李克用邀请到宴会来，用酒将之灌醉，再派刺客刺杀他。但是，后来李克用被同伴用凉水泼脸，酒醒后从城墙逃跑了。

朱温又把皇室家族诱到自己的开封封地上，杀死皇帝，又把皇帝的 8 个兄弟全部杀死。之后他把最后一个皇室成员——一个 13 岁的孩子立为皇帝。2 年之后，到了 907 年 5 月 12 日，他就把这个小皇帝杀死，自立为帝。

随后华夏世界战乱频频，朱温家族统治 16 年后，被李克用家族赶跑。李克用家族统治 17 年后，又被另一个突厥民族所取代。

这时，一个强大的、具有蒙古族血统的民族——契丹出现了，中原将领石敬瑭为了反叛朝廷，向契丹寻求帮助。契丹领导人耶律德光[1]可汗率 5 万骑兵南下，帮助石敬瑭在开封建立了一个属于自己的王朝。当然，作为交换，契丹

---

[1] 耶律德光（902 年—947 年），字德谨，小字尧骨，契丹族，辽太祖耶律阿保机次子，母淳钦皇后述律平，辽国第二位皇帝，927 年—947 年在位。

人也得到了河北北部包括北京在内
的一些地区，在此扎稳脚跟。

随后，石敬瑭的继承者渴望摆
脱契丹人的控制，却激怒了契丹人。
947 年 1 月 25 日，耶律德光进入都
城开封，把开封洗劫一空之后，带
走中原朝廷的所有人作为战俘。

契丹人画像

契丹人离开后，一个新的中原朝代（后汉）在开封建立，但只持续了 4 年（947
年—950 年）。到 960 年 2 月，一个伟大的朝代——宋帝国建立了。宋继承了
60 年前唐帝国的基业，然而却没有回到唐帝国往日的模样。

六、宋帝国的难题

长期以来，中国人都是怀着深厚的情感来回忆宋帝国，尽管宋帝国并没有
重演汉唐对亚洲的征服，但是富裕的人民和灿烂的文化还是值得历史对宋帝国
提出赞赏。

当然，没能像汉唐那样辉煌，并不是宋帝国开国皇帝赵匡胤的错。赵匡胤
是一个富有同情心的人，作为前一个政权的将军，他篡夺了统治华北地区的周
政权的权力，但却并没有为难周政权的统治者，让他们成了宋帝国的新贵族。

在周政权的皇帝柴荣去世后，他留下了一个 7 岁大的孩子作为继承人。当时，
周政权正在和周边的其他政权进行战争，战争的对手是强大的契丹人。军队士
兵们都觉得必须要一个强大的人来掌权，于是他们采取了行动。

一天清晨天刚亮，一群将士就把赵匡胤的大帐围住，惊醒后的赵匡胤看到
自己的手下嚷嚷着要立他为皇帝，还没等他反应过来，就被士兵以黄袍披在身

宋太祖赵匡胤画像

上，随后被扛到马背上。士兵们把他围住，全部大声欢呼。之后，赵匡胤带兵进入都城开封，并确保了周统治者后代的安全，让他们过上舒适的日子。

960 年 2 月，赵匡胤正式登上皇位，宋帝国就这样建立了。在随后的统治和征战中，赵匡胤也体现了他的仁慈和能干。在他统治的 15 年期间，他接连征服了华南地区的地方政权，几乎重新统一了全中国。

在征战过程中，他没有对老百姓实施暴行，而是一旦攻下城市，就宣布大赦。那些被征服的诸侯不但没遭到惩罚，反而得到了被征服的津贴，让他们入朝陪侍。对那位抵抗时间最长、原南京地区地方统治者，还幽默地封他为"违命侯"。

在收复兵权的问题上，也体现了赵匡胤的仁慈与智慧。他把所有的军事统帅，也就是他昔日出生入死的战友，召集在一起，开了一场宴会，仅通过说服的方式就让统帅们纷纷保证交出兵权。作为交换，皇帝也赐给了他们土地和财宝。

有大智慧的赵匡胤意识到自己死亡将近，但考虑到儿子太小，没有足够的能力掌权，就叫来了自己的弟弟，取下床头的战斧，交到弟弟手上，并告诫弟弟要成为一个好皇帝，之后赵匡胤便去世了。

随后的岁月中，宋帝国与契丹人征战连连，企图收复河山的宋帝国，不仅没能如愿以偿，反而让契丹人占领了北京、大同地区。契丹人于北京定都建立大辽帝国，华夏形成了一种奇怪的"南北"对立形势。

在宋帝国和契丹作战期间，吐蕃的一个分支民族党项也趁火打劫，占领了鄂尔多斯、阿拉善和甘肃地区，建立起了西夏帝国。然而对于当时的宋帝国来说，并不是什么巨大的损失，因为当时的北京地区或者甘肃地区都是非常次要的城市，只要保证中原一带在自己手中，就完全可以接受。

在经过了多次试探之后，宋帝国发现武力并不能解决他所面对的问题，之后的宋帝国开始反感好战的政策，转为仅仅抵抗入侵的政策。

经过几十年的发展，富强起来的宋帝国陡然发现，自己的内部实际上存在着大量的问题。在此时的宋帝国，一场重要的论战发生在"保守派"和"改革派"之间。

在神宗皇帝当政期间，改革者在王安石的领导下开始掌权。王安石是中国历史上一个最为有趣的人物之一，在他的有生之年，遭受了十分猛烈的攻击，他因有教条主义者的倔强和一张不修边幅、总是不干不净的脸而饱受别人诟病。

反映宋朝市民生活的《清明上河图》

为了能让帝国的财政增加和让人民温饱，王安石在1069年创立了一个常设的改革委员会。他带头重新建立起了一个新的财政体系，即制定了一套收入和支出固定的预算，不能以任何原因超出这个预算，这样支出被削减了百分之四十。

在农业上，为了改善农民的贫困处境，他让国家同意贷款给农民。这些贷款在春天交给农民，等到秋天丰收后，再向国家偿还本金和利息。

他后来还废除了一度让农民怨声载道的强迫劳役，让农民以岁捐取代被迫劳役，这笔钱用于一些公共工程的建设。

在土地方面，他于1073年把整个国家以一平方米为单位划分，这是新土地税定额的基本单位，每个人按照自己在整个区域所占的比例交纳税金。

另外，王安石还加强了商业管制，一切日用品都被官吏定价，他们强制性地规定市场价格。国家收购全部未售出的货品。税捐可以用实物来代替。官吏们囤积各种产品，在匮乏时期再重新分配出去。这些改革的目的，无非是为了能稳定商业发展，打击投机行为。

在选拔人才的制度上，科举考试在中国古代由来已久，虽然王安石是文人出身，但他深知国家需要的是优秀的管理人才，而不是那些儒家学究。

1071年，王安石裁掉了文体比观念更重要的词赋考试，而更多地把重点放在考察个人观点和实践知识上。正是文学上的改革而非那些经济上的改革，让王安石遭到了很多大官僚们非常猛烈地攻击。

对王安石改革批评最严肃的是青苗法制度。国家以百分之二十的利率发放青苗钱，而私人的税率则要高至百分之五十，这无疑要少得多。但实际上，如果遇到糟糕的收成，农民就无力偿还本金和利息，要么被没收财产，要么选择逃跑。

而且，贫困的农民很难抵制飞来横财的诱惑，总是过早地挥霍掉这些种地钱。地方政府也是无节制地把钱借给农民，因为百分之二十的利率大大增加了地方政府的收益，政府成了一个大规模放债的高利贷者。

尽管王安石的初衷是好的，但实施起来的结果让宋帝国的财政更加不堪、人民更加贫困。因此，保守派对改革派的攻击显得游刃有余，知道把青苗法和之前的更为稳妥的"常平仓"计划相对比，改革派的弊端显现无疑。

1085年，神宗皇帝去世，他15岁的儿子即位，这使得改革派开始失宠和以司马光为代表的保守派重新掌权。

此后不久，王安石和司马光相继去世，保守派的另一位代表人物上台，他是中国的著名诗人苏轼。他十分了解贫苦百姓的艰辛，渴望通过自己的努力消除权贵和平民的隔阂。他认为在仁政时期，困苦的百姓应该让皇帝知道民间的疾苦。

然而，正是苏轼的率直让他很快就失宠了。1093 年，哲宗皇帝重新起用改革派。到了下一位皇帝——徽宗——又先是召回保守派，之后又把权力交给改革派。两派的个人冲突越来越激烈，终于导致了宋帝国一场重大危机的到来。

不过，我们需要指出的是，虽然宋帝国内部有着各种各样的问题，但他的经济成就却是惊人的。当时，宋帝国的人口已经达到了前所未有的高度，因为史书上明确记载，此时的宋人已经超过了 9000 万。

七、浪漫的梦想家

1100 年的 2 月或 3 月，当时一位年仅 19 岁的皇子在都城开封登上了皇位，他就是宋徽宗。

宋徽宗是中国有史以来文化艺术修养最高的统治者之一，他不但喜欢收藏艺术品，他还是一个艺术评论家，他经常亲自主持当时的皇家画院集会，为参赛者出题目，对比赛作品还亲自进行评判。

宋徽宗本人还是一个艺术造诣很高的书法家和画家，他的书法作为一种字体被永久地保留了下来，而他的作品流传到今天已经成了汉民族的瑰宝。甚至在日本，博物馆里还收藏着他的一些画作。

宋徽宗画像

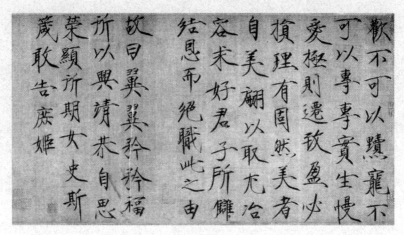

宋徽宗书法

　　与此同时，宋徽宗还是一个对宗教冥想感兴趣的皇帝。当时的中国已经被佛教深深影响，佛教徒们对阿弥陀佛的深深崇拜使他们的内心获得满足和宁静。大约同一时期，道教也发展起来。道教徒则纷纷表示对玉皇大帝的崇拜。

　　当时的徽宗对这两个教十分热爱，并且企图找到某种与神仙及道教神殿中的不朽神灵之间的直接联系。在一个冬天的日子里，他的祈祷显灵了。当时他在开封附近的乡村散步，突然看到地平线上隐约出现了"天上的宫殿"，神仙居住在云气之上。这无疑大大加强了徽宗对神仙乐土的向往。后来，他曾一度十分渴望能用绘画的形式再现那一神迹的景象。

　　徽宗本可以一直过着这种幸福愉快的生活，比如画画鹌鹑和梨树、收集一些艺术品或者憧憬一些神仙生活。然而这位知识丰富且具有艺术气息的皇帝却插手了自己所不擅长的领域，即对外政治，这导致了他的悲惨结局。

　　北京地区的沦陷一直是宋帝国历代领导者的痛，当然任何一位皇帝都渴望收复失地。徽宗也是如此，对建功立业的渴望点燃了他内心的激情，他希望通过女真人的帮助赶走契丹人，从而收复北京。

　　之后，徽宗便与女真人结盟，也顺利地赶走了当时基本与之和平共处的邻居——契丹。可是万万没想到，契丹被赶走了，女真却占领了北京。徽宗根据之前订下的协定，要求女真交出北京。虽然很勉强，但女真还是这样做了。可是徽宗并没有满足，他渴望得到北京和长城之间地区的主权，还没等到女真人的答复，徽宗就煽动当地居民反抗女真。

战争一触即发，凶悍野蛮的女真人轻而易举地就攻下了北京。之后的几个月，女真人也没打算收手，女真骑兵一路突进到河北南部，横扫了华北平原。

此时，开封城中的大臣都惶恐万分，徽宗并没有准备迎战，而是着手换起了内阁大臣。他把之前当政的改革派换成保守派，恢复曾经的科举考试科目，重视文学的发展。而此时的女真人一路狂飙突进，杀到了开封城下。心烦意乱的徽宗十分无奈，只好选择投降。

之后，宋徽宗被放逐到了满洲北部，带着他的长子、仆人和财物过起了从未体验过的生活。度过 9 年的放逐生活，徽宗在 54 岁那年客死他乡。

徽宗的一个年幼的皇子逃过了这一劫，他就是后来的高宗。1127 年，他在一座以长江为屏障的城市——南京称帝。

这时，女真人已经征服了华北地区。之后，他们派两支部队南下，一路到达湖北，一路到达长江下游。之后一路进攻到了广西南部，另一路攻下南京，企图灭亡刚刚复辟的宋帝国。

但是，由于他们完全由骑兵组成，寻找新马的难题时时困扰着他们，而且让军队暴露在遍布山川河渠与稻田的乡村地区是十分危险的。因此，他们很快就打算撤退，之后又渡过长江回到了开封。

此后的一段时间，南方摆脱了女真人的侵略。高宗也迁都到了临安，即今天的浙江杭州。宋帝国的将领趁女真人疲惫之际，收复了一些军事重镇。这些将领中最为出色的就是岳飞，当时他已经获得不少胜利，并打算一举收复开封。可是就在这时，一位宋帝国大臣嫉妒他的成功，强行停止了他的进攻，最后还以莫须有的罪名杀死了岳飞。

这位无能而且懒惰的高宗早已厌倦了战争，最终与女真人谈和，把整个华北地区拱手相让，只保住了华南地区，栖身于杭州。之后女真国王称自己的朝代为金，并迁都北京。

自此，华夏历史又进入到一段南北对峙的时期，只不过南方的主角换成了屏弱的宋帝国,北方的主角换成了残暴的金帝国。经过 100 多年的对峙,两个帝国都步入腐朽的末年。此时,金帝国的境况似乎要更差一些,因为他的北方出现了一个强大的敌人——蒙古。

第二章

璀璨的华夏文化

一、对外的窗口——丝绸之路

在华夏各帝国纷争的历史中，华夏的文化不断地发展。他们在外部学习，在内部消化，反过来又影响外部。在早期华夏文化的传播过程中，最值得一提的便是伟大的丝绸之路。

丝绸之路是一条连接中原华夏文明与西方罗马帝国的唯一一条陆上通道。它的建立，要回溯到汉文帝时期那位伟大的将军——班超。

班超用过人的智谋和胆识，让中亚的绿洲国家纷纷向汉帝国俯首称臣。从华夏的西域地区直到波斯和印度门户，在班超统治的 12 年里，没有人敢不顺从他。

这些中亚绿洲的意义在于，它们组成了一条沙漠的商队路线，

中国古代妇女缫丝制绸图

一端是中国，一端是印度、波斯和地中海世界。它们是远东和西方之间唯一的桥梁。正是依靠这一桥梁，中国打开的两条穿越沙漠的通道使华夏与罗马世界建立起了商业联系。

不过，华夏和罗马之间的联系不是直接的，因为在中亚的印度和阿富汗方向是印度－斯基泰人的帝国，在波斯方向则是安息帝国帕提亚人，帕提亚人的另一端才是罗马帝国。

华夏甚至没有机会与安息帕提亚人建立直接的联系，中亚帕米尔高原就隔断了汉人的脚步。杰出的班超曾经派出一名叫甘英的使节，去和帕提亚人以及罗马人建立正式关系，但似乎并没有获得成功，原因是丝绸之路被斯基泰人把持住了。

通过这条漫长的道路，中国把产品出口到了罗马的亚细亚，其中最主要的商品就是丝绸，因此这条穿越塔里木盆地的通商之路就被称为丝绸之路。

中国人对蚕的养殖可以追溯到很古老的时代，到了公元前4世纪，丝绸已经成为华夏某些地域主要的特产。在汉帝国的史册里，我们能够看到很多将丝绸作为流通货币的记载。

通过这条丝绸之路，我们有理由相信汉人已经了解到罗马帝国的存在，并称他们为"大秦"，他们甚至知道一些罗马城市的名字，比如安提阿被汉人称为"轩都"，亚历山大城被汉人称为"安都"。

当希腊－罗马世界开始了解到世界上有丝绸这种宝贵的东西之后，他们就极度地渴望这些，罗马帝国不同的城市甚至因为丝绸的归属而大打出手。在某一时代，由于丝绸是如此的珍贵，罗马甚至下达了不准平民穿戴丝绸衣物的政令。因为西方人太喜欢丝绸了，所以他们都对遥远的东方产生了很美好的

中国出土的罗马银币

向往。

　　然而，斯基泰人也了解到了这一点，所以他们不惜一切代价追求对丝绸贸易的垄断。班超的使节和一些罗马冒险家试图打破这种垄断，然而因为种种原因最终都以失败而告终。

　　当然，陆上的丝绸之路并不是当时大汉帝国唯一能与罗马帝国来往交流的通道。亚历山大城的地理学家马里诺斯和托勒玫还对另一条海路有过描写，也就是未来的"香料之路"，终点在卡提喀拉港。

　　《厄立特里亚海航行记》也记载了，一直向马六甲半岛的北边航行，就能到达一个名叫"秦那"的城市。中国的丝绸就是从"秦那"出口到巴克特拉的。"秦那"很有可能就是汉代的首都洛阳。通过这两条通道，即丝绸之路和海上丝绸之路，佛教也很快传入到中国。

二、来自东方的佛

　　佛教是发源于古印度的一种宗教，其创立者释迦牟尼是尼泊尔丛林里的一位年轻贵族。他经过漫长的苦修，终于在菩提树下觉悟，认识到了众生皆苦，建立了佛教。

　　佛教的教义中灵魂转世轮回，来世都会经历生、老、病、苦、死。无尽的轮回充斥着永恒的苦难，为了逃出这些苦难，佛教提出消灭自我。佛教认为，人对生的渴望是导致人轮回转世的原因，消灭这种渴望，才能达到涅槃或至福。

　　为了达到这种目的，佛鼓励人消灭激情，提倡善行，倡导为了众生而自我牺牲。但是佛并不鼓吹自杀，佛认为自杀只能把人投入到最可怕的轮回中。

　　佛一方面教导人们克己、慈悲和温顺的处世原则，另一方面宣传了消极的处世观念。佛教一开始创立了一种近乎是寂灭境界的佛，这对祈祷者来说是几乎不可接近的，这非常不利于佛教的传播。后来，佛教通过创立"菩萨"避免了这个问题。

菩萨在极乐世界等待成为佛。这段等待的时间就被菩萨用来拯救苍生，其中一些菩萨最终会迎来成为佛的时刻。弥勒菩萨就即将迎接成为佛的时刻，所以他也被称为佛教的"弥赛亚"。弥勒之后还有观音菩萨，相当于"佛教的圣母玛利亚"，梵文的意思是"佛教的神"，观音菩萨在中国佛教中扮演着一个非常重要的角色。

这些新创造出来的菩萨对佛教的传播做出了巨大的贡献。这些菩萨充满了怜悯和慈悲，令人忍不住信任。这种虔诚的私人化的宗教，在东亚特别是中国（儒教和道教都没有任何相似的物）没有任何可以与之抗衡的东西。

中国从佛教的思想中获得了新的哲学启迪，找到了一个全新的精神世界。人们被佛教精心构建起来的体系和佛教的艺术所吸引，对那些亲切慈爱的佛像产生崇拜的情感。

佛教教义传播到中国时已经非常完善了，佛教的体系已经确立，菩萨和佛陀的形象已经丰满。公元前 486 年，释迦牟尼去世，但中国出现佛教的记载已经是公元纪元前后了。

那个时期，斯基泰人在印度和阿富汗建立了一个伟大的帝国，起源于中亚的斯基泰人一直和汉帝国保持着联系，汉帝国和斯基泰人的关系一直不错，这确保了印度和塔里木盆地汉帝国属国之间安全可靠的交流。

汉帝国征服西域控制了直到印度门户的帕米尔高原，使佛教有了传播到中国的途径。

佛教在最早传播到中国时，中国人认为它只是道教的一个教派，就如同罗马天主教最初的时候被人们认为是犹太教的一个教派一样。佛教徒借着这种观点，从道教中借鉴类似的术语，将印度语翻译成汉语。类似的还有 17 世纪，基督教传教士不得不借鉴儒家的语言才将基督教的观点翻译成汉语。

虽然佛教在汉代便传入中国，但并没有受到欢迎。一开始它因被和道教混淆得到传播，但很快道教徒就发现这根本性的错误，公开指正出来，并开始排

佛教传入中国的标志——洛阳白马寺

斥佛教。而儒家的知识分子则宣布，佛教徒落发出家是反社会的，违背了中国的传统，这种修行方式摧毁了家庭，危害了祖先崇拜。而且，佛教的修行目的使得佛教徒自私地对国家命运漠不关心。一直到现代，这种争吵还在继续。

在汉帝国的统治下，佛教在中国扮演的角色并不重要。佛教在中国，即使在信奉佛的皇帝统治下，佛教也只能作为非官方活动。不管它传播得多广泛，在中国人和儒家的观点中，它只是一种特殊的宗教，一个舶来品。

三、中国人的思想

可以说，一项伟大的发明深深影响了中国意识形态的发展，那就是印刷术。"四书五经"在纸张上的印刷使这些记载了的文化成倍地影响和改变中国人的思想。

印刷术这一发明在当时的中国再合适不过了。自唐代以来，中国的思想家就竭力想拟定一个精神上的资产负债表，用以发现它的不足，并给它加以一种非常权威的哲学。这种倾向十分普遍，在道教、佛教和儒教上都有体现，进而产生了新道教、新佛教和新儒教。这三种宗教都得出了一个新的结论，也就是一元论，换句话来说，就是用一种单一的物体来解释世界和人。

周敦颐是一个思想家，他就认为古代的儒教类似于一元论。他给儒学思想引入了第一法则的概念，并用"太极"一词来表示这种概念。

"太极"原指至高至大的界限，和老子的"道"相似，也被认为是原初的统一。这一原初本质，像是一种尘埃，当它服从了自然法则后，就进而组织化，然后产生整个世界。

同一时期的邵雍是个无拘无束的梦想家。他的学说是纯粹的一元论。他的思想和中国古代思想家庄子的主张十分类似，所用的术语也基本相同。他认为，太极最初处于一种不活跃的状态，后来通过太初的运动产出多数，进而形成世界。

随后，宋帝国出现了一位十分著名的理学家、思想学家、诗人。1130年，朱熹在福建出生，尽管他在年轻的时候受到过佛教的影响，但是到了1154年前后，他还是抛弃了佛教的观念，回到了官方的儒教。他开始在朝廷的任命下，成为一名皇家图书馆管理员。

之后，他还当了 18 年的地方长官。直至 1196 年，他因为参与了分裂朝廷的党派之争而失势。

1200 年，朱熹在他隐居的住所中去世，在他的一生中除了写过多本哲学论著，还在司马光《资治通鉴》的基础上，通过删减而编纂了一本中国通史。朱熹的哲学思想对当时的宋帝国和后人产生了极大影响，他的成就之高远远超越了前人，以至于后来他的整个哲学体系被称为"朱学"。

朱熹画像

在世界万物产生之初，朱熹提出"无极"这个概念，从字面上理解"无极"是"不存在"和"绝对的虚无"的意思，而在实际中，它却代表了可能的存在或者普遍的虚无。正是这种绝对的虚无而产生了太极，即万事万物的法则，这一概念正是朱熹理论的基石。

另外，朱熹还提出了"理"和"气"的概念，"理"这个术语可以理解为"理由"或者"规律"，它代表着万事万物的自然法则。

"气"这一术语的意义十分宽泛，它最初是气态、无形的团块。"理"即事物的规律，把"气"这一团块唤醒并使之运转，随后这种被唤醒的能量反过来又产生并混合一组对立物（类似于阴和阳、男性和女性），从而让整个世界万物运转起来。

朱熹的这种纯粹机械论的体系思想对后世的中国思想影响极大。"朱学"在随后的数百年里，被认为是权威的。

"朱学"的哲学体系是十分庞大的，他把很多古老的学说中的材料（包括阴阳分类、儒学的道德说教等）进行了详细有条理的综合和论述。这些组成"朱学"的原始材料来源于五花八门的古老学说，但经过朱熹系统、有效的融合，形成了一座庞大且天衣无缝的理论大厦。

然而正是这座庞大的理论大厦在后期就像一座监狱一般，限制了中国人的思想。它把所有思考封锁在一个机械进化论的怪圈当中，从而阻碍了唯心论的继续发展。

就这样，10世纪、11世纪、12世纪的哲学复兴早早就宣告了结束，这种理论成了官方信条的终极学说，把整个官僚阶级带到了实利主义和例行办事中来，僵化了后期（13世纪—20世纪）的哲学思想。

四、中华影响下的世界

中华文化的传播开始于汉代，强盛的汉帝国在北方征服了匈奴，占领了塔里木盆地的绿洲，建立了丝绸之路。

中华文化开始随着丝绸之路的贸易活动传播到了更远的印度和地中海地区。地中海的罗马贵族们在接触到中国的丝绸之后，便被这精美的丝绸所吸引。丝绸成了罗马需求最大的商品，与此同时传递的还有中国的文化。

在南方，通过海上的"香料之路"，中国文化也向西方传播。不过，真正受华夏文化深入影响的却是中国周边的东亚世界。

朝鲜半岛北部曾经是华夏文明的一部分，由于战乱而与中原帝国有着密切的交往，那里的文化不仅仅受华夏文化的影响，甚至可以说是华夏文化的一部分。直到很晚的时候，大概是明帝国时期，朝鲜半岛的人民才拥有了自己的文字。在那之前，朝鲜半岛的读书人都是书写汉字的。

从饮食到服饰，从生活习惯到思维方式，朝鲜半岛的人民和华夏的汉民族鲜有差异。

在南方，今天的越南北部曾经也是汉帝国的一部分，然而华夏文明对那里的影响似乎还要早于汉帝国。

　　安南清化地区，公元前的原始安南人墓葬群中，考古学家就发现了华夏民族的物品，证明了在那个时期，安南已经接触到了华夏文化。

　　后来，随着那里成为华夏的一部分，华夏文化不可避免地对那里产生同化。虽然此后不久他们就从华夏的版图上消失了，但这种影响却一直持续了下来。

　　在比安南更远的地方，中华文化似乎也有所辐射。我们从中国的历史记载中发现，166年，一名声称自己是奥勒留（在中文中，奥勒留被翻译成"安敦"）皇帝特使的人来到中国。记载中，这个人"自日南徼外"，经海路来到中国。日南，就是安南南部地区，当时还是汉帝国的一个辖区。

　　汉代之后中国国力衰落，对周围的影响开始减弱，一直持续到了唐帝国之前都没有再如同汉帝国一样大范围地文化传播。而到了强大的大唐帝国，中国文化再次开始在亚洲地区广泛传播，成为全亚洲地区最强大、最耀眼的文明。

安南出土的华夏钱币

　　随着强大的大唐帝国成为亚洲最强大的霸主，周围的国家纷纷归附于唐帝国。丝绸之路上的贸易再次繁荣，中国文化再次随着商队向周围传播。

　　整个东亚、东南亚的国家都曾受到中国文化的影响，甚至中亚也一度因为倾慕唐帝国而吸收中原的文化。在唐帝国的辐射范围里，日本和朝鲜半岛吸收得尤为强烈。两个国家曾多次派出使者来到中国学习中国文化，并自发在国内传播，以能够学习中国文化为荣。而日本从这一时期开始走上了世界的舞台，第一次出现在人们的视野里。

五、传说中的史前日本

日本是一个典型的离岸岛国，因为与附近的陆地有一定的距离，在航海技术还不发达的时期，有关于日本的所有历史都只能从他们祖先的记载中寻找。

关于日本的史前时期，我们一般认为是在 6 世纪佛教引入并成为普遍认可的宗教之前。

根据一些语言学家的观点，拉姆斯泰特[1]就认为日本古语和高丽语、阿尔泰语[2]有相似之处，以及松本信广[3]也成功论述了日本语与南太平洋的语言（比如马来语、印支语等）有十分密切的关系，并且南亚的民间传说也与日本神话联系紧密。

虽然日本民族受大陆和马来等地区影响颇深，但随着时间的推进，日本民族已经形成一个联系紧密的整体，从另一个民族的手中（阿伊奴族[4]或虾夷[5]的蛮人）赢得了本土岛。

在两本最古老的日本史书《古事记》和《日本书纪》中记载，日本初期大致出现了三个不同的政治中心。一为崇拜雷水风暴之神素盏鸣尊的出云本土一藩；一为信奉天照大神的在大和[6]地区生活的居民（大和王朝的建立者就是他

---

① 拉姆斯泰特，芬兰语言学家、阿尔泰学奠基人。

② 阿尔泰语系包括蒙古语族、突厥语族、通古斯语族 3 个，主要分布在中亚、西亚、东亚、西伯利亚以及欧洲东部的一些国家。

③ 松本信广，日本语言学家。

④ 阿伊奴族，日本国的一个少数民族，主要生活在北海道地区，有 20000 多人。

⑤ 虾夷，北海道的古称。虾夷人则是古代日本的族群之一。根据其地理分布分为东虾夷、西虾夷、渡岛虾夷、渡觉虾夷等。虾夷是指他们的毛发长如虾须。

⑥ 今大和市是日本本州东南城市。在相模原台地东部，属神奈川县。

们的后裔）；其他一些是在九州岛的氏族们，比如熊袭^①和隼人^②等。

日本的神话正是大和人通过融合不同日本氏族教派，使其从属于天照大神教的结果。当然，这种融合工作是与同各地方氏族做斗争同时进行的。在这一时期，日本武尊太子平叛了九州的熊袭人，进而挥师北上，从虾夷人手中抢夺了关东地区（即今东京地区）。

此外，出海远征朝鲜也开始了，第一次据说是在神功皇后时期，约 201 年到 209 年或 363 年到 389 年。

日本的象征——富士山

在近些年的考古工作中，也出现了这一时期的有趣陶器。比如一些奇异的小陶偶，它们给人一种十分强力匀称和凝练的感觉。另一种史前期的陶器是弥生时期的，相对简朴很多，主要在西部和南部出土。

---

① 熊袭是古代日本国九州岛西南部的原住民的一支，是大和族的近亲属民族，但有略微的文化差异，因此被大和族视为异族，后被大和收编，其贵族成为大和朝廷的中下等贵族，其百姓也融入了大和民族。

② 隼人是古代日本九州岛的西南地区的原住民，是日本古代国家熊袭国的主体民族，大和王权时期被和人当作异族人看待，但后来被日本大和王朝政府彻底收编，其部落贵族成为日本大和王朝的中下层贵族，平民百姓也被和族人同化。

在历史的早期，这些小陶偶主要被用作殉葬，这一点与中国相同，陶制的士兵、妇女、马匹等都被用来替代活体下葬。据日本传说记载，这一做法是在2年垂仁天皇统治时期决定的。

在日本的古老传说中，是他们的天神创造了这个民族，天神就是日本的原始宗教"神道教"所崇拜的目标。神道教属于泛灵多神信仰（精灵崇拜），教徒们视自然界各种动植物为神祇，包括月之神、富士山神等。

同样，与希腊的宗教一样，神道教也在风景秀丽的地方设立圣坛，位于伊势山田的一片圣林之中，给人一种既浪漫又敬畏的感觉。在这美丽而又神圣的山林中，礼拜仪式显得十分壮丽虔诚，主持仪式的祭祀在教徒前大声宣称："请听，我当着收获诸神面宣称，如果他们使晚熟的庄稼充满稻穗，这是由我们两臂的汗水和满腿稻田泥泞产生的，我要将成行的酒坛作为奉献给他们的最佳果实。"

神道教可以说是整个日本文化的根基，日本的戏剧和抒情诗就是从神道教的舞蹈和颂歌中起源发展的，神道教徒们认为他们在此之中糅入了宇宙万物的生命力。

六、华夏影响下的日本和朝鲜

朝鲜和日本作为东亚地区紧邻中国的国家，其国家的经济、文化，甚至是意识形态都深受华夏文化的影响。

这种影响有的时候是以商业的形式传播的，有的时候则是以战争和征服的形式传播的。早在隋帝国时期，隋炀帝就曾组织了三次大规模的远征军。他试图征服朝鲜，虽然三次征服计划都失败了，但也对朝鲜造成了巨大的影响。到了唐高宗统治时期，朝鲜彻底被唐帝国的军队征服。

660年—665年，位于朝鲜半岛西南海岸的三个朝鲜王国之一的百济被唐帝国征服。668年，位于汉城（今首尔）西北方向的高句丽王国被唐帝国击败，臣服在唐帝国军队的脚下。紧接着，位于朝鲜半岛东海岸的新罗王国，主动向唐帝国表示臣服，承认唐帝国的宗主国地位。整个朝鲜都成了华夏的附属国，接受唐帝国的统领。

新罗城市遗址

朝鲜在归附中华成为唐帝国的属国后，华夏文化在那里更加受到欢迎。朝鲜的贵族们以会书写中国的文字、会说汉语为荣，贵族们争相学习华夏文化。这些影响一直延续了很长的时间，后来的明帝国时期，朝鲜又一次成为华夏的属国。

日本在唐帝国时期开始学习中华文化，派遣使者来到中原，请求唐帝国的皇帝将文化传播到日本。中国一位叫作鉴真的和尚曾远赴日本，在日本传播佛法和华夏文化。

古代的日本十分仰慕华夏文化，对华夏文化进行过极深的学习和了解。日本现在独特的日本文化就是通过学习和模仿华夏文化发展建立起来的。

德国的旅行家和地理学家李希霍芬曾在他的旅行日记中记录了日本与浙江的相似性："森林很少，但每一片奇形怪状的峭壁附近都有一座佛塔掩映在苍松翠柏之间。在深谷里，到处都是浓密的竹林和参天大树、数不清的水车和白房子。"古代日本的农村基本和中原农村的生活类似。

但到了明帝国晚期，日本人察觉到了中国的衰落，面对这个之前十分仰慕的华夏文化的发源地，竟然生出了侵占的野心。一大群来自日本群岛的冒险家和海盗开始在华夏沿海地区出没，他们在浙江、福建和广东一带活动，不断地对附近村庄或城镇进行劫掠。

1555 年，他们顺着长江溯流而上，一直到了南京，沿途劫掠长江附近不设防的村庄。日本人在万历年间甚至策划了一次征服中原的计划，但由于朝鲜不配合，只能先进攻朝鲜，夺得进攻华夏的基地。在攻打朝鲜的过程中，被作为朝鲜宗主国的明帝国援军击退，使得日本计划失败。

华夏文化对日本和朝鲜两国的文化影响十分深远，可以说是塑造了两个国家的文化，而这两个国家也是亚洲文化中最接近华夏文化的国家。

第三章
在学习中成长的日本

一、佛教的传入

日本从史前到"现代"的改变，是以佛教的传入为开端的。

6世纪，这时的中原正处于北魏政权的统治阶段。这一时期，北魏对佛教的热忱达到了顶峰，这一热忱也影响到了南方的汉人政权。在与北魏近乎同时的南朝的梁代时期，佛教从华夏传入日本。

关于佛教的传入，据传说，最早可能是在钦明天皇的统治时期（540年—571

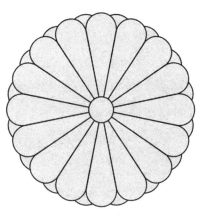

日本皇室标志——菊花

年），朝鲜百济王河成于552年把佛经和佛像作为礼物送给钦明天皇，但是对于是否应该接受这一宗教，在大臣中分成了两派。

苏我氏①表示赞同，而中臣和物部氏表示反对。随后，大臣苏我马子通过武力的手段取得了胜利，他在587年于信贵山打败了物部氏，建立起了本族的独裁政权。他杀死了当时与他十分不和的崇峻天皇，把崇峻天皇的外甥女立为推古天皇。

随后，圣德太子②作为推古天皇的侄子即位，他是当时日本的真正统治者，他上位的第一件事就是把佛教立为国教。如今奈良地区的很多庄严寺院都是在他的统治时期建立的，比如607年修建的法隆寺。当时，圣德太子十分喜爱《妙法莲华经》的教义，在604年颁布法令让人民学习。

随着佛教的传入，华夏文化也随之而来。当时的圣德太子希望成为像汉、隋君王那样的绝对帝王，因而十分注重对中央集权和朝仪的学习（这两种方法可以加强皇室的权威）。607年，由圣德太子派遣的出使华夏的使臣，对日本的政治和宗教的改革都有十分深远的影响。

在日本皇室逐渐华夏化和掌握了佛教运动的领导权后，就开始了对苏我氏的冷落。之后，苏我入鹿以曾刺杀皇室太子的罪名而被处死，至此苏我氏衰落。

在接下来孝德天皇的统治下（645年—654年），日本进行了以唐帝国为模式的行政改革，被称作"大化改新"。其后的天智天皇的统治时期（668年—671年）继续推行改革运动，在670年颁布了《近江令》。最后，在天武天皇的统治下（673年—686年）改革完成，颁布了制定朝仪、服装、姓氏以及地方区域等改革措施。

至此，古代日本效仿唐帝国完成了中央集权制。传统的日本要求每一位天

---

① 苏我氏是日本从古坟时代到飞鸟时代代代都出大臣的豪族。其中的苏我稻目、苏我马子、苏我入鹿等都在相当长时期里控制了日本的政局和天皇的废立。但随着苏我入鹿和苏我虾夷的相继死去，这个氏族也走上了覆灭的道路，在日本历史上消亡了。

② 日本圣德太子，生于574年2月7日（敏达天皇三年一月一日），卒于622年4月8日（推古天皇三十年二月二十二日）（据《日本书纪》记载，是日本推古天皇二十九年二月五日），飞鸟时代的皇族、政治家，用明天皇第二子。母亲是钦明天皇之女穴穗部间人皇女。作为推古天皇时的摄政，与苏我马子共同执政。圣德太子在国际局势紧张的情况下派遣遣隋使，引进中国的先进文化、制度，制定冠位十二阶和十七条宪法，意图建立以天皇为中心的中央集权国家体制。圣德太子笃信佛教，其执政期间大力弘扬佛教。

皇都选择一处新都，因而当时的日本还没有一个固定的国都。为此日本也效仿唐帝国，决定建立一个类似于西安或洛阳的固定都城，遂于710年定都奈良。直至794年，奈良一直都是日本的都城。

然而，日本所效仿的唐帝国模式并非没有缺陷，深居宫中的天皇渐渐把集中在自己手中的权力交给随从管理。就这样，其中一位家臣的势力越发膨胀，即藤原氏，他成了宫廷的主管（藤原氏的创始者中臣镰足曾因协助天皇制伏苏我氏而立下大功）。天皇就如同唐帝国天子那般被宫廷生活和官僚组织所奴役。

藤原氏在之后建立了一个与皇朝并存的大臣朝代，并以联姻的方式让藤原氏的人为皇后。直到8世纪，藤原氏的势力一度达到顶峰，藤原内麻吕充当了皇帝制造者和独裁者的角色。

同时，在佛教传入日本这一时期，日本也和平统一了全国。其间，多名僧人在圣武天皇时期（724年—748年）传播佛教，为了能够战胜本土的神道教，他们传布了所谓的两部神道。据此教义，日本本土的诸神只不过是佛祖的显现。在佛教盛行期间，日本也开始建造佛教寺庙和佛像。

二、奈良时代

710年，日本天皇迁都平城京（今奈良），开始日本历史上著名的"奈良时代"（710年—794年）。此期间，历代日本天皇十分重视农业的发展，兴修水利设施，奖励农民开垦荒地，日本经济也因此得到快速发展。

孝德天皇于646年正月颁布了效仿唐帝国的均田制而制定出的班田制。简单来说，班田制就是政府按照人头把日本的田地分给人民，让他们有地可种，从而提高劳动生产。在班田制颁布之前，日本的社会属于贵族奴隶制，贵族地主大量的占有、兼并土地，使得贫苦百姓无地可种，只能去给地主当佃户。这样的结果就是让人民生活得十分艰苦，社会生产力也因此受到严重的阻碍。土地改革之后，地主贵族们的势力遭到遏制，人民百姓分得了土地。农民有田可种之后，生活大大改善，社会生产力有很大提高。

当然，这些田地也不是白白就分给平民，对应班田制，日本还实行了租庸调和徭役制度。"租"就是向农民收取土地租金，"庸"指代替劳役而交纳的实物，"调"则只限于男丁，要求男丁按不同年龄交纳绢、绝、布、绵、染料、油等土特产品。除了要交纳租庸调，日本百姓还要负担起十分繁重的徭役。因此，在改革的初期，日本的社会确实有了很大的变化，人民生活得到改善，社会生产力也得以发展，但是渐渐地，百姓在繁重的班田制和租庸调制下负担十分沉重，农民开始交不上地租，负担的沉重让很多人选择了逃跑。随后，贵族们的土地兼并又卷土重来，至此，班田制已经完全无法继续施行，10世纪左右，班田制彻底废止了。

这一时期，日本的商业也得到了一定的发展。708年，武藏国秩父郡发现一种含杂质极少的自然铜，被称作"和铜"。日本遂开始效仿唐帝国的开元通宝，铸造了属于自己本国的货币"和同开珎"。当时的日本已经适应了原始的物物交换，所以在货币被铸造之初，使用率极低，人们还是习惯用物品互相交易。随后日本政府开始颁布各种鼓励使用货币的政策，以促进货币的流通。可以说，货币的出现对后来日本商业的发展起了很重要的作用。

完全模仿唐的奈良古建筑

这一时期的日本文化深深地受到佛教影响，日本全国上下都蔓延着对佛教的信奉。在迁都奈良的时候，一些寺庙也被迁到了新都，比如元兴寺、兴福寺、大安寺、药师寺等，但这还远远无法满足王室对佛教的需求，他们进一步大肆兴办佛教事业，兴建寺庙，其中最为著名的就是东大寺和国分寺。

圣武天皇在 740 年发愿，于 743 年开始修建东大寺和寺内的一尊大佛像。修建寺院的目的是为了祈求国家强盛太平。在修建的过程中，日本动用了庞大的人力、物力和财力，号召全体民众自愿响应、支持。终于在 751 年，东大寺修建成功。第二年的 4 月，朝廷主持盛大的法会仪式。

接下来就是修建国分寺，国分寺也就是设在各国国都的寺院，有比丘住的国分僧寺和比丘尼住的国分尼寺。这种寺庙的创造思想也是来源于对中国的效仿。但是，国分寺的建造并不顺利，当时的日本财力并不富裕，人们的生活也十分贫苦，饥荒和疾病大范围出现，生活都很难保障，这样繁重的工程更是难以完成。因此，修建国分寺的过程十分缓慢，大约直到 770 年，才基本完成了这一工程。而实际上，有些地区的国分寺实在难以新建，只得在旧寺庙的基础上加以改造。

奈良时代，佛教在日本发展迅速，并且非常独特。佛教在当时作为君主统治国家的要法，被国家直接控制。因此，佛教与政治的关系十分紧密，比如僧侣可以插手政治，在待遇上也比较优厚。

其间，日本与其他国家经常有佛教交流，很多中国僧侣都曾前往日本讲经学法。在教义戒法等方面，中国、朝鲜、日本也如出一辙，有很深的渊源。

三、平安时代

到了奈良朝末期，当时的日本都城奈良已经被贵族和佛教徒等守旧势力所占据，朝廷与贵族势力之间的矛盾日益激化。为了能削弱贵族和摄政僧侣的势力，当时在位的桓武天皇（781 年—806 年在位）于 784 年决定从长冈迁都到山城国的平安京（今京都市）。但是，守旧势力为了维护政权，企图阻止迁都

平安时代建筑

计划，还将倡议迁都者藤原种继杀害。天皇在严惩了大伴氏、佐伯氏、丹治比氏等阻碍迁都的阴谋分子后，下旨宣布迁都平安京，将新都命名为"平安京"，寓意为祈求平安、幸福与和平。这一事件史称"平安京迁都"。直到 1192 年的镰仓幕府的建立，平安时代共历近 400 年。

桓武天皇在位时期，积极改革行政制度，加强对官吏的管理。比如，在 786 年，制定了国郡的司考绩条例 16 条，以此来考核地方官吏的政绩，打击贪官腐败现象。到了延历十六年（797 年），新增设勘解由使，加强监督新任国司与前任的交接事宜，很大程度上起到整顿地方官纪的作用。另外，在选拔任用方面，突破了谱第禁区限制，对有能力者委以重任。

在社会经济方面，当时的班田制已经显露出很大的弊端，以致无法实施。桓武天皇也进行了改革，把原来的班授时间从六年一班改为十二年一班，降低了利率的标准，减轻了农民的负担。承认了良贱之间通婚的合法性，他们所生的子女也变为"良民"。这一良贱制度的修改，为后来的废除奴隶制起到了很大的推动作用。

在军制方面，当时的公民兵制已经行不通了，延历十一年（792 年），桓武天皇废除了边境地区以外各地的征兵制度，进而以"健儿制"取代，即从郡司子弟和富裕者中招募士兵。

在桓武天皇的一系列改革下，日本的经济军事实力得到增强，天皇的权威也得以维持。其间虾夷地区发生叛乱，789 年起，桓武天皇就三次派兵平定东北虾夷地区，第三次时任命坂上田村麻吕为征夷大将军。延历二十一年（802 年）田村麻吕率军 4 万前往征讨，保卫了北上川中游胆泽之地不受侵犯，随后在此地区，筑胆泽城，置镇守府。到了 803 年，又在胆泽城以北建起志波城，以此来加强统治。桓武天皇还向日本海方向出兵以开阔领土，势力最远达到了代川流域。

随后，各代天皇也都在桓武天皇的基础上继续改革，以求完善中央统治。比如，之后的嵯峨天皇（809 年—822 年在位）为加强天皇权力，提高工作效率，对政府机构进行了整顿，设置"藏人"和"检非违使"。藏人是侍奉在天皇左右的官员，他主要负责掌管机密文件，传达天皇诏谕，"检非违使"则主要负责执掌京都的军事、警察、审判等事宜。

尽管这一时期，天皇们积极进行政治改革，但是早期所实行的近乎劫掠农民的班田土地制度已经彻底无法施行。国家为了获得财政收入，不得不实行新的土地制度，田堵制应运而生。这种制度就是让相对殷实的农户承包一定的土地，进行耕作，随后收取一定的地租。政府通过田堵制所征得的租赋已经不再按照公民的人头来计算，而是根据土地的实际面积计算。

10 世纪以后，一种有别于自垦地型庄园的寄进型庄园逐渐增多。

所谓的寄进型庄园，就是指某土地的所有者为了能得到庇护，使自己的庄园不受官吏的侵犯，而采取主动将自己的庄园进献给中央权贵和大寺社的方式。这些更高一级的受进献者就被称作"领家"。作为代价，这些"领家"获得一部分年贡。而最初的土地所有者则保留实质上的土地支配权。另外，如果这些"领家"还无法保证这些土地不受侵犯，他们就会把庄园进献给更有权势的贵族，这些更有权势的贵族成为"本家",同样收获年贡。

实际上,"本家""领家"等各级领主大多是名义上的领主,真正的土地使用者仍是那些最初的土地所有者。

到 12 世纪时,庄园领主制就完全地确立起来了。单单封建庄园就占到了全国土地的一半之多,而剩下的一半则被朝廷分给了王公贵族,这也就是当时的"知行国"制度,这些王公权贵在朝廷所分给的土地上获有收取租税等权利。由此可见,这一时期的日本已经高度封建统治化了。

四、外戚干政的藤原家族

中臣镰足[1] 帮助后来的第 38 代天智天皇(中大兄皇子)推翻了苏我氏的统治,使权力重新掌握到了天皇的手中。然而让人意想不到的是,这个铲除了外戚苏我氏的功臣正是之后另一个外戚干政的始祖,这一家族正是历经 1200 多年而长盛不衰的藤原家族。

天智天皇登基后,赐给"乙巳之变[2]"和"大化改新"的功臣中臣镰足一个姓氏,即藤原。自此之后,藤原氏一直受到天皇的赏赐,拥有大量土地和财富。

到了天智十年(671 年)十二月,天智天皇因病去世,天智天皇的长子大友皇子与叔父大海人皇子争夺皇位,发生"壬申之乱"。结果,在 7 月的濑田川之战中,大友皇子战败,最终自缢身亡。取得胜利的大海人皇子则继位成了第 40 代天武天皇。

---

[1] 中臣镰足是飞鸟时代的政治家,藤原氏的始祖。中臣镰足在大化改新前后作为中大兄皇子(天智天皇)的心腹活跃于日本政坛,为藤原氏的繁荣奠定了基础。

[2] 乙巳之变指在日本飞鸟时代,由中大兄皇子、中臣镰足等人暗杀苏我入鹿,并消灭苏我氏宗家的一场宫廷政变。

697 年，藤原镰足之子藤原不比等又拥立了轻皇子继位为第 42 代文武天皇，进而成为文武天皇的保护人，登上了最高政治舞台。藤原不比等因功得以继承藤原氏，他的异母兄弟则只能继续姓中臣氏。

708 年，文武天皇因病去世，他的大皇子仍然年幼，于是阿陪皇女作为过渡天皇即位为第 43 代元明天皇。710 年，日本天皇迁都至平城京，即如今的奈良地区，开启了日本历史上知名的"奈良时代"。

实际上，在文武天皇时期，藤原家族的势力就已经迅速攀升，藤原不比等时任右大臣，可谓权倾朝野。为了能使自己的地位稳固，藤原不比等将自己的一个女儿藤原宫子嫁给了第 42 代天皇文武天皇，还生下首皇子。

第 45 代圣武天皇继位之后，立藤原光明子为后。此后，藤原家族就开始以外戚和朝臣的双重身份执掌朝政，长期受到天皇赏赐，拥有大片的土地和大量的财宝。日本皇室自古以来是不选皇族以外的女性为后的，藤原氏则开了历史的先河。从此，藤原家族就以嫁女的方式与天皇家族融为一体，无疑，这也让他们独揽了大权。据统计，从 724 年圣武天皇开始，76 位天皇中竟然有 54 位是藤原氏出身的女性所生。

9 世纪初，第 52 代继位的嵯峨天皇正为藤原氏的女性所生，在他当政期间，还设置了相当于天皇秘书的"藏人头"，并派深受天皇信任的藤原冬嗣出任，朝廷的机密文书和诉讼事务都由这位天皇秘书管理。他也实际上成了朝廷的首席执行官。更有甚者，嵯峨天皇还把自己的女儿洁姬许配给藤原冬嗣的次子藤原良房。这是史无前例的，日本皇族从未将女儿下嫁给臣子。

到了藤原良房时，藤原氏的势力更是空前膨胀，甚至能干预天皇的传位与继位。850 年，藤原良房迫使第 55 代文德天皇册立自己仅 9 个月大的小外孙"惟仁亲王"为皇太子，而此时的文德天皇已有三位皇子。

858 年，文德天皇突然去世，藤原良房的小外孙、年仅 9 岁的惟仁太子继位，成为第 56 代清和天皇。藤原良房以太政大臣和天皇外祖父的双重身份，于 866 年正式摄政，开启了非皇族而"摄政"的先例。

直到藤原冬嗣的养子藤原基经执掌大权，天皇已经彻底沦为傀儡。877 年，藤原基经迫使清和天皇退位，拥立9岁的皇太子为第57代阳成天皇，自己则以舅父身份继续"摄政"。8年之后，年仅17岁的阳成天皇又被迫以身体有恙为由退位，小小年纪就成了太上皇。藤原基经力排众议，拥立与自己关系亲密的表兄、当时已经55岁的时康亲王为第58代光孝天皇。时康亲王实际上是第54代仁明天皇之子，也就是阳成天皇的叔祖父，毫无继位的可能。但这次政变使他意外当上天皇，之后的天皇则全部都是光孝天皇的子孙，那些正统的长房皇族则被排除在继承序列之外。

光孝天皇十分感激藤原基经的拥立，以让他摄行万政作为报答。他甚至还把自己的29个子女全部改姓"源氏"，并降为臣籍，空出太子之位，以此来表示在立嗣的问题上，完全听命于藤原基经。

3年之后，光孝天皇去世了，宇多天皇即位，一方面十分感激藤原氏的拥立，另一方面则忌惮藤原氏的强大势力，于是下诏事无巨细均要先禀告太政大臣，再奏给天皇。"关白"这一特殊的职位也就应运而生了，它本为禀告的意思。日本也由此进入摄关政治时期，"摄关"[①]即为摄政和关白的合称。直到11世纪末期，藤原家族一直以外戚的身份担任关白的职位，掌握朝政200余年。

到了11世纪中叶以后，藤原家族的专权逐渐受到了皇室和官僚们的反抗。1086年，第72代白河天皇为了抵制藤原家族，让位于当时年仅8岁的第73代堀河天皇，退位出家，成了白河法皇（退位后的天皇称上皇，上皇出家则称为法皇）。他在自己所住之处建立起了"院厅"，并于此任命官吏，挑选武士保卫太上天皇和院厅的安全，国政事务都由院厅管理，于是"院政"诞生了。

白河法皇60多岁时竟然看上了藤原氏的一个十几岁的小姑娘，即藤原璋子，在辈分上应该算是白河的孙女，因年幼时就在宫中成长，深受白河法皇之宠爱，白河法皇也经常将璋子抱在怀中。随着璋子的逐渐长大，她还和白河法

---

① "摄关"是摄政和关白的合称。天皇幼时，由太政大臣代行政事称摄政。天皇年长亲政后，摄政改称关白，辅助天皇总揽政事。类似于我国汉代的外戚干政。后被院政取代。

皇传出了丑闻。

鸟羽天皇画像

结果，白河让自己的孙子第 74 代鸟羽天皇娶了藤原璋子。藤原璋子生的第一个孩子被鸟羽天皇怀疑是祖父白河的孩子，十分气愤，但敢怒不敢言。他称这个儿子为"叔父子"，也就是指虽然名义上是他的儿子，实际上是自己的叔叔，也就是自己祖父的儿子。

1123 年，白河法皇还强迫鸟羽天皇让位给这个当时年仅 5 岁的孩子，即位后成为第 75 代崇德天皇。鸟羽对此十分不满，耿耿于怀。终于等到了自己的祖父白河法皇去世，崇德立刻就失势了，鸟羽对他百般打压，早早就逼崇德退位，并传给自己的第七子，也就是第 76 代的近卫天皇，之后又让四子即位，成为第 77 代的后白河天皇（同名）。不甘心的崇德最后还是叛乱了，结果被后白河打败并流放，最终死于岛上。后来，崇德天皇也成为日本传说中的四大怨灵之一，世称"日本第一大魔王"。

关于这段传说，也十分值得一提。崇德战败之后，他的随从们都被处以死刑。他自己则被流放到一个海岛上，他用了三年的时间用血书写了五部大乘佛经，希望能以此来救赎自己犯下的罪过。

崇德把这五部血经书送到了京都的寺庙中，结果遭到了拒绝，天皇认为他的罪孽太过深重，连他所写的经书也不能放在寺庙中。悲愤的崇德终于崩溃，从此之后，不再理发，也不再修剪指甲，成了日本传说中"天狗"的模样。他在经书中写道："我抄写佛经是为了积累善业而赎罪，既然不被宽恕，就让那些业力投入三恶道，助我成为日本的大魔缘，为君戮民，为民弑君。"写罢之后，将经书沉入海底，咬舌自尽，当时他 46 岁。崇德死后，日本的灾祸不断，尽管后来也祭祀崇德的灵位，但依然不能平息他的怨愤，之后日本持续了 700 多年的战乱。直到明治天皇即位前把他的灵位接到京都的白峰神宫里供奉，日本才迎来短暂的和平。

　　回到当时的日本朝堂，在各方都在反对藤原氏专政时，一个新兴的阶层登上历史舞台，即武士阶级。朝廷为了从藤原家族手中夺回权力，他们开始借助武士集团的力量。其中，"源氏"武士团是成长最快、最强的武士团之一。1192 年，源赖朝在镰仓建立幕府，与朝廷并立，形成了双重政权结构。

　　为了从外戚手中夺回皇权，朝廷不得不借助新兴武士集团的力量。这些新兴的武士阶级都依附于逐渐强大的地方庄园主。这些庄园主不仅拥有土地、农奴，还开始有了自己的小规模军队。随着他们的兴起，权力逐渐落入了强大的庄园主手中，日本也渐渐又出现了地方割据的形势。当时的日本有两大庄主，分别是东边的源氏和西南的平氏。他们都曾是藤原氏的部下，然而当他们拥有了自己的庄园，建立了自己的武士团，他们的实力也渐渐强大。他们之后还帮助天皇镇压了农民的起义，并每年向国家上交财物，深得皇室的信任。终于，1052 年，中央的政权被源、平二氏从藤原氏手中夺取了。

五、镰仓时代

　　随后，源、平两氏族开始了争斗。到平清盛[①]时（1118 年—1181 年），两家进入决定性时期，并于此时发生了两次著名的战争。一为 1156 年的保元之战，一为 1159 年的平治之战。在第二次战斗中，平清盛的大敌源义朝战败死亡。平清盛成为京都的统治者。平清盛是位铁血的军人，有着不屈不挠的精神和强有力的手腕。他对国家的统治残酷无情，并且没有人权。那些企图反叛的人都

---

① 平清盛，刑部卿平忠盛之子（一说其为白河法皇贞仁的私生子，并无实据），日本平安末期权臣，日本历史上首个军事独裁者，也是武家政权的鼻祖。通称平大相国。

被他用强大武力镇压下去，反抗他的寺院也被他所焚烧。对于天皇，他也没表现出起码的尊重，而是以自己的奢华使之黯然失色，不仅逼宫，还给其下毒，或者强迫他娶自己的女儿为嫔妃，这样就可以让自己的外孙登上皇位。

然而，这位强悍的独裁者却做出了一件奇怪的轻率事，他赦免了源义朝的儿子源赖朝、源义经以及他们的堂兄弟木曾义仲。这些年轻人后来成功地从囚禁他们的寺院中逃出。1181年，平清盛因病去世。随后，逃出寺院的三兄弟集合关东军队占领了京都，并赶跑了平氏家族，随后又在两次恶战中，彻底击败了平氏家族。

1189年，在征服了平氏家族后，源赖朝又除掉了战功累累的兄弟源义经，这样源赖朝就排除了所有潜在的竞争对手，成为权力唯一的拥有者。在他排除异己的过程中，这位日本历史上最为伟大的政治家显示出了十足的个性特点。他沉默寡言，比平氏家族的领袖平清盛更为深沉谨慎，也更能文过饰非，同样的冷酷无情。他不好虚夸，十分务实，通过自己的努力，他从上到下重新改组了这个国家。随后，他在属于自己的稳固领土上，建立起雄霸一方的家族权势。他的先祖曾在关东地区为源氏家族立功，并获得奖赏。随后，他也在关东的镰仓地区，以天皇赐给他的"将军"名义，于1192年建立了幕府。他在此处建立的政府即名为"幕府"，与关东的宫廷"公家"政权相对并立。

这时的日本皇室虽然没有被毁灭，但已经被地方将军监护起来。曾经的独裁者平清盛就一度栖身于京都天皇之侧，企图挟天子以令诸侯。历史的相似程度有时会让人惊叹。他的这种做法与恺撒削减罗马元老院权力而企图独裁如出一辙。但同样地，平氏家族也受

源赖朝塑像

到了遭到他迫害的贵族势力的打击。由此，源赖朝也吸取了经验教训，就像恺

撒被刺杀之后，他的继承者奥古斯都对元老院恭敬有加，而自己却躲在背后，把平民行政权攥在手中。此时的源赖朝就像奥古斯都一样，他在生活上审慎简朴，对那些传统的势力贵族同样尊敬，从未触动过前皇室贵族的特权。

他扮演了一个简单的军事领导人角色，生活正派朴实，言谈举止都低调无华。他把首都和五畿内诸省的行政统治权让给了皇室官员，而在关东的镰仓地区建立起自己的首府。这种在关东地区建立起的军事政权区域，就像古希腊的马其顿、德意志的普鲁士，或者是意大利的皮特蒙特。在地方有一个军事政权的领导者，在京都有一个平民和宗教的君王。尽管这位军事领导者——源赖朝——表示绝对效忠于天皇，但这两种权力已经分离开来。相对于镰仓的军事力量，京都的实力则显得微不足道。

源赖朝在镰仓所建立的政治机构，包括幕府和将军府，存在了6个世纪之久。尽管这位伟大的军事将军立下了累累战功，但他的家族并未因此受益，在他死后20年，就被一场新的宫廷革命所推翻。

源赖朝在1199年去世，他的妻子北条政子为他生下了两个儿子，分别是源赖家和源实朝。大王子源赖家在其外祖父伊豆国爵士北条时政的监护下，成为将军。二王子源实朝当时还未成年。

源赖朝的岳父北条时政所在的家族，最初只是关东地区的一个小贵族，通过与源氏家族结姻，得以出人头地。作为族长的北条时政是一个野心勃勃且无所忌惮的阴谋家，他为了获得至高的权力不惜牺牲自己的亲外孙们，也就是源赖朝的儿子们。他曾协助女婿源赖朝建立起幕府机构，并参与统治。源赖朝死后，没有人比他更熟悉幕府的运作。

由此，北条时政也认为，源赖朝死后，顺理成章应该由他执掌政权。

在当时的日本，尽管人民都无比效忠天皇，但实际上，天皇的权力已被源赖朝架空。他以保全皇帝称号、荣誉和特权等方式剥夺了皇帝的权力，并未受到人民的抗议。于是在他死后，谙熟其道的北条时政也企图以这种方法对待他的子孙，也就是让源赖朝的子孙们袭得将军的地位，并把他们置于浮华的宫廷之中。这样，两位领导人，一个是精神上的君主——天皇，一个是名义上的军队首领——将军，都因架空而名存实亡。真正的统治者只有一个，就是曾经的小贵族北条家族。

当时的青年将军源赖家是一个喜爱作乐的轻浮少主，他对外祖父的老谋深算一无所知。随后，在北条家的鼓动下，源赖家犯了一个严重的错误。他听从身边顾问的劝说，将部分领地分给了自己的弟弟——源实朝。这样，北条家族就成功地分裂了源氏的权力。终于有一天，源赖家意识到自己犯下的大错，可为时已晚。愤怒之下，他扬言要屠杀北条一家。可这无异于以卵击石，结果可想而知，不听话的源赖家被废，削发后被囚禁在寺院中，在1204年被杀死。

哥哥死了，弟弟源实朝随后就被大权在握的外祖父北条时政立为将军。当然，源实朝同样只是一个傀儡，北条时政自任为"摄关"，将一切实权牢牢抓在手里。这时的源实朝大概只能通过吟诗来抒发内心的苦闷。有一日，他写道："伊豆湾出现在我眼前，远处是开阔的大海，小岛、波荡，好像在彼此压挤，但愿这可爱的世界永驻不变！"就在北条时政统治了数年之后的1219年，源实朝在一次争吵中被他的侄子打死。至此，源氏家族已经荡然无存了。

源实朝死后，将军之位空缺，北条家再一次抵抗住了名义的诱惑，选择把这一尊号授予藤原氏的一员，这位成员随后也宣称自己是源氏家族的后裔。他就像"影子将军"一样，成了北条家族名义上的首脑，而实际权力仍握在时任"摄关"的北条家族之下。随后，北条时政之子北条义时子承父业，于1205年—1224年占据父亲的位置，把家族的地位建立得更加牢固。在此期间，一位不甘现状的后鸟羽天皇在1221年企图恢复他的合法权位，但最终失败，被北条家族放逐。之后的北条家族再也没遇到抵抗，一直以镰仓为根据地，统治了130年。

虽然北条家族的这种非法夺权做法被后世历史学家所议论、贬低，但这并不能说明北条政府对日本国家毫无功绩。比如，在第六任摄关继承者——北条时宗在位期间，就成功抵抗了蒙古大军的入侵。

当时的蒙古帝国军事实力十分强大，已经完成了对中国的征服。在蒙古人看来，日本不过是中国的附属国，根本不堪一击。因此，时任元帝国皇帝的忽必烈（成吉思汗的孙子）下令让日本人主动投降，否则蒙古大军将用铁蹄踏平日本。

可以说日本从来没受到过此等威胁，因为当时亚洲的所有国家，除了日本之外，全部都遭受过蒙古人的入侵，并且几乎都被征服，只剩下日本幸免。尽管如此，日本面对整个亚洲的恐吓，并没有想过要屈服，全国人民就像团结成一个人那样，果断拒绝了蒙古人侮辱性的要求。后来，北条时宗号召全体人民拿起武器抵抗外敌。毫无疑问，这场战争的双方实力悬殊，一方是号称"世界统治者"的蒙古人，一方是誓死抵抗的日本人。

1274 年，蒙古人第一次远征日本，在博多湾（今日本福冈）等处登陆。日本征兵 10 万余人迎战蒙古军队，结果被蒙古士兵用火炮击溃。但蒙古军队在日军的阻击下也兵疲箭老，未能继续深入进攻。1281 年，蒙古人派出巨大舰队，据说载有 10 万人，入侵日本。从上次遭遇袭击后，日本加强了沿岸的防御设施，并派兵把守。当时的日本人民的爱国热情高涨，英勇对抗蒙古军队。同时，天皇也向天照大神及其他诸神发起祷告，祈祷天神能帮助日本抵挡蒙古的入侵。奇迹发生了，天神仿佛听到了祷告，在 1291 年 8 月 14 日—15 日，蒙古陆军被驱赶出境，一场强烈的飓风也把蒙古的舰队全部毁灭。当飓风停歇下来，海面恢复平静，那些曾经声势浩大的无敌舰队竟然踪迹全无。就这样，岛国日本战胜了"世界征服者"。

在这次伟大的胜利过后，时任摄关的北条时宗被日本人称为解救者，从而功成名就。他的儿子北条贞时继任父位，成为 1284 年—1311 年的摄关。直到 1311 年，摄关被无能的北条高时继任，由于他的无能和软弱，前辈创下的基业很快就被毁掉了。

古画中描绘的元日战争

14 世纪初，后醍醐天皇开始策划倒幕运动。起先，后醍醐天皇征集了一支小军队，并让他英勇的儿子护良亲王和可靠的豪侠楠木正成带领。他们的目的是把幕府的驻军赶出京都，解放五畿内。但当时的幕府势力还十分强大，不可能一战制服。而且，那些关东的武士和北方的一般氏族也不愿意让天皇复辟，因为天皇一旦复辟，他们的权力就会被取消。因此，他们就站到了北条家族一方，开始攻击京都。不久，后醍醐天皇被俘，并被放逐到了朝鲜海岸外的一个小岛上。

尽管如此，日本的民众依然对天皇十分忠心，只要天皇的意愿传到人民大众的耳朵中，马上就会像火烧原野一般，迅速召集一群愿意誓死效忠的士兵。在此时期，护良亲王和楠木正成正在京都以南的大和山中驻守，他们多次击退了幕府的进攻。随后，天皇逃脱了海岛，与护良的军队会合。天皇被放逐的不幸经历激起了全体民众的愤怒和斗志，天皇的回归就像神迹一般，受到所有人的热烈欢呼。受民众拥戴的天皇很快就推翻了幕府的统治，随后以叛国罪和渎神罪判决了北条家族。1333 年，镰仓堡垒被攻陷，北条家族灭亡。

六、足利将军时代

后醍醐天皇的胜利，成功地推翻了幕府的统治，天皇成了名副其实的国家统治者，民众一度对国家的未来充满希望。然而，情况却并不那么乐观。虽然幕府被推翻了，但遗风犹存，军人阶级虽然没了领导者，但仍然大权在握。这时的天皇应像 5 个世纪之后的明治天皇那样，自称为武士头领。

但后醍醐天皇却没有这么做。胜利的到来让他大喜过望，进而消沉了意志，整日沉湎在宫廷的生活之中。那些为他流血奋战的将士们反而没有那些文人墨客和朝廷的"公家"更受恩宠。尽管他的儿子护良亲王得到了将军的封号，两位重要功臣楠木得到大阪的封地，新田义贞得到西海岸的封地，但这些都不如足利家族的一半。

足利家族善于在宫廷事务中随机应变，深受天皇的恩宠。足利尊氏请求天皇赐予他关东的大部分土地和东海道海岸的远江，天皇也一一应允。这样天皇就把自己的胜利果实拱手让给了并不忠诚的足利家族。但此时的后醍醐天皇还意识不到因自己的愚蠢而即将到来的灾难。护良亲王相较于父亲则有远见的多，他看到了足利家族未来的威胁，不惜违抗父命，发起反抗。进而，父子断绝关系，亲王被足利家族俘虏，不久后就遭到了杀害。这样足利家就消除了最大的障碍——护良亲王。

消灭护良亲王这个最大的拦路虎后，足利尊氏马上就撕掉了忠诚的假面具，在镰仓宣布自立，随后攻占关东其他城堡，召集所有北方的武士，在1335年宣布重新建立幕府。此时才看清足利家族真面目的后醍醐天皇追悔莫及，他既愤怒于足利家族的背叛，又悔恨于儿子的枉死。不过为时已晚，京都很快就被攻陷了。

至此，皇室复辟的失败已经注定，但值得一提的是极富武士道精神的楠木正成和其子楠木正行。武士道精神有一个特点就是，为了实现目标，即使自我牺牲也在所不辞。随后，楠木带着皇家军队与足利家族于神户地区发起战斗。战斗开始没多久，主将楠木就牺牲了。尽管如此，士兵继续拼杀，直到全部灭亡。儿子楠木正行继承了父亲的遗志，据守九州和四国的一些据点，最终于1348年英勇战死。

身穿盔甲的日本武士（现代）

获得胜利的足利尊氏进入京都，重新建立起了将军和幕府政府。足利尊氏恢复了幕府统治，把皇族中的一支立为有名无实的元首，自己独揽大权。这时，后醍醐天皇还有一支合法继承人正在南部诸岛上据守着。持续了多年的作战，

1392 年，这支后醍醐天皇的直系继承者宣布退位，分裂的日本形势终于结束。

而此时的足利家族内部也发生了分裂，作为族长的足利尊氏以将军的身份统治着京都，而他的儿子们却要在江户地区搞独立。在足利尊氏的儿子们中，以足利义满最为著名，之前他就征服了后醍醐天皇后裔的九州地区，此时，他又制服了众敌，平定了足利家族的动乱。

可以说足利义满不但是个战功卓著的君王，还是个文学艺术的大庇护者。在他的统治时期，他不但美化了京都的宫廷，还修建了很多有名的建筑物，如将军府、相国寺等。1394 年，义满自动逊位为僧，并在相国寺中边修行边治理国事。这时的日本内部各大名（大名，日本古时对领主的称呼）日渐犯上，足利义满可以说是最后一位能驾驭这些大名的将军了。到了之后的足利义政统治时期，大名们纷争不断，1467 年—1477 年的应仁之战甚至血染京都的街道。随后义政隐退于银阁寺宫，无心管理朝政，每天沉浸在艺术风流之中。

足利义政去世时，日本基本到了无政府的状态，封建政权下的日本被各大领土家族所割据。直到 16 世纪后期，由于日本复兴三大政治家（信长、秀吉和家康）的出现，这一状态终于停止。

七、桃山时代

织田信长（1534 年—1582 年）可以说是日本最为著名的军阀之一。他是中世纪源平合战的一方，平家的后裔。织田家族占有尾张的名古屋地区，最开始织田家族的势力很小，庄园也不广大。到了 16 世纪，日本正处于无政府统治时期，群雄割据，英雄辈出，一位性格刚毅的领袖前途不可限量。

而织田信长的性格正是如此，他意志坚强无比，对人冷漠多疑，蔑视民众却又能很好地驾驭他们。他的庄园正好位于日本日常生活往来频繁的地方，于关东和五畿之间。此外，信长青年时期就常常因为保护领地而受到外敌的攻击，他很早就谙熟了拥有武力的重要性，没有强大的军队，一切都无从谈起。

因此他建立起了当时最为优秀的封建军队，任命几位强干的冒险者为部队领袖。比如丰臣秀吉，他原本只是一个农夫，随后逐渐晋升为部队首领。另一位是和信长同样拥有古老的贵族血统的德川家康，在信长崛起之后，家康也投入他的麾下。所有这些依附于织田信长而得以建功立业的人，不管他们身份的高低贵贱，都和信长一同分享了建立一个新日本的荣耀。

信长通过一系列的战争，逐渐吞并蚕食了日本土地，这一过程进行的比较缓慢，当他的敌人发现他的野心为时已晚，因为此时他已经完成了目标的三分之二。1560 年—1564 年，信长占据了邻近大名门的骏河、远江和美浓诸藩。当时的日本天皇和将军府的继承者已经无法支撑京都那可怕的无政府状态，在这种情况下，只好邀请信长进京平叛。1568 年，信长进入京都，用了 2 年的时间把京都地区稳定下来。

然而软弱又贪婪的足利义诠将军不满足于屈居信长之下的地位，企图反抗他的保护人，结果被信长击败。1573 年，信长宣布夺取足利家族的将军称号，把权力直接握在自己的手中。

这时，一些大封建家族并不愿臣服于信长，企图与他对抗。其中三位最有实力的大名——占据富士山地区的武田信秀、越后的大名上杉镰信、山阴道和山阳道的主人毛利辉元都发起了对信长的起义。结果，武田信秀被德川家康击败，于 1578 年死去，他的儿子武田胜赖在 1582 年被信长和家康联手消灭；上杉镰信于 1578 年不知行踪，他的儿子随后被降服；最后，信长去世之时，丰臣秀吉迫降毛利辉元。

在此期间，信长不光击败了各路地方势力，还推翻了许多国中之国的佛教团体。虽说是佛教团体，但他们的势力却不能小视，极难攻破。比如，驻据于京都东北方向比睿山的天台宗教派，还有在大阪地区，犹如堡垒般的本愿寺教团，它们都对京都虎视眈眈。几百年来，他们习惯了把他们的话作为朝廷的法律，并且坚信宗教在民众心里有极高的权威。但以信长的性格，绝不能容忍他

们的傲慢不逊，尽管他们对信长表达了
抗议，信长也完全充耳不闻。内心无比
坚定的信长不怕反对教门，也不怕僧众
口中下地狱的威胁。他带领军队包围了
本愿寺，这是当时日本最为坚固的要塞，
而且还受到迷信恐怖思想的保护。经过
10 年之久的围困（1570 年—1580 年），

丰臣秀吉画像

城堡终于被攻破。另外，在 1571 年，信长还击败了比睿山的天台宗教派，迫
使僧侣们饮剑，彻底毁坏了他们的庙宇。

　　然而信长的生命在 1582 年 6 月 22 日停止了。信长的手下明智光秀① 发动
叛乱，信长被迫自杀。随后，信长的手下大将丰臣秀吉带领亲信在山崎一战中
击败了明智光秀，并把逃亡的光秀杀死。

　　领袖信长去世之后，急需再立一位新的国主，经过部将们集会商议，最终
决定把信长的孙子三本子——当时只有几个月大的婴儿——立为国主。当然，
三本子只是名义上的国主，真正的实权仍在两位大将丰臣秀吉和柴田胜家手中。
他们两人就开始明争暗斗，先是由柴田胜家挑衅，战斗在 1583 年爆发。这场
名为贱岳之战的争斗中，丰臣秀吉打败了胜家，胜家最终自杀。所有部将都臣
服于丰臣秀吉，唯一能与之抗衡的德川家康也在 1584 年与之联姻。此时的秀
吉已是当时日本最有权势的人，被封为"关白"，也就是宫廷长官。随后不久，
又晋封为"太阁"，相当于名誉首相。

　　在秀吉的统治期间，他的第一项任务就是统一列岛。于是，他于 1585 年
派兵远征四国的土佐大名长宗我部家族，于 1587 年又派遣部队到九州岛，制
止当时企图征服相邻贵族的岛津家族。自此，日本的南方大岛就统一了，这也
是秀吉的伟大成就之一。在这两次战斗之间，秀吉还亲自率领部队去本岛的西

---

① 明智光秀（1528 年—1582 年 7 月 2 日）全名明智十兵卫光秀，是日本战国名将，织田
信长帐下重要将领。原为斋藤家臣，后为信长家臣，在本能寺之变中为捍卫足利幕府或朝
廷而迫使信长自尽。

方和北方作战，击败了上杉家族及其当地的其他贵族。1590 年，秀吉把江户地区交给了他的亲戚德川家康治理，随后完成了他的统一任务，使列岛自中世纪初以来第一次真正统一。

丰臣秀吉的成功逆袭，在当时的日本来说，可谓前无古人。他是日本史上第一个以贫民的出身，通过建功立业而坐上最高权力的位置的统治者。他经历了从农民、土匪头目、雇佣兵，最终达到首相的身份蜕变。这位样貌粗俗、体格笨拙的冒险家获得了前所未有的成功，这无疑也代表了日本的一场新革命。日本的作家甚至常常把他比作拿破仑。同样，这位当时的日本独裁者也具有和拿破仑一样的战略视角。他的出身使其和之前的日本当权者不同，他不受传统思想的约束，不认同长久以来日本的闭关政策。他就像拿破仑那样有着无边无际的梦想，他渴望把他的国家变为一个亚洲大帝国。接下来，他就开始对中国及朝鲜发动远征。

实际上，长久以来，日本人始终认为朝鲜不过是日本帝国的一个天然附属

釜山镇殉节图

品，是他们通往中国的桥梁。早在神功皇后的传奇远征以来，日本人就登陆过朝鲜 20 余次。这次，朝鲜国王下令破坏了日本在釜山的贸易机构，秀吉马上抓住了这次机会，借口要求朝鲜承认日本的宗主国地位。朝鲜人在中国的支持下拒绝了日本的要求，这无疑正中秀吉下怀，因为他的真正目的是要通过朝鲜攻打中国。随后，他豪言壮语般宣布了对远东的扩张计划，"我要集结庞大军队，进攻大明国土，剑气将充满四百州天空；朝鲜要为我先锋！"

当时的中国不光地域辽阔，而且

人口众多，对于日本的挑衅，他们就像之后的1894年甲午战争那样，蔑视日本，认为其不过是弹丸小国，小蜜蜂难道还想要蜇刺中国巨龟？对于中国的轻视和嘲讽，日本不为所动。当时的中国已经在明帝国的统治下度过了200多年，早已极度腐败，这位身经百战的日本统治者也谙熟这点。他知己知彼，认为明帝国不过是外强中干，而自己所带领的日本武士们则是经历过6个世纪磨炼的精兵强将。对于日本能否成功侵略中国，史学家们都曾经有所怀疑。但是，不多年后的满洲人证明了征服中国并非不可实现，因为日本的资源、战力远比满洲人要强。既然中华帝国之前已经经历了突厥人、通古斯人、蒙古人的许多朝代，那么再经历一次日本人的朝代，似乎也并不惊奇。

终于，在1592年4月秀吉派出了13万日本远征军，进攻高丽。日本军队在釜山登陆之后，围困了朝鲜首都汉城，并进一步推至平壤。直至1593年，一支强大的中国军队到了，日本才退回釜山。双方达成的合议不久就破裂了，秀吉又派遣10万军队去朝鲜作战。尽管日本在战斗中占据有利位置，但一件突发事件迫使远征军被召回。即1598年，丰臣秀吉去世。若非如此，当时的朝鲜真有可能被日本征服。

丰臣秀吉的去世使日本又出现了犹如信长去世时的局面，少主年幼，没有能力驾驭手下的将军们。于是这些手握实权的将军们又一次发起内斗。其中，势力最为强大的正是秀吉的亲戚兼老战友——德川家康。很快，那些日本大家族的族长们和秀吉的多数军官们联合起来，一起对抗计划称霸的德川家康。终于在1600年10月21日，德川家康在进攻京都的途中与联军遭遇，在关原山发生惨烈的战斗。在交战当中，毛利家族的一位王子转而投入了德川麾下，突然的叛变加之关东旧旅的坚韧不拔使德川家康获得了最终的胜利，德川家康成为日本的真正统治者。

16世纪，这三位传奇般的日本独裁者在政坛上"你方唱罢我登场"，为后世留下了很多脍炙人口的传奇故事，人们也习惯把这一时期叫作"桃山时代"——因秀吉居住在伏见城，附近山上有桃树而得名。

八、德川幕府

之前谈到过，1600 年的关原之战使德川家康成为当时日本列岛的绝对统治者。家康在天皇的欢迎下，进入了京都。处决了个人仇敌之后，家康对功臣进行封赏。1603 年，天皇赐给他将军的称号，正式获得权位。随后，为了能巩固德川家族的统治，他在 1605 年宣布退位，让儿子德川秀忠即位，当然实际上家康仍是日本的绝对统治者，一直到 1616 年家康去世。值得一提的是，对于丰臣秀吉之子——软弱的丰臣秀赖，家康一直以宽容的态度对待，并让他留守在大阪的城堡之中。这位年轻人后来竟企图独立，这让家康再也无法容忍，马上派兵攻取了大阪。1615 年，秀赖葬身于大火焚烧的城堡废墟之中。

德川家康画像

家康在江户地区建立的幕府成为统一中央集权的统治机构，历史上称为德川幕府或者江户幕府。这一幕府统治长达 260 余年。当时的天皇尽管享有崇高的威望，是名义上的国家最高统治者，但其实并没有实权，真正的实权牢牢地被掌握在幕府将军手中。

当时的将军是最大的封建主，直接管理着全国四分之一的土地和许多重要城市，剩下的其他地区则被分成大大小小 200 多个"藩"。藩的首领就是所谓的"大名"，他们享有藩的世袭统治权，但必须听命于将军，接受将军的号令。这些将军和大名家中都养着家臣，也就是武士，这些武士都听命于他们，并在他们那里得到封地和禄米。这些武士基本都是职业军人，他们享有佩刀的特权，他们是当时日本封建统治制度即幕藩体制的基础。德川幕府还十分注意对武士们的思想进行培养，大力宣传"忠、义、勇"的武士道精神，让武士们忘死一般为他们卖命。

在第二代将军德川秀忠的统治时期，幕府采取了进一步的禁教政策，取缔了天主教，并彻底根除了农民中的天主教徒，禁止外国船在大名的领地通商贸易，只能在长崎和平户地区从事贸易。尽管如此，一些大名为了壮大经济实力，购得先进的武器，仍然与西方商人贸易，这使得幕府十分不安。随后，幕府加大力度禁止与外国商船的贸易，从而颁布了所谓的"锁国令"。渐渐地，日本就成了一个闭关锁国的国家。这是当时在德川统治之下日本的一个重要特征。

在德川幕府统治时期，还建立了严格的封建等级制度，其中占有全国人口 10% 的将军、大名和武士属于统治阶级，剩下的工、农、商者则为被统治阶级。当时的工商从业者，大概占日本人口的 10%，他们受到统治阶级的歧视。而占绝大多数约 80% 的农民

浮世绘

则是被压迫剥削的主体，他们不仅要交纳地租，还要担负繁重的徭役。这种界限森严的等级制度是世袭不变的，他们之间也不能通婚，衣食居住都有很大差距。在闭关锁国的制度下，商业活动本身就被严重地限制了，同时还对工商业者采取歧视态度，这样就更加严重地阻碍了工商业的发展和资本主义生产方式的出现。

幕府统治的末期，幕藩制的武士财政每况愈下，幕府的威信也大不如前。幕府的统治以农村为基础，但是农民因不满于他们的压榨，经常发生暴动。此外，外国强烈要求通商，在强大西方列强的军事压力下，幕府不得不签订了很多不

平等条约，国家的主权和人民的利益被随意出卖。大批底层人民因外币的入侵而纷纷宣告破产，日本底层人民在双重压迫和剥削下，生活变得异常艰难。随后人们认为想要国家富强，就必须推翻幕府的统治，从此，各个藩主纷纷起义，发起倒幕运动。最终德川幕府于 1868 年走向灭亡。

第四章
来自草原的蒙古人

一、早期的欧亚草原地区

在欧亚大陆上，草原植被从欧洲多瑙河下游起呈连续的带状东伸，经罗马尼亚、俄罗斯和蒙古，直达中国，构成了世界上最宽广的一个草原地带，即欧亚草原。

在这片广阔的草原地带，曾生活着无数个以狩猎和畜牧为主要生活方式的游牧民族，包括匈奴人、鲜卑人、蒙古人、突厥人、契丹人、女真人等。在历史的长河中，他们有合作，也有纷争，都创造出了璀璨的草原文明。

"匈奴"一名直到公元前3世纪才被秦朝的编年体史书所清楚记载。在更早一些的时期，他们被称为胡人。对于胡人，在当时华夏人的印象中，他们是居住在边境上，即在鄂尔多斯、山西北部和河北北部的那些民族。

这些胡人在当时就经常入侵中原地区，因此也对当时的华夏政权造成很大影响。战国时期，赵国和秦国为了防范胡人的入侵，改重车兵为灵活的骑兵。服饰上，华夏人为了方便骑马，把长袍改成了裤子。

　　也正是为了防范胡人的入侵，赵国和临近的诸国还修建城墙，秦始皇统一六国后完成修建，也就是长城。到了汉帝国时期，华夏仍然与匈奴纷争不断，甚至多次出兵远征匈奴。

　　到了中世纪初期，突厥是继匈奴之后又一活跃在草原地区的重要民族。同样，作为游牧民族，他们以勇敢彪悍和善于骑射著称。他们对当时的中国频繁侵略，隋帝国和唐帝国都对他们进行了顽强的抵抗。唐太宗即位之年，突厥可汗还发兵远征中国，直至唐帝国首都长安城下。突厥的存在对当时的唐帝国来说无疑是个巨大的威胁。但是随着国力的增强，唐帝国的实力远超突厥，最终突厥被唐帝国征服。

　　在此时期，生活在辽河以西即今热河地区的契丹民族也逐渐强大起来。契丹民族的首领耶律阿保机于 916 年称帝，他的继承者称他们的王朝为辽朝。在卖国的中国将军石敬瑭的帮助下，阿保机的继承者耶律德光占领了包括幽州在内的河北北部地区和连同云州在内的山西北部地区。到了辽朝后期，契丹贵族日趋腐化。建国之前，女真人一直为辽国契丹人所压迫。之后完颜阿骨打成功于 1115 年统一女真各部，建立能与辽抗衡的金朝。金朝屡屡战胜辽朝，后与宋

蒙古戈壁沙漠

联盟，联合宋帝国灭掉辽朝。

女真人完颜阿骨打征服契丹国之后，开始着手对付那些曾草率讨好他们的宋帝国人。金宋战争发起没多久，金人就占领了宋帝国的多处领地，包括北京、河北地区和陕西、山西地区，之后兵临开封城下，劫走宋徽宗和宋钦宗。随后，经过金国与宋帝国多年征战，最终两国以黄河流域和汉水上游流域的高地为界，北部为金国，南部为宋国。金宣宗继位后，内部政治腐败、民不聊生，外受大蒙古国南侵，1234 年，金国在南宋和蒙古的夹击下终于灭亡。

蒙古的入侵无疑加速了金国的灭亡，在之后的岁月里，蒙古帝国崛起，几乎席卷了整个欧亚大陆。

二、多民族融合而成的大蒙古国

历史上的亚洲北部草原纷争不断，在漫长的历史中，亚洲北部草原曾是多个游牧民族的发源地。这些游牧民族有匈奴、鲜卑、柔然、突厥、契丹等。直到 1206 年，在成吉思汗的领导下，建立了大蒙古国，对于草原的争夺才宣告平息。

在此之前，亚洲地图上的中国大致分为两大部分：南部是宋帝国，建都杭州；北部是女真族人，或称金朝，以北京为都城。

在中国的西北部，如今的甘肃地区，是唐兀惕 ① 所建立的西夏国。从吐鲁番到库车生活着具有佛教和聂思托里安教 ② 文化的突厥人。楚河一带生活着一

---

① 唐兀惕，即中国史书上的党项族，历史学家认为党项族是河陇羌族向西迁徙所逐渐演变而来的。

② 聂思托里安教，即景教，是天主教的一个派别，隋唐时期传入中国，由叙利亚教会首领聂思托里安创立，因为不承认玛利亚是"生神之母"而被教廷定为异端。

支有着中国文化的蒙古种人，即喀喇契丹人。在他们的西边，即亚洲其余的穆斯林地区，则被巴格达的哈里发、叙利亚和埃及的阿尤步王朝的苏丹们和小亚细亚的赛尔柱克苏丹们所瓜分。

以上是当时亚洲定居的人民，在蒙古边境上，向阿尔泰山、杭爱山和肯特山延伸的隔壁滩北部的草原上，也分布着无数以游牧为生的部落。这些中亚游牧部落尽管在语言上有不小的差异，但是由于他们生活在相同的环境下，造就了他们相似的种族特点：宽大的脸庞、扁平的鼻子、高耸的颧骨、细细眯着的眼睛、稀疏的胡须、粗糙的黑发、强壮而又显笨拙的身躯，这些特征与他们长期生活在恶劣日照风沙中难脱干系。

居住在今天的科布多地区和布撒泊郊区的是蒙古种族中的主要民族之一——乃蛮人。这些人很有可能是被蒙古化了的突厥人。他们当中有很多人都皈依了聂思托里安教，在《世界征服者史》中，甚至还说13世纪初的乃蛮王继承者、杰出的屈出律是受聂思托里安教的影响，逐渐成长起来的。

草原民族的象征之一——猎鹰

克烈人是当时乃蛮人的竞争对手，他们的确切位置难以确定，一些东方学者认为他们生活在今赛音诺颜境内。克烈人通常被看成突厥人，他们在1000年后不久，就皈依了聂思托里安教。1199年，克烈王脱斡邻勒在北京金王朝的援助下，打败了塔塔儿部^①人，一时间，他成了蒙古最强大的统治者。

在克烈部以北是生活在贝加尔湖南部的色楞格河下游的篾儿乞人，他们属于突厥或蒙古人种，在当时这一部落内还出现了基督徒。篾儿乞人的北面是居住在贝加尔湖西岸的翰亦剌惕人，他们属于蒙古族。在满洲北端，额尔古纳河和黑龙江之间的地区生活着属通古斯人种的苏良合人。他们的后裔即高丽人如今仍生活在那里。再向南，便是塔塔儿人生活的地方，从怯绿连河南岸、捕鱼儿海附近直至兴安岭。

我们所认为的真正的蒙古人，从狭义上说，是指成吉思汗为其中一员的蒙古人，他们生活在外蒙古的东北，在鄂嫩河和克鲁伦河之间，做季节性迁徙。在历史上，早就记载了那些说蒙古语的各民族，他们是存在的。但是在成吉思汗出现之前，人们没有把"蒙古"这一名称给予这个庞大的族群，直至成吉思汗的出现。

三、蒙古国建立的初次尝试

任何一个民族都希望能建立起属于自己民族的独立的国家，让族人在和平、融洽、有秩序的国度中生活。特别是那些附属于他国、受人奴役的民族，他们更渴望独立。当时的蒙古就是这样，处于女真金族的统治之下，大漠南北草原各部各自独立，互不统属。金朝对其实行"分而治之^②"和屠杀掠夺的"减

---

① 塔塔儿部，又称鞑靼部，它是蒙古兴起以前漠北地区"人数众多、强大、富有的部落"，该部分支很多。驻牧地主要分布于阔连海子（今呼伦湖）、捕鱼儿海子（今贝尔湖）一带。
② 分而治之，利用手段使国家、民族或宗教等产生分裂，然后对其进行控制和统治。

丁^①"政策。

相传，蒙古族人最初尝试建立国家是在 12 世纪之前。一个名叫海都的蒙古首领击败他们敌对的蒙古部族后，通过兼并吞食，把不属于自己的部族纷纷收入囊中，从而逐渐坐大，获得王号。到了金朝的初年，全蒙古各大氏族和部落纷纷组成大联盟，希望选举一位大汗来管理蒙古诸部。而海都的曾孙，即合不勒获得了诸部的认可，成了合不勒汗。正是这位合不勒汗在后来治理蒙古期间，多次击退金朝的进攻，保卫了蒙古。但是在合不勒刚成为汗之时，蒙古仍归属于金朝，因此需要朝见金朝皇帝，可合不勒第一次朝见金王就闹出了笑话。

合不勒汗是一个行为粗俗，甚至野蛮的汗王，在北京第一次见到金王时，

金国都城遗址

他的鲁莽和粗野与文明国度的礼节格格不入。食量之大，让金王和朝臣叹为观止，不仅如此，他醉酒之后的行为更是让人无法想象，竟然动手抓住金王的胡须，可想而知对于当时的帝王来说，被抓住胡须是多大的羞辱。尽管如此，事后金王还是原谅了他，并回赠给他大量礼品。但好景不长，他们之间的关系逐渐恶化，导致金王下令派兵抓捕合不勒汗。结果合不勒汗逃脱之后，还杀死了金朝官员。

金王闻讯，龙颜大怒，派兵

---

① 减丁，即减丁法，在减丁法之下，百户之族，第二代即减为五十户——一半，两代再半，依次类推。由此一来，不出五代，家无余子，虽未有斧钺加身，却胜过斧钺，此即减丁法之内涵。

讨伐合不勒汗，结果出人意料。蒙古族士兵英勇善战，强悍不屈，不仅击退了金兵，还迫使金国于 1147 年求和。金国签订条约，进献大量牛、羊和农作物。1148 年金王册封他为蒙兀国王。其中，签订条约的蒙古首领的名字，学者猜测正是合不勒汗的第四个儿子、蒙古传说中的著名人物——忽图剌。

忽图剌汗在蒙古的传说中十分著名，他像英雄一样存在于蒙古人的心中。传说，他的声音之洪亮，如雷鸣于山中，双手如熊爪般强力，能把敌兵如折箭那般折为两截。寒冷的冬夜，他赤身睡在燃烧的巨木堆旁，火星迸溅到身上也像被蚊虫叮咬般无关瘙痒。

相传他的兄弟斡了巴尔合黑和他的堂兄俺巴孩被塔塔儿人抓走了，结果被引渡到了金朝，被以"游牧叛人"的罪名钉死在木驴之上。忽图剌闻讯大怒，决心为兄报仇，经过一番攻城略地，把金地洗劫一空。金帝也不甘示弱，决定联合塔塔儿人发动反蒙远征，于 1161 年重创蒙军。这次远征大大削弱了忽图剌的势力，蒙古王权遭到金朝和塔塔儿人的摧毁后，回到了部落、氏族、小氏族的旧秩序中。从此，蒙古国衰落，部族之间的争斗又重新开始，蒙古高原再次陷入混乱分裂状态。就这样，建立王权的第一次尝试被扼杀了。

四、青年时代的成吉思汗

提到成吉思汗，就不得不先说起他的父亲——也速该。成吉思汗的后裔往往把也速该与古代诸王的世系相联系，尤其认为他是把儿坦巴阿秃儿之子，而把儿坦巴阿秃儿正是合不勒汗的次子，这样也速该就成了合不勒汗的孙子。上文已述，合不勒汗在当时的蒙古人心中是战功累累的英雄，也是被蒙古诸部尊敬并认可的大汗，但根据《秘史》《元史》和《史集》的最贴近真实的相关记载，这一世系应该是错误的。巴托尔德[①]也对此持怀疑态度。

也速该只是乞颜部的一位首领，他曾带领着自己的部族多次与塔塔儿人（蒙古人的世仇）作战，他虽然作战英勇，但他从没有当过可汗。他曾经帮助过克烈部的一位王位争夺者赢取王位，也就是脱翰邻勒。也速该的这次援助使得日后成吉思汗在崛起中得到其部族的支持和帮助，获得了珍贵的友谊。

成吉思汗的母亲名为月伦，她曾是蔑儿乞部酋长的妻子。一天，也速该到斡难河上放鹰捕雀，正巧碰见了蔑儿乞部的青年赤列都带着一位漂亮的姑娘走来，这位年轻貌美的姑娘便是月伦。也速该见月伦美丽动人，便暗下决心抢其为妻。也速该约来两位兄弟执行抢妻计划。赤列都尽管舍不得娇妻，但面对强悍的也速该只好抛下娇妻，独自逃命。也速该抢得美人归，娶月伦为妻。

在现代人看来，也速该的抢妻行为不但不道德，还严重触犯了法律，但是在当时的蒙古却流行抢婚的风俗。在当时，蒙古有两种重要的婚俗形式，一为

翰难河

① 巴托尔德（1869年—1930年），原苏联东方学家。又名威廉·巴托尔德。生于彼得堡，1891年毕业于彼得堡大学东方语言系。

父辈为自己年幼的孩子订婚，另一种为男子成年后，去其他部落抢婚。抢夺其他部族的女子，可以减少对方的人数来增加本族的人数。人丁越是兴旺，部落的实力就越强，反之亦然。同时，这种抢婚形式还可以大大威慑其他部族，增长本族士气。这种通过勇敢的方式抢来的妻子更能彰显男人的勇武，常被人们赞颂，因此抢来的女人往往要比结发的妻子更出名。

月伦被也速该抢走之后，于1667年在翰难河右岸的跌里温盘陀山，如今这里属于外蒙古境内，生下长子铁木真。几年后，一次，也速该在回家的路上要经过塔塔儿人的部落，塔塔儿人在也速该的必经之路上设下宴席，实际上就是想设计害死也速该。当然也速该也可以绕行塔塔儿人的宴席回家，但是在蒙古人的习俗里，看到别人家设宴而不参加，就是强盗，作为主人也应该热情招待光临的客人。因此，也速该就参加了宴席，觥筹交错之间也速该喝下了有毒的马奶酒。中毒后的也速该知道自己命不久矣，马上回到部落，差人唤来铁木真。也速该在濒死之际，为年幼的铁木真定下亲事，妻子为弘吉剌惕部首领的幼女。他为儿子留下遗言："有朝一日为我报仇，消灭塔塔儿部落，只要高于车轮的男人要一律杀掉。"当然，日后所向披靡的铁木真实现了父亲的遗愿，趁塔塔儿族与金国反目之际，消灭了塔塔儿一族。

铁木真没有了父亲，成为孤儿留在世上。在他12岁那年，氏族们认为他毫无统治能力，纷纷拒绝服从于他。虽然母亲月伦是个能干坚强的女人，但那些曾经忠实拥护父亲的牧群，最终还是选择离开了他们母子。铁木真的势力逐渐衰微，连孛儿只斤部首领的位置也被泰赤乌惕部首领，即俺巴孩之子塔儿忽台乞邻勒秃黑和托多颜·昔惕两兄弟夺走。

这个时期的铁木真只得与母亲和三个同胞弟弟哈撒儿、哈赤温和铁木哥，以及两个异母弟弟别克台尔和别里古台生活在肯特山区，以渔猎为生。这种山林的生活让铁木真变得强悍勇猛。一天，铁木真的异母弟弟别克台尔偷走了他的一只云雀和鱼。在弟弟哈撒儿的帮助下，愤怒的铁木真用箭射杀了别克台尔。

当时，塔儿忽台乞邻勒秃黑以为铁木真他们已经死了，但得知他们仍存活于世上，他变得不安和愤怒，于是他带领族人闯进肯特山林，把铁木真一家抓住，给铁木真戴上木枷。在友人速儿都思部首领的帮助下，铁木真得以逃脱。之后铁木真如虎入山林般，靠着自己以及弟弟哈撒儿精湛的箭术重振家道。从此铁木真逐渐摆脱了贫困的生活，也迎娶了昔日父亲为他定下的妻子——弘吉剌惕部首领的女儿。

五、成吉思汗统一蒙古

铁木真带着黑貂皮斗篷朝见当时克烈部的强大首领脱翰邻勒，并表示效忠意愿。脱翰邻勒念及当年铁木真的父亲有助于他，欣然接受了铁木真的效忠，并把他纳入自己的属臣之中。

铁木真作为克烈王的忠诚属臣，之后多次协助克烈王出征讨伐其他部落。1198 年，贝加尔湖的塔塔儿人受到了来自东南方金军和来自西北方克烈人和成吉思汗联军的攻击。在这次夹击下，塔塔儿人惨败。

乃蛮王亦难赤必勒格去世后，他的两个儿子因为看上了同一个女人而发生矛盾，克烈王借此机会，与忠实属臣铁木真一同前往出征乃蛮人，战争十分惨烈。克烈部境内还遭到了乃蛮人的侵略，但最终还是以铁木真的胞弟哈撒儿大败乃蛮人而告终。

尽管铁木真一直忠心辅佐克烈王罕，但克烈王罕的儿子桑昆却向父亲挑拨二人的关系。1203 年，铁木真与克烈人彻底决裂。这次决裂可以说是铁木真一生中的巨大转折点，之前他只为辅佐克烈王而战，而从这以后他将成为权力的主宰者，为自己而战。

桑昆的挑拨发生了作用，克烈人计划以谈和的方式把铁木真引到约会地点，之后埋伏杀死，可计划败露，没能成功。一计不成，克烈人又计划以突击的形式偷袭铁木真，但计划却被克烈部士兵偷偷汇报给铁木真，因此未能得逞。

成吉思汗铁木真塑像

尽管如此，实力的悬殊还是使铁木真节节败退，此时铁木真仍给王罕带口信，说明忠诚归顺之意，然而克烈王是个动摇不定、懦弱胆小的人，在受到部下干扰和桑昆的以叛变为要挟的情况下，仍决定除掉铁木真。

正在铁木真处境艰难之时，情况出现了转机。反铁木真联盟内部出现了矛盾，几位联盟首领密谋杀掉克烈王。克烈王得知消息，及时攻击了他们，使得这些首领四散奔逃，还有一位首领，即答力台投降了铁木真。

形势好转之后，到了 1203 年秋天，铁木真秘密进军，对克烈军队发起突袭。这一战的胜利使铁木真取得了决定性的优势，不久克烈人就归降了铁木真。克烈王逃窜到乃蛮境内后被杀死，桑昆逃到了柴达木盆地一带，最终被回鹘人杀死。

铁木真成功征服了克烈人后，蒙古只剩下一个拥有独立政权的部族，就是乃蛮王塔阳统治的乃蛮族。在当时（1203 年年底），可以说东蒙古的主人是铁木真，西蒙古的主人是塔阳。双方的大战一触即发，铁木真的多数部下都以春季马瘦为由，认为应该秋季出发。而铁木真的胞弟铁木哥和叔叔答力台则认为春季出发，可以攻其不备。铁木真称赞了他俩的智谋和勇敢。终于，两军于哈拉和林附近的杭爱山中相遇，这是一场激烈且残酷的遭遇战。铁木真的部队像恶狼驱羊一般攻击追赶乃蛮军。塔阳身负重伤，大量失血使他倒地不起。忠实的乃蛮部下一批又一批地死战铁木真部队。铁木真赞赏他们的勇气，有意赦免以使他们归降，但他们拒绝投降，直至拼死。

不久，乃蛮人也被铁木真所征服。剩下的一些小规模的反叛部族，他们有的逃亡异地，有的选择归顺，有的战死。终于，铁木真于 1206 年春，在翰难河①河源附近召开大会，由草原地区的大批牧民参加。在这次集会上，铁木真被全体突厥和蒙古的部落一致尊称为至高无上的汗，即成吉思汗。

---

① 翰难河，发源于蒙古小肯特山东麓，流域面积 94,000 平方千米，与音果达河汇合成石勒喀河，为黑龙江上游之一，也是蒙古民族的发祥地。1206 年，成吉思汗即位于此。

第五章
蒙古大扩张时代

一、蒙古帝国的内政与军队

　　新兴的蒙古帝国以萨满教^①为基础，以腾格里^②为天神或上天，大汗就是神的化身。成吉思汗的子孙都以腾格里在地上的代表自称。他们代表腾格里统治着人民，凡是反对他们统治的人，即被认为是反对腾格里。

　　成吉思汗本人对不儿罕合勒敦山^③上的神十分尊崇。在他刚刚发迹的时候，从蔑儿乞人手中逃脱，跑到了这座山上，躲避起来。他像一个虔诚的教徒，爬

---

① 萨满教，是在原始信仰基础上发展起来的一种民间信仰活动。流传于中国东北到西北边疆地区操阿尔泰语系满－通古斯语族、蒙古语族、突厥语族的许多民族中，鄂伦春族、鄂温克族、赫哲族和达斡尔族到 20 世纪 50 年代初尚保存该教的信仰。对这些民族的生产、生活和社会习俗等各个领域产生过重大影响。因为通古斯语称巫师为萨满，故得此称谓。萨满曾被认为有控制天气、预言、解梦、占星以及旅行到天堂或者地狱的能力。

② 腾格里，蒙古民间宗教里最高的神。在维吾尔族古老神话里也是天神在突厥语民族中间所见到的那样，腾格里被认为是世界与人类的主宰。

③ 不儿罕合勒敦山，历史记载中的一座山，可能位于肯特山脉的某个区域，在乌兰巴托东北方 160 千米处，位于伊金霍洛旗的"禁区"。

到山上，以蒙古人的礼节，先是脱下帽子，解下腰带，随后搭在肩上，表示绝对的遵从，然后进行跪拜，连续九次，并以马奶酒做祭祀仪式。之后在蒙古与他国大战前夕也是如此，他又回到不儿罕合勒敦山重复着之前的朝圣，以十分虔诚的态度，做着祈祷的仪式，口中念念有词："长生天啊，我已经武装起来，要为我的祖先报仇雪恨，金人曾辱杀他们，如果你允许我复仇，请助我一臂之力！腾格里！腾格里！腾格里！"

在文化方面，蒙古国从回鹘人那里借来了文字和官方语言。成吉思汗任用回鹘人塔塔统阿（曾经是塔阳的掌印官）来教儿子们用回鹘字书写蒙古语和签署官方法令。1206 年起，任用失吉忽秃忽为大断事官，主要负责记录审判决议和掌管各贵族的居民分配情况。1206 年，成吉思汗初定法典即《札撒》，对他的人民和军队规定了严格的纪律。法典的规定十分严厉：谋杀、盗窃、通奸、密谋、以幻术蛊人、收受赃物等为死罪，不论军民一视同仁。

成吉思汗用严格的纪律管理和影响了当时的所有蒙古人。据西方传教士回忆，当时的蒙古人比世界上任何人都服从自己的统治者，甚至比牧师对修道院院长还要顺从，他们崇拜自己的长官，绝不对他们撒谎。作奸犯科这种事，极少发生。捡到别人的物品会马上还给失主。妻子十分守节且忠于丈夫。如果拿当时的蒙古社会现状和成吉思汗统一之前相比，没有人不会惊叹《札撒》对蒙古产生的巨大影响。

社会结构上，处于最高位置的是被称为黄金氏族的成吉思汗家族。他们管理并统治着那些被征服的地区，具有该地的财产权。在军队的等级上，设有十夫长（阿儿班）、百夫长（札温）、千夫长（敏罕）和万夫长（土绵）。百夫长、千夫长、万夫长由地位较高的那颜组成。在他们之下，由小贵族组成，取名达干。

原则上，蒙古的军队由三翼构成，向南展开，这与蒙古人要出击的方向一致。出击的目标分别为左边的中国、中间的突厥斯坦和东伊朗、右边的俄罗斯草原。左翼军由札剌儿部的木华黎率领，中军由八邻部那雅率领，右翼军由阿鲁剌惕部的人博儿术率领。成吉思汗去世前，军队总人数达到 129000 人，其中左翼为 62000 人，右翼为 38000 人，剩余为中军和后备军。

　　蒙古人在当时之所以有如此高的战斗力，和他们所骑的蒙古战马有很大关系。蒙古人和蒙古马在某些特点上十分相似，这与他们生活在同样的蒙古草原上息息相关。蒙古人的身材相对矮小，但十分强壮敦实，他们骨架大，有十分强大的忍耐力。蒙古马比其他大多数马都要矮小，但同样蒙古马也十分强壮。虽然体态并不优美或是高雅，但是它们性格刚烈，野性强，有十足的精力和坚忍的耐力，步法平稳而有力。游牧民族正是靠着这种优质的蒙古战马而得以征战四方，比如曾经一度征服了中国和罗马帝国的突厥人。

　　很多人都对蒙古军队的作战战术做过研究和描述，他们的战术基本可以认为是匈奴或突厥人使用的十分古老的战术。这种战术源于游牧民族长期对草原边境地区的劫掠和在大范围的狩猎活动。就像成吉思汗在传说中所描述的那样，"白天以恶狼般的警觉注视，夜间以乌鸦般的眼睛注视。战时像猎鹰般扑向敌人"。蒙古人像草原上的那些肉食动物一样，暗中派出一些神不知鬼不觉的侦察兵去观察敌人或猎物的动向，从狩猎的第一排拦阻设备上学会如何对敌人进行拦截，随后利用熟悉的狩猎策略用两翼骑兵包抄敌军。

　　蒙古骑兵的高度灵活性让敌人难以捕捉他们的动态。即使是人数不多的蒙古士兵也会给敌人造成草木皆兵或神兵天降的效果，这让敌人在心理上就已经失去信心。而且蒙古人还十分擅长这些心理攻势，他们擅长利用强壮的体格、丑陋凶恶的相貌和身上散发出的难闻臭味来威慑对手，让对手产生恐惧的情绪。

这种恐惧在敌军部队中的蔓延速度极快，甚至还没交战，就已经闻风丧胆，企图仓皇而逃。进攻开始前，凶悍的蒙古士兵往往会在令人不安的寂静中缓步前进，不需要指挥的号令声，旗手们用不同的手势对军队发号施令，然后转瞬之间，当蒙古人找准进攻的时机，他们发出鬼

蒙古骑兵画像

哭狼嚎般的呐喊和怪叫，突然发起冲锋，一瞬间再勇敢的士兵也有大难临头的感觉。

当然，蒙古军队的战术并不是如此单一，应对不同的敌人，他们有多样的作战方式。当面对固守阵地的对手时，他们不会选择深入敌营，而是像草原掠夺者那样，分散开或者躲起来。当对手以为他们撤退之时，就会变得放松大意。这时，他们就又会卷土重来，随时发起致命进攻。

更有一些倒霉的军队误以为蒙古人的佯装撤退是畏惧与之交锋，进而渴望乘胜追击，一路尾随着来到蒙古人早已事先准备好的埋伏圈。一旦进入蒙古人的埋伏圈，就像困在陷阱里的野兽，蒙古人迅速进行包围，四面出击。这时被包围住的敌人往往会因深陷埋伏而大惊失色、惶恐不安，使战斗力大大衰减。当然有时也会遇到顽强抵抗的情况，蒙古人不喜欢艰难的硬碰硬，而是故意放开一条出路，让敌人从此逃跑，在敌人逃散的时候，轻松击杀。

二、征服中国北部的西夏国和金国

成吉思汗统一蒙古之后，他下一步要着手的就是征服中国北部。

他首先决定要进攻的是唐兀惕游牧民所建立的西夏国。唐兀惕属藏族人，信仰佛教，文化深受中国所影响。战略上，一方面，西夏是实力比较弱小的一块，可以以此来考验蒙古军的素质，另一方面，西夏是金朝和突厥斯坦[1]的桥梁，控制了西夏就能更好地包围蒙古的世敌——金朝。

虽然蒙古士兵在攻击不设防的敌军时，可谓令人惊叹，但对于进攻设防

---

[1] 突厥斯坦，该词原为波斯语，意为"突厥人的国家""突厥之地"。该词最早出现在 8 世纪阿拉伯人撰写的地理学著作中，其范围大致为东起戈壁沙漠，西滨里海，南接西藏、克什米尔、阿富汗斯坦中部、伊朗东部，北连西西伯利亚在内的广大中亚地区。

的城镇，他们则显得十分稚嫩。
这一点在日后进攻金国时更为
明显。成吉思汗曾多次远征西
夏，但都未攻陷都城宁夏和灵
州。1209 年，成吉思汗又包围
中兴府（即宁夏城），欲引黄
河水灌之，然而这种水利工程
对于当时的蒙古人来说十分复

蒙古人的蒙古包

杂，结果没能按设定方向引水。直到后来，西夏王以女儿献给成吉思汗，表
示称臣后才得以和平。

　　成功征服了西夏之后，成吉思汗把目标对准了女真国。女真国或者叫上文
的金国，是通古斯人在中国北部地区建立起的国家。这里疆域辽阔，资源富饶，
以北京为都城，以热河的大定、辽阳、山西大同、河南开封为第二都城。

　　对金国的作战可谓旷日持久，从 1211 年开始，一直到 1234 年才结束，中
间只有因成吉思汗去世而被迫停战了一段时间。战斗之所以持续了如此之长，
主要原因还是因为蒙古人不懂得如何攻占设防的城镇。在他们以往的战斗中，
都是在草原上对敌人进行屠杀和掠夺。然而对待城镇，他们也是反复地劫掠，
每次进攻都是带走一定的战利品。而待他们走后，金人又重新夺回城镇，开始
修复建设。这样，蒙古人不得不对一座城市进行多次重复的攻占、劫掠、屠杀，
却不能彻底消灭金人。

　　另一方面，通古斯人过着定居的生活只是 100 多年前的事，他们的血统中
保留着十足的战斗活力，而且还学会了华夏人巧妙的工程设防技术。这让蒙古
人十分头疼，结果只能暂时消灭金军，而不能统治金国。

　　战争最终的结果就是，蒙古人占领了金国的都城北京，迫使金人迁都开封，
使得金人领土不过是河南省和陕西省的部分设防城市。但只要成吉思汗因突厥
斯坦的战事繁忙而无暇南顾，金国就又会卷土重来，收复失去的城镇。蒙古杰

出将领木华黎 [1] 在这场战争中也做出了杰出的贡献，在成吉思汗把注意力转移到西方之前，曾把金国的战事交给他领导。

木华黎先后攻占了金国的多座城市，把金国的领土限制在河南以内，包括大名、太原、平阳、济南、彰德、陕西的西北部、长安、山西的西南角等地区。最终，木华黎因精力耗竭而死，死后不久，刚刚攻占的城市又被金人收复。

三、征服原喀喇契丹国

在成吉思汗开始对中国北部进行征服之时，他的死敌，即原末代乃蛮王之子屈出律正在对中亚的一个帝国跃跃欲试，即喀喇契丹国，他正企图成为那里的君主。

喀喇契丹国是由原中国北部的契丹人中的一支建立的，地理位置包括伊犁河、楚河、怛逻斯河流域和喀什噶尔地区，建都于伊塞克湖以西、楚河上游的八剌沙衮。统治者以突厥帝号自居，称为古儿汗，即"世界之汗"的意思。

喀喇契丹国在古儿汗耶律直鲁古的统治时期（1178年—1211年）已经衰落，君主纵情于玩乐，对国家疏于管理，导致帝国逐渐分裂瓦解。回鹘王亦都护巴而术就摆脱了古儿汗的统治，向成吉思汗称臣。这样喀喇契丹的东北境就划入了蒙古的管辖地区。同样，1211年伊犁河下游的葛逻禄王阿尔斯兰和伊犁河上游的阿力麻里称王的布札儿也摆脱了古儿汗的统治，称臣于成吉思汗。这样喀喇契丹国的部分地区就直接归属了成吉思汗。

而成吉思汗的死敌屈出律自从部民被消灭后，他就逃到了古儿汗那里。他

---

[1] 木华黎（1170年—1223年），札剌儿氏，又作木合里、摩和赉、穆呼哩等，大蒙古国成吉思汗铁木真手下骁将、开国功臣，孔温窟洼第五子。

伊塞克湖

受到了古儿汗的欢迎，年迈的古儿汗还把女儿许配给了他。但野心蓬勃的他却企图联合原喀喇契丹属臣——花剌子模苏丹摩诃末，推翻古儿汗的统治，瓜分喀喇契丹国的国土。

　　战争爆发了，两大野心家最终如愿瓜分了喀喇契丹国的国土，但却因为国境划分问题险些兵戎相见。这样屈出律就实现了对喀喇契丹国的统治，从1211年一直到1218年。在治理喀喇契丹国上，屈出律派遣曾被老古儿汗囚禁的哈拉汗朝汉王的儿子，代表自己统治喀什噶尔，不料，却受到了喀什噶尔的埃米尔[①]们的反对，并将其杀死。屈出律因此多次出征喀什噶尔，迫使喀什噶尔在饥荒年间不得不接受了他的统治。

　　屈出律还试图用宗教迫害降民们，受聂思托里安教影响颇深的屈出律强迫

① 埃米尔，是阿拉伯国家的贵族头衔，此封号用于中东地区和北非的阿拉伯国家，突厥在历史上亦曾使用过这个封号。

喀什和于阗①的穆斯林放弃伊斯兰教，而改为佛教或基督教。这对穆斯林来说是无法容忍的。当于阗的首席伊玛目②反抗时，屈出律就把他钉死在宗教学校的门口。对于已经效忠于成吉思汗的阿力麻里王布札儿也不手软，屈出律在他狩猎时把他抓获，并直接处死。

成吉思汗当然无法容忍自己的宿敌正在统治一个国家。于是，成吉思汗在1218年派杰出将领那颜者别统领2万人进攻喀喇契丹国。八剌沙衮不战而降，屈出律跑到喀什噶尔避难。当那颜者别到达喀什噶尔时，当地的穆斯林当作救星一样看待这些蒙古人。随后屈出律往帕米尔方向逃亡，于1218年被者别的随从追上，被杀死于撒里黢勒河附近。

四、花剌子模帝国灭亡

经过成吉思汗的一系列征战和扩张，蒙古帝国的领土迅速扩大，现在的蒙古已经和花剌子模帝国成为邻国。在那个时期，蒙古帝国迅速扩张，任何与之接壤的国家都难逃厄运的降临，花剌子模国也一样。而花剌子模帝国的君主摩诃末还沾沾自喜于之前对古尔王朝③和喀喇契丹战争的获胜。

此时的蒙古方面，有全部的蒙古种人和突厥种人，他们或信仰萨满教，或信仰佛教，或者信仰聂思托里安教，新归属的喀喇契丹国和喀什噶尔地区则信仰伊斯兰教。而花剌子模国的河中地区则居住着突厥–伊朗种人，在呼罗珊、阿富汗和伊拉克·阿只迷地区的是纯伊朗人。

---

① 于阗，地处塔里木盆地南沿，东通且末、鄯善，西通莎车、疏勒。
② 伊玛目，该词最早源自对穆斯林祈祷主持人的尊称，又称领拜师、众人礼拜的领导者。
③ 古尔王朝是指12世纪—13世纪突厥人在阿富汗斯坦和印度北部建立的穆斯林王朝（1148年—1215年）。

花剌子模银币

　　两位帝国统治者的性格对比也十分鲜明，成吉思汗是一个有雄才伟略的领导者，他处事沉着冷静，性格顽强、有韧性，精明强干。而花剌子模帝国的统治者摩诃末则性格暴躁、容易愤怒、处事缺乏基本的合理性和逻辑性，而且此时还因之前的战斗胜利而狂妄自大。

　　战争的导火索发生在 1218 年，成吉思汗派出一支去往西域的商队，目的是换取粮食和马匹，以用于之后对金国的战争。然而这只商队在途经花剌子模国时，意外发生了。当地的士兵垂涎于商队的物资，竟以商队中有间谍为名，劫掠并屠杀了 100 多名商队成员。成吉思汗闻讯大怒，要求赔偿，没想到却遭到对方的拒绝。因此，成吉思汗决定西征，发起对花剌子模国的战争。

　　1219 年夏，蒙古派出军队出征，人数只有 10 万—15 万。花剌子模国的守军在数量上远远多于蒙古军，但在战斗力上，蒙古军是一支作风强悍、纪律严明的高素质军队，战斗力十分强劲。蒙军从锡尔河中游的讹答剌附近进入花剌子模国国境，经过长期的作战和围城，攻下了讹答剌城、赛格纳克、真德、别纳客忒和忽毡。其中，忽毡的守将帖木儿灭里极具军事才能，在顽强抵抗后，乘小船从锡尔河逃走。

　　1220 年 2 月，成吉思汗与幼子拖雷率领主要部队进攻不花剌城，守军全部被杀死，居民投降。蒙古军对不花剌城进行彻底的劫掠、蹂躏和虐待。

　　蒙军接着从不花剌城出发，向撒马尔罕进攻，尽管守城士兵曾出击抵抗，但难以与强悍的蒙古士兵抗衡，不到 5 天，撒马尔罕就投降了。城中物资被洗

撒马尔军遗址

劫一空。除一些有工匠和有技能的手艺人被带往蒙古外，大多数居民被处死。所有守军都被屠杀，无一幸免。这是一次规模巨大的屠杀，使得存活的居民全部挤在一起也不能填满城市一角。

接下来蒙古军包围了花剌子模的原都城，即玉龙杰赤，引阿姆河水灌城。河水肆虐，守军再也不能抵抗蒙古人强势的进攻，终于在 1221 年 4 月被攻占。

在征服河中期间，花剌子模国曾经的自大统治者摩诃末被蒙古的攻势吓得四处奔逃，惶惶不可终日。成吉思汗派出一支优秀的部队，由杰出将领者别和速不台率领，对摩诃末进行疯狂而执着的追杀。最终倒霉的摩诃末逃到里海的一个孤岛上避难，1220 年 12 月耗尽精力而死。之后这支由者别和速不台率领的部队征战了高加索和俄罗斯南部地区。

在攻占、屠杀、劫掠的模式中，蒙古人逐渐对花剌子模国进行彻底的毁灭。其中屠杀人数难以计算，甚至有时连猫狗也不放过。众多闪耀着阿拉伯文明的精妙建筑也在这次战争中被肆意破坏。在灭亡了花剌子模国之后，成吉思汗于 1225 年回到了蒙古。

五、者别、速不台入侵波斯和俄罗斯地区

之前提到过成吉思汗曾派出一支由两位杰出军事将领者别和速不台率领的部队，对逃跑的花剌子模国君主摩诃末进行追杀，追至波斯地区后，摩诃末精

蒙古征服俄罗斯

力耗尽而死。

接着这支部队继续向西推进，一路劫掠破坏至谷儿只地区，即如今的格鲁吉亚。这时的谷儿只正处鼎盛时期。战争发生后，蒙古人使用常用的模式进行攻击，强迫俘虏率先冲向梯弗里斯城堡，不服从者一律杀头。攻陷城市后，进行屠城。然后佯装撤退，当逃脱者重获信心回到城中后，蒙古人再派部队重返，砍掉他们的头。

1221 年，者别和速不台返回哈马丹 ①，去收缴赎金。而这一次却遇到了市民们的抵抗。蒙古人击败反抗后，屠杀了所有当地居民，并对城市进行焚烧。之后再次从哈马丹出发，途经阿尔达比勒 ②——无疑这里也遭到了蒙古人的洗劫，返回谷儿只。

当时，谷儿只骑士的作战能力是十分强大的。因此蒙古人没有与之强拼，

① 哈马丹，中亚的一座古城，之前曾被蒙古军攻占并洗劫。
② 阿尔达比勒，现为伊朗北部的一座城市，位于加拉河上游谷地，萨瓦兰山东麓，海拔1675 米。

而是采用佯装败退的战术，把敌人引进埋伏圈，再一举歼灭。这一战术十分奏效，蒙古军因而大获全胜。

接着，蒙古人继续出征失儿湾，顺便劫掠了沙马哈，此后入侵了高加索北部的草原，在这里与当地的民族同盟军发生冲突。这支民族同盟主要由高加索人和钦察人组成。蒙古人以共分战利品为诱惑，取得了钦察人的帮助。钦察人因此背叛了同盟，与蒙古人合作，接着蒙古、钦察合军一个个地消灭了当地同盟军。当钦察人取得缴获的战利品后，蒙古人又从钦察人手中抢了回来。

接着，钦察人借着与罗斯人[①]有姻亲关系，而说服了罗斯人共同对抗蒙古军队。罗斯王公率领了一支由8万罗斯人组成的军队，与蒙古人对峙于亚历山德罗夫邻地霍蒂萨附近。蒙古人退而不攻。罗斯人等得不耐烦了，各王公所率领的部队失去了应有的紧凑阵形，一一分散。蒙古人终于出战。孤助无援的罗斯部队被蒙古军队一一蚕食，最终罗斯人投降。投降并不能换取蒙古人的怜悯，所有投降士兵最终全部被处死。

之后者别、速不台部队渡过了伏尔加河，打败卡马河畔的保加尔人和乌拉尔山区的康里突厥人。一番大洗劫后，他们最终回到了锡尔河北部草原，与成吉思汗大军会师。

六、蒙古人远征欧洲大陆

当蒙古人远征到欧洲大陆的时候，成吉思汗已经去世，并把蒙古领地分封给自己的子孙。曾为成吉思汗立下汗马功劳的杰出将领速不台已经是60岁左右的人了。速不台率领着15万蒙古精兵，在1236年秋灭保加尔的卡马突厥国，

---

① 罗斯人，是指8世纪—10世纪出现在东欧平原上的诺曼人。

开始对欧洲发起进攻。不久便攻下了他们的都城。

1237 年初，蒙古人进攻蒙古草原上的突厥游牧民族，他们仍处于半原始的状态，被穆斯林人称为钦察人，随后在蒙古人的战役中多次重创钦察人。钦察人被迫迁往匈牙利。之后蒙古人攻占了篾怯思城即阿兰人的都城，由此完成了对南俄罗斯草原的征服。

在征服南俄罗斯草原的同时，蒙古人对罗斯诸国的征服也开始了。此时的罗斯公国内部支离破碎，这对于蒙古人来说，无疑是十分有利的。1237 年 12 月 21 日，蒙古人攻破了里亚赞和科罗姆纳，全城所有居民遭到屠杀。其他城市派往支援的部队也被蒙古人击败。1238 年 2 月，莫斯科也被蒙古人攻占，并遭到洗劫。当时的莫斯科还是一个二流的城镇。接着亚罗斯拉夫成和特维尔城相继被蒙古军队洗劫，只有北方的诺夫哥罗德因地处沼泽而得以幸免。

第二年年底，蒙古继续发起战争，对罗斯的南部和西部发起进攻。当地城市被洗劫一空，甚至遭到了几乎彻底的摧毁。到了 1240 年冬季，蒙古人穿越结冰的维斯杜拉河，一路攻城略地，直到匈牙利地区后，与另一支蒙军会师。速不台派出两翼军队，对匈牙利的敌营进行包抄，直达札卡尔德。匈牙利人被彻底击败，他们不是被蒙古人杀死，就是逃亡异乡。至此，整个匈牙利直到多瑙河畔都属于蒙古人的统治之下。

佩斯城被蒙古人洗劫和焚烧，匈牙利王贝拉被迫逃到亚德里亚避难。被蒙古士兵打败后，那些被洗劫过的军民最终往往被集体屠杀。在当地流传的一些故事中经常记载着，当时的蒙古人鼓励逃亡的居民重新返回自己的家园，并答应赦免他们。居民消除顾虑重返家园之后，蒙古人就会背信弃义，把他们全部屠杀。

战场上，蒙古人往往把俘虏驱赶在蒙古军的前面，去强攻设防的城堡。蒙古人则躲在这些可怜的俘虏后，嘲笑那些被击溃而退却的人。当地的农民也被蒙古人强迫收割庄稼，而一旦收割完成，这些无辜的农民就被集体屠杀。同样，蒙古士兵在继续出征其他城市之前，他们会杀死所有曾被他们侮辱的妇女。

1241 年的整个夏天，蒙古人都留在匈牙利的平原上休整，其间只派了一小

蒙古骑兵征服匈牙利

支部队去追击匈牙利王贝拉，并在洗劫了科托尔城之后，返回匈牙利，与大部队会合。

1241 年 12 月 11 日，窝阔台大汗去世，相继而来的即位问题让蒙古各军队纷纷撤离了匈牙利，返回蒙古。对当时的欧洲来说，这无疑是一种解脱。蒙古人在撤离之前仍不忘恐吓欧洲人，如果他们重返家园，这些凶恶的蒙古人随时可能发动突袭并杀死他们。

1236 年—1242 年，蒙古发动的远征大大扩张了蒙古在伏尔加河以西的领地，蒙古的铁蹄已经践踏到了野儿的石河到德涅斯特河下游之间的土地上，甚至到达多瑙河河口。

第六章
属于伊斯兰的世界

一、倭马亚王朝

倭马亚王朝从 660 年到 750 年一直统治着阿拉伯，由于崇尚白色，因而在中国的史书中称其为"白衣大食"，都城建在大马士革，也就是如今的叙利亚首都。

这一时期的统治者哈里发们虽然受到不同的文化影响，但是他们并没有放弃对伊斯兰教的信奉，不过是以一种更正式且世俗的方式管理他们的国家。

他们复制了拜占庭式的中央集权制统治，把阿拉伯国家建设得更像是叙利亚帝国。在行政管理时也学习了拜占庭的政府，他们继续任用大量希腊和叙利亚的官吏。在此时期，叙利亚的基督徒还掌握了很大的权力，一位名叫萨尔江·宾·曼苏尔的基督徒还坐到了首相的位置。

在大马士革的王宫里，一些王公贵族生活极其奢靡，比如倭马亚朝的那些以雅齐德或者瓦立德为名的哈里发们，他们的挥霍无度让很多穆斯林们感到羞耻。

与此同时，这些王公们还具有明显的自由精神，他们爱好诗歌文学以及艺

大马士革

术，对具有这方面知识的学者十分敬重。

这些特征放在这些来自沙漠的子孙们身上让人感觉难以置信。比如于 680 年—683 年在位的雅齐德一世，他就爱好打猎和宫廷聚会，很多声色犬马的娱乐形式对他而言都不陌生。他轻视宗教，但在世俗上却有教养礼貌，如果把他与那些"先知"的同伴相比较，他则更像是一位塞琉古王公。

当然，那些虔诚于传统的伊斯兰教拥护者则对这种帝王十分反对。为了摆脱这些虔诚派的反对，他在 680 年教唆并杀害了穆罕默德的女婿、曾经的哈里发阿里一家。如此严重的事件当然不能就此平息，随后伊斯兰教分裂成了两个互为仇敌的教派。其中，以阿里家的复仇分子为代表的就是反对方什叶派，而那些倾向新朝的则为逊尼派，也是多数派。

此时的倭马亚王朝的诸位君主可谓真正的穆斯林皇帝，为了让他们的都城大马士革能像拜占庭宫廷那样壮美华丽，他们开始对王宫建筑大下功夫，最起码要有一个可以和"圣苏菲亚大教堂"媲美的清真寺才行。

于是，他们就找来了当时技艺精湛的希腊建筑师，让他们以拜占庭的艺术为基础，建造出符合伊斯兰教需要的宏伟建筑，从而创造出了阿拉伯的建筑

倭马亚大清真寺

艺术。

　　最能凸显阿拉伯建筑艺术的自然就是清真寺了。今天，我们在世界各地经常能看到这种极具特色并且十分壮美的清真寺，当然主要的作用是教徒们于此祈祷和传教。

　　可以说，在倭马亚王朝时期，阿拉伯的艺术有了很大的发展。然而，没过多久这个拜占庭式的阿拉伯王朝就被从波斯发起的一个叛乱所推翻了。同时，叙利亚在伊斯兰教内的霸权也随之消亡。

二、阿拔斯王朝

　　之前，我们提到的什叶派，也就是那些以阿里家族为代表的反对派，他们认为倭马亚王朝所取得的政权是一种窃夺行为。他们虽然在当时被倭马亚王朝的暴力所征服，然而他们在很短一段时间内就重新壮大起来，他们在阿拉伯、伊朗得到了无数的追随者。

在波斯被阿拉伯人征服之后，阿拉伯人以一种新的宗教加诸伊朗民族身上，但这并不能完全地吞并伊朗民族。

在语言上，阿拉伯人同化了美索不达米亚、叙利亚以及埃及地区，然而对这些伊朗土地上的人民却没能奏效。在这里，他们继续使用着当时由萨珊王朝从南方的帕拉维语发展而来的波斯语。

所以，尽管他们改信了伊斯兰教，但伊斯兰教并没有真正地吞并他们，他们仍保留着自己的面目。不仅如此，这种新的异族宗教还给当地的人民带来了一种意识上的歧异成分，激起了他们很多感情上的冲突，从而激发了生气与热情。

什叶派在波斯人的热烈拥护下发展壮大，他们宣称倭马亚王朝是非法继承，穆罕默德的家人、也是他女婿的阿里才是哈里发的合法继承者。另外，阿里的儿子胡赛因在被杀死之前，还娶了波斯末代皇帝的女儿。因此，在波斯的什叶派对阿里一家的遇害一直耿耿于怀，十分悲愤。

波斯民族对政治上复兴的渴望，以及什叶派在宗教上对逊尼派的仇恨被一个显贵的阿拉伯家族所利用，也就是阿拔斯家族。

这一家族是穆罕默德的一个叔父的后裔，此外他们还与阿里家族有姻亲关系。747年，阿布尔·阿拔斯发动了起义，经过三年的斗争，将倭马亚王朝推翻。750年，阿布尔·阿拔斯自立为哈里发，至于那个曾经被阿拔斯所利用的阿里家族则被阿拔斯撇开，什叶派仍然是反对派。

尽管什叶派对权力的诉求没有得到满足，但是波斯分子在行政上的地位则得到很大的提高。这一时期，伊朗人一跃成为阿拔斯王朝的军事骨干力量。建立新朝之后，作为奖励，他们也分得了很多政权。

此时阿拔斯王朝的伊朗人就像之前的倭马亚王朝的叙利亚人那样，很多的行政权力都掌握在他们手中。因而这些阿拔斯王朝的哈里发们往往被人称作"穆斯林的萨珊君王"，这确实十分形象。

此后，阿拔斯王朝的哈里发们就不再居住于大马士革了，他们在巴比伦地区建立了新都，也就是后来的巴格达。

巴格达城

新都巴格达不久就成了东方的第一大城市。在这一都城中，伊朗人几乎一直手握重权。在哈里发埃尔·曼苏尔（754年—775年）、埃尔·玛狄（775年—785年）在位期间，纯波斯血统的巴玛基德家族一直执掌政权。直到803年，哈里发哈琅·埃尔·赖世德对他们的位高权重感到不安，处死了其中一员，并不再宠信这一家族。

尽管如此，伊朗人不久后还是重新得到了大权。在哈琅·埃尔·赖世德死后，他的两个儿子为了王位而发生斗争。

其中一位竞争者名叫埃尔·玛蒙，他的母亲是波斯人，而另一位竞争者则是受阿拉伯人爱戴的埃尔·阿民。结果在波斯人的帮助下，拥有波斯血统的阿拉伯王子成功继承王位。在他执政期间（813年—833年），伊朗人的势力大振，甚至有一时期连国王自己也宣称要加入什叶派。

在阿拔斯王朝初期，可以说是阿拉伯 – 波斯文明的最高峰。之所以达到了这么高的地位，和当时君王的勤勉执政有很大关系。其中最为著名的就是之前提过的哈琅·埃尔·赖世德君王。

赖世德不但睿智机敏，而且在性格上也慷慨磊落，有宽阔的胸襟。他对世界各地的使臣都十分友好慷慨，为他们准备十分丰盛的宴会，满足他们对拜占庭奇妙事物的好奇心。

不仅如此，他作为国王深感责任的重大，在废除巴玛基德家的权力之后，他想要自己兼任首相，方便管理他的子民。作为至高无上的皇帝，他竟然亲自为百姓解决纠纷，公平机智地为人民断案，因而被称作"公平的哈琅"。当夜幕降临之后，他还乔装打扮成平民的模样，睡在巴格达的街头，切身体会人民的疾苦，询问他们的愿望和需求。

在物质生活上，阿拔斯王朝也十分富足繁盛。在很多叙述这一时期的阿拉

象征人类文明的巴格达智慧宫

伯的故事中，经常会看到各种各样的丰富物资，比如伊朗的地毯、玛尔夫的丝织品、图斯的天鹅绒、阿富汗的蓝宝石、拉伊的陶器、伊斯法罕的美酒、中国的丝绸、大马士革的香料，等等。这一时期商业活动频繁，人民的物质文明丰富。

在诗歌艺术方面，也与经济的繁荣同步，有很大的发展。之前的阿拉伯诗歌还比较原始，大多为商队的生活，抒发生活在广阔沙漠地区的人们热烈而又单纯的情感。而这一时期，则出现了一种宫廷诗歌，它时而快乐愉悦，时而忧郁悲伤，时而又满怀神情，充满了细腻、热烈而又富于想象的情致。同时也涌现了很多著名的诗人，比如阿布·努瓦斯，他的诗歌让人体会到一种细腻而又深厚的情感。

在哲学思想上，这一时期的阿拉伯也有很大的发展。那些来自叙利亚的基督教教徒们，把各种希腊圣者的著作翻译成叙利亚文和阿拉伯文。这些富有智慧的书籍对阿拉伯人造成了很大影响。

这时的阿拉伯人和波斯人可以学习到柏拉图、亚里士多德、亚历山大派的哲学思想、欧几里得的几何学知识、托勒密的地理学等。随后在这些思想和知识的运用下，他们还更深入地解读了伊斯兰教的圣典——《古兰经》。

可以说，阿拔斯王朝时期使伊斯兰教世界的物质精神文明达到了顶峰。

第七章
伊斯兰时期的印度

一、印度的伊斯兰化

7世纪的印度处在一种分裂的状态下，笈多王朝的统治崩溃之后，印度在接近一个世纪的时间里没有一个统一的政权。

除了在7世纪的早期，北印度地区的戒日王朝曾经一度试图统一北印度外，印度整整混乱了一个世纪。在这一时期，最著名的征伐者是戒日王朝的戒日王，他是一位伟大的诗人和宗教学者。在他的时代，他和唐朝保持着良好的关系，著名的唐朝玄奘法师就是在他的时代来到印度的。

然而，戒日王的统治不过是昙花一现。在他去世之后，印度再一次地分裂成为一个个小的邦国。

在这一时期，一个混杂的民

戒日王国遗址

族慢慢在印度北部形成，他们就是拉其普特人。从 700 年前开始，中亚和西亚的民族逐渐迁移到印度，他们包括贵霜人、匈奴人、嚈哒人等。他们和印度北部的土著居民相互融合，经过 700 多年的混杂，最终形成了自己的民族。

不过，拉其普特人也并不是一个统一的民族，他们中比较重要的有瞿折罗 - 布罗蒂诃罗人、遮娄其人。

拉其普特人建立起来的邦国之间不断地混战，然后，正当他们为国内的统一而混战时，西方又来了新的"客人"。

从 8 世纪起，阿拉伯人、阿富汗人等纷纷进入印度。随着他们的进入，伊斯兰教也跟着传入印度。8 世纪之后的数百年里，虽然印度北方依然处于混战状态，印度的南方却出现了一些较为强大的王国。然而这些王国无一例外都无力征服北方，他们当中一些较为强大的转向南方发展，东南亚和南亚由此受到了来自印度的影响。

印度的主要历史依然在北方，11 世纪—18 世纪，印度北方地区被来自伊朗高原东部地区的伊斯兰教教徒所征服。

11 世纪时，经过了长达 12 次的入侵，伽色尼①的马穆德终于成功攻占了旁遮普②地区。到了 13 世纪初期，阿富汗的廊尔的穆罕默德③及其率领的部将又占领了恒河流域，随后在德里④建立起一个强大的伊斯兰教帝国，统治整个印度的伊斯兰教。

---

① 伽色尼王朝（962 年—1186 年）是由中亚突厥人建立，统治中亚南部、伊朗高原东部、阿富汗、印度河流域等地的伊斯兰王朝，又称"哥疾宁王朝""伽兹尼王朝"，极盛时期为中亚帝国，占据着伊朗大部、土库曼斯坦、乌兹别克斯坦部分地区、阿富汗、巴基斯坦与印度北部。
② 旁遮普的意思是五条河流域地区。旁遮普省位于印度西北部，面积约 20.5 万平方千米（相当于中国的湖南省）。
③ 穆罕默德的含义为受到善良人们高度赞扬的真主的使者和先知。穆斯林认可的伊斯兰先知。
④ 德里是印度北部重要城市。一称沙贾汗纳巴德或老德里。位于德里中央直属区亚穆纳河西岸，西傍德里山脉。面积 1484 平方千米。

直至 14 世纪之初，在德里的苏丹[①]们征服了一部分德干高原，甚至远达迈索尔[②]和紧那利等外围地区。但是到了 14 世纪后期，他们允许他们的部属，也就是那些在孟加拉、奥德和德干各地区的总督们自治，最后导致他们纷纷独立。至此，印度的伊斯兰教政权被分裂成了约十个地方性王国。

到了 1527 年，在德里地区的伊斯兰教苏丹王朝被外乌浒河[③]的英雄（也是帖木儿的后裔）突厥王子巴布尔所灭。当时，巴布尔被自己承袭的外乌浒河王国逐离，因而带着自己的部队来到了印度，希望能找到一个新地盘。终于在 1526 年，巴布尔率部队在帕尼帕特战役中大破德里苏丹国军，获得阶段性胜利。

到了 1527 年，巴布尔在阿格拉[④]以西地区击溃当时的印度诸侯联军。1529 年，巴布尔在巴特那[⑤]打败了比哈尔[⑥]的阿富汗人首领，最终建立莫卧儿帝国。

巴布尔王

在巴布尔之后的五位莫卧儿帝国继位者，分别是胡马雍（1530 年—1556 年）、阿克巴（1556 年—1605 年）、日汉喆（1605 年—1627 年）、沙日汗（1627

---

① 苏丹，指在伊斯兰教历史上一个类似总督的官职。

② 迈索尔位于伽蒙迪神山山麓，在卡纳达语意思中是印度神话中的大魔神玛依剎居住的地方，传说玛依剎被伽蒙迪女神杀死，现在在神山山顶有伽蒙迪女神庙。迈索尔盛产茉莉，有自己独特的绘画和纱丽品种。

③ 乌浒河，中亚水量最大的内陆河，咸海的两大水源之一。

④ 阿格拉位于印度北方邦西南部，在亚穆纳河西岸，加上郊区，人口共 77 万（1981 年）。东去恒河平原，西接旁遮普平原，南通马尔瓦高原的要冲。1566 年—1569 年和 1601 年—1658 年两度为莫卧儿帝国首都。

⑤ 巴特那是印度的宗教圣地，位于比哈尔邦东部恒河南岸。城市已有 2500 年的历史，曾为公元前 3 世纪孔雀王朝阿育王的首府。佛经里记载，称其为"华氏城"。

⑥ 比哈尔位于印度北部，北邻尼泊尔，东接孟加拉邦，西边是北方邦和中央邦，南连奥里萨邦，面积有 17.3 万平方千米。

年—1658年）和奥朗则布（1658年—1707年）。在这五位君主努力扩张之后，莫卧儿王朝几乎统治了全印度。

胡马雍在位时期，他曾一度被迫退位，被流放在阿富汗和波斯地区长达15年之久。

他的儿子阿克巴在征服了北印度之后，开始入侵中印度，最远侵略到了达哥达瓦里河。直到沙日汗和奥朗则布统治时期，从德干高原本部一直到卡那提克边境才全部被收入到了莫卧儿王朝版图之中。在莫卧儿王朝统治时期，伊斯兰文明被推向一个新的高度。

二、早期的穆斯林入侵者

最早在倭马亚王朝时期，就有穆斯林来到了印度地区。当时的伊拉克总督哈查只[①]派遣部将穆罕默德·伊本·卡西姆率领阿拉伯军队向印度发起进攻。

卡西姆在711年从伊拉克的巴士拉地区出发，从海路攻进了印度河的下游，攻占了信德地区。在713年，卡西姆率军占领了尼伦（今海德拉巴），随后又挥师北上，直至木尔坦，信德和旁遮普南部地区都被倭马亚王朝所占领。

于是，伊斯兰教开始传入印度，其中，木尔坦成为当时穆斯林们在印度的主要据点。

9世纪中叶之后，一度强盛统一的阿拉伯帝国渐渐解体，兴起于伊朗高原的萨法尔王朝逐渐向南扩张，并最终控制了信德和旁遮普南部地区。

---

① 哈查只是后世穆斯林最为憎恶的人之一，也是当时最为可怕的人。其早年为学校教师。

旁遮普古建筑遗址

　　900年，伊斯兰教的异端卡尔马特人①被逐出阿拉伯半岛和伊拉克地区之后，也来到了信德和旁遮普南部。在这里，他们建立起了两个王国，即木尔坦和曼苏拉。

　　尽管这时穆斯林已经在印度地区建立起了自己的王国，然而出现在信德和旁遮普南部的早期穆斯林政权始终局限于印度西北一隅。阿拉伯人此时还没有足够的实力控制印度内陆，对当时的印度也未造成太大的影响。

　　到了10世纪中叶，印度分裂局势加剧，整个印度仿佛一盘散沙。自相残杀的印度教王公们早已没有了抵御外敌的能力，于是中亚的突厥族穆斯林开始对印度发起进攻。

　　962年，原属萨曼王朝②的突厥将领阿尔普提金在伽色尼建立了独立的国家，统治阿富汗东部，史称伽色尼王朝（962年—1186年）。

　　伽色尼王朝的领袖被称为苏丹，其中苏丹马哈茂德在位时期（998年—

① 伊斯兰教什叶派的伊斯玛仪派分支派别之一，亦称卡拉米特派。

② 萨曼王朝，又称萨曼帝国。阿巴斯王朝时期波斯人在中亚地区建立的波斯－伊斯兰教中央集权封建帝国（874年—999年），10世纪为中亚乃至世界军事强国之一，其领土以乌兹别克斯坦为核心，囊括哈萨克斯坦南部、土库曼斯坦、塔吉克斯坦、阿富汗斯坦，以及伊朗大部分，与西部的布韦希王朝遥相呼应。

索姆那特神庙遗址

1030 年）就有 17 次对印度的远征，多次击败了在印度北部称雄的拉其普特王公。

到了 1014 年，伽色尼王朝占领了印度教的圣地萨奈沙，著名的查克拉斯瓦明神庙遭到了他们的洗劫。5 年之后，马哈茂德又攻破了恒河平原的政治中心，即曲女城，有着 400 年文明的古都被洗劫一空，随后夷为了平地。

1025 年，马哈茂德把印度西海岸的卡提阿瓦半岛也攻占了，这里的索姆那特神庙是印度著名的朝拜圣地，供奉着印度教三大主神之一的湿婆，并且在神庙中还藏有大量金银财宝。这些财宝无疑也被抢劫一空，全部运回了伽色尼。据说，光是运送这些宝物所用的骆驼就多达 4 万头。

马哈茂德的多次成功掠夺从侧面也暴露出印度北部王公的软弱。从此，整个波旁普都被划入了伽色尼王朝的版图范围之内，拉合尔也成了穆斯林统治印度西北部地区的中心。

随后到了 12 世纪中叶，兴起于阿富汗西部的古尔王朝（1152 年—1206 年）灭掉了伽色尼王朝，定都赫拉特，开始统治阿富汗和印度的西北部地区。

1192 年，古尔王朝的苏丹穆伊兹·乌丁继续扩张在印度的领土，率军越过旁遮普，直抵印度内陆，在塔拉罗里战役中把拉其普特王公的联军击败，从而占领了德里，把恒河与朱木拿河之间的广大地区全部收入囊中。

1200 年前后，印度东北部的比哈尔和孟加拉地区也被攻占。这样，德干高原往北的地区就都归属于古尔王朝了。伽色尼王朝和古尔王朝完成了对印度的征服，为之后的德里苏丹国的建立做好了铺垫。

1206 年，古尔国王遇害身亡且没有子嗣，随后古尔王朝开始内乱分裂。国王曾经的部将、镇守在德里的总督库特卜·乌丁·艾巴克在德里自立为苏丹（1206 年—1210 年），开始了对印度北部地区的统治。

由于库特卜·乌丁和之后的两位苏丹都是来自阿富汗的突厥奴隶，因而他们所建立起的政权就被称作奴隶王朝。从这一时期开始，德里苏丹国开始了对印度的 300 年统治。

三、德里苏丹国的兴衰

德里苏丹国是第一个稳固统治了印度的伊斯兰教政权，在其存在的 320 年间，先后经历了 5 个王朝，其中包括：奴隶王朝（1206 年—1290 年）、卡尔吉王朝（1290 年—1320 年）、图格拉王朝（1320 年—1414 年）、赛义德王朝（1414 年—1451 年）和罗第王朝（1451 年—1526 年）。

在图格拉王朝的苏丹穆罕默德·图格拉（1325 年—1351 年）统治时期，德里苏丹国的领土达到了最大化：西起印度河流域，东至孟加拉，北抵克什米尔，南达科佛里河。

在德里苏丹国统治印度的时期，也正是蒙古人的扩张之际。1221 年，蒙古军队第一次出现在印度西北边境。随后，蒙古人开始入侵印度西北部，并洗劫信德和旁遮普地区。

但是由于气候的炎热以及水土不服等原因，蒙古人未能深入印度

德里苏丹国著名建筑顾特卜塔

内陆，最后撤出印度。之后，蒙古又多次入侵印度西北部，但遭到了卡尔吉王朝苏丹贾拉尔丁·卡尔吉（1290 年—1296 年）顽强的抵抗。一些蒙古士兵也由此在德里定居下来，并皈依了伊斯兰教，这也就是最早的蒙古血统的穆斯林。

到了图格拉王朝的苏丹穆罕默德·图格拉统治时期,德里苏丹国开始转向衰败。

他对恒河流域和朱木拿河流域的人民提高了赋税税率,导致农民难以继续生活,只好选择逃亡异地。逃亡的农民成了很多地方的武装来源,叛乱的根源就这样产生了。

1327 年,穆罕默德·图格拉企图将首都从德里迁到德瓦吉里,以此来加强对德干高原的管理。结果,这次迁都让印度北部的穆斯林贵族十分不满,穆罕默德·图格拉只好重新迁回德里。

不满情绪正在整个帝国蔓延,无论是上层还是下层,人们普遍开始对苏丹的统治产生了厌恶之情。结果是,穆斯林贵族和印度教王公开始多次反叛,以求摆脱苏丹的统治。

到了苏丹菲罗兹即位之后,他把人丁税的征收范围扩大,并对宗教实施了严格的政策,很多印度教教徒和什叶派穆斯林都遭到了迫害,本就强烈的社会矛盾更加剧烈。菲罗兹一死,在各个王子争夺王位的同时,地方势力开始独立,摆脱了苏丹的控制。

到了 1398 年,迅速崛起的帖木儿率领蒙古人和突厥人组成的军队开进印度,在德里将图格拉王朝的军队击溃,随后将德里洗劫一空。

末代苏丹马哈茂德二世(1394 年—1413 年)只好逃往古吉拉特。帖木儿军队走后,马哈茂德二世再次回到德里,但是此时他所统治的范围只有德里周围的一小部分领土。

到了赛义德王朝时期,苏丹所统治的地区大大缩水,原来所占据的领土都被穆斯林贵族和印度教王国所割据,尽管在名义上仍隶属于德里苏丹,但这种隶属已经名存实亡。

最后到了罗第王朝时期,众多苏丹地方的势力纷纷独立,德里苏丹名义上的位置也不复存在。1517 年,帖木儿的后裔巴布尔开始从阿富汗侵入印度。1526 年,罗第王朝的军队被彻底击败,德里也被攻陷,至此德里苏丹王国灭亡了。

1517 年,帖木儿的后裔巴布尔从阿富汗侵入印度。1526 年,巴布尔在帕尼帕特击败罗第王朝苏丹易卜拉欣率领的军队，随后攻占德里。德里苏丹国灭亡。

在德里苏丹国统治时期，印度的穆斯林人数剧增，伊斯兰教一跃成为与印度教并列的主要宗教。两大宗教之间的矛盾也日益加剧，对印度社会的影响极大。当然，伊斯兰教的传入也带来了阿拉伯、波斯、突厥的语言、文化、生活方式和社会习俗，对印度文化生活造成了很大影响。

四、莫卧儿帝国

1517 年，罗第王朝的内乱给了帖木儿帝国统治者的后裔巴布尔（1482 年—1530 年）以机会。他趁机进攻，几年的时间就顺利地攻占了德里，具有 300 多年历史的德里苏丹国就此灭亡。从此，印度历史上开始了莫卧儿王朝的统治时期。

莫卧儿王朝的创立者是被称为"老虎"的巴布尔。他的父亲乌为玛尔·谢赫·米尔扎，是大宛的统治者阿米尔·帖木儿的第四代孙子。而他的母亲则是成吉思汗的次子察合台汗国汗王的直系后裔。

巴布尔于 1482 年在大宛出生，1494 年他的父亲去世后，巴布尔继承了拔汗那①的统治权，并宣称信奉伊斯兰教。巴布尔虽然具有突厥人的血统，但为了显示他蒙古统治者的英勇善战，他改了一个典型的蒙古名字：莫卧儿（Mughal，即蒙古）。

巴布尔的统治地在拔汗那，他在此出击攻下了撒马尔罕，然而只占领了100 多天，就因拔汗那的叛乱而被迫返回。结果没等到他回去平定叛乱，拔汗

---

① 拔汗那，中亚古国，在锡尔河中游谷地，今吉尔吉斯斯坦费尔干纳地区。

那就已经丢失了。

在此后的 1 年，巴布尔成了无家可归的流浪者。1500 年，巴布尔再次攻下撒马尔罕，但刚过 1 年就又被乌兹别克人赶走。愤怒的他决定吸取教训，占领一块稳固的根据地，此后，这位无国之君经历了多次辗转征战后，终于在 1504 年 10 月得到了喀布尔。

1507 年，他采用"帕德沙"的称号，也就是波斯语"大王"的意思，并得到了对帖木儿汗国诸王公的领导权。他以喀布尔为根据地，开始了他的征服者的事业。

1518 年，巴布尔举兵通过开伯尔山口攻占了巴焦尔①，接着向杰卢姆河畔推进。

在这一系列的行军当中，他采用了十分谨慎和狡猾的策略。他把该地区的居民当作自己的臣民，因为他的祖先帖木儿曾征服过这里。随后，他十分狡猾地采用离间的策略，挑拨苏丹王国统治者易卜拉欣·劳迪与旁遮普总督道拉特汗·劳迪的关系。

巴布尔深知他俩有不可调和的矛盾，并声称支持道拉特汗，以此打击易卜拉欣。随后又把道拉特汗的领地私自分给他的儿子，使得父子反目成仇。最后巴布尔坐收渔翁之利，使道拉特汗的儿子阿拉姆汗归顺了他。

谨慎的巴布尔在长期的备战之后，终于在 1525 年 12 月之初击败了道拉特汗，不过，因为道拉特汗的投降，他宽大地赦免了道拉特汗。

接着，巴布尔又以十分巧妙的战术击败了位于德里北部帕尼帕特的易卜拉欣。这次胜利巴布尔只用了 12000 人就战胜了易卜拉欣的 50000 人，易卜拉欣最终战死。帕尼帕特战役使巴布尔获得了决定性胜利，在 1526 年 4 月，他攻占了德里，建立了莫卧儿王朝。

巴布尔所建立的王朝领土十分广阔，从喀布尔经旁遮普直到孟加拉边境。但是他在有生之年并没有给印度带来什么新的制度和秩序，这里依旧沿用着原

---

① 位于今巴基斯坦地区。

有的十分紊乱的行政制度。巴布尔在 1530 年 12 月 26 日去世。缺乏行之有效的政治制度导致一个问题，即如此庞大的帝国仍需要用强大的军事实力才能维系。

莫卧儿帝国重要建筑泰姬陵

巴布尔去世之后，他的儿子胡马雍继承王位。此时的政局十分动荡，对印度的征服还没有完成，比哈尔的统治者舍尔汗起兵叛乱。

而因为巴布尔早期部队由外籍人员组成，当巴布尔去世之后，胡马雍没有能力牢牢掌控父亲留下来的雇佣军，所以军队战斗力不足。最终胡马雍被赶出了德里，逃往波斯。

在波斯，胡马雍得到了萨非王朝①的帮助。带领着另一支雇佣军，胡马雍攻占了喀布尔。

尽管当时舍尔汗几乎征服了整个北印度，但在舍尔汗死后，他的后裔内讧不断，这使得胡马雍重新夺得德里，恢复了统治。但他只统治了 1 年，就传位给了他的继承人阿克巴。

1556 年 2 月，阿克巴登上皇位，开始了他的帝国扩张工作。这时的莫卧儿王朝才真正地称之为大帝国。通过不断的征服，阿克巴获得了除南印度之外的所有印度地区，后来他又几乎统一了整个印度半岛。

阿克巴也是莫卧儿帝国最有影响力的君主，他对印度人民采取恩威并施的统治策略，一方面对反叛势力采取武力镇压，另一方面对印度教采取了容忍和拉拢的政策。

在他的统治时期，莫卧儿帝国调整了税收制度，增修了灌溉工程，废除了印度教教徒的人头税，并允许那些印度教贵族担任行政职务，从而获得一些权

---

① 萨非王朝又名波斯第三帝国，是由波斯人建立统治伊朗的王朝。

力。由于他极高的智慧和高效的管理，这些经历了多年战乱的人民得到了喘息的机会，国内经济稳定发展，宗教矛盾也得到缓和。

奥朗则布（1658年—1707年）即位之后，莫卧儿帝国继续征服的步伐，最后几乎把印度南端也收入囊中，此时的莫卧儿帝国几乎占据了整个印度次大陆。

第八章
印度影响下的东南亚

一、东南亚与印度

从发展上看，东南亚一直在亚洲历史进程当中扮演着次一级的角色，在风起云涌的亚洲舞台上，我们很难看到东南亚的身影。这是由于东南亚特殊的地理条件所决定的，分散的岛屿和热带环境让那里很难产生强势的政权。正因为如此，东南亚的发展历程上始终受到来自周边强大政权的影响。

印度次大陆是东南亚汲取文化的主要对象。可能我们对印度一直都有一种固执的偏见，认为印度与其他亚洲地区不同，它总是在古老的文明中闭关自守，但实际上并不是这样。

印度闭关自守的看法实在是过于夸大其词了，我们从印度的文明中可以看到，它们在许多世纪内都受到了伊朗和希腊的影响。此外，最能证明印度文明不是孤立的是它对外扩散的情况。

我们常常会忘记，在中世纪初期，曾存在着一个广袤的大印度帝国。虽然在政治上它和之前的"大希腊帝国"相似，缺少严密的组织，但到了9世纪，锡兰、勃古、柬埔寨、占婆（如今在越南的南部）、苏门答腊和爪哇等东南亚地区都与印度关系密切。

这一时期，一个来自恒河流域或者德干高原的人来到这些深受印度影响的王国，一定会感到故乡一般的亲切。那个时候的印度洋，可以说才是名副其实的印度的海洋。这种情况在爪哇地区最能反映出来。

亚洲早期文明似乎与东南亚岛国毫无关系，在整个亚洲都在你争我夺的十几个世纪里，东南亚岛国还处于原始的部落状态。这种状况似乎直到公元纪元开始才慢慢被打破。不过，先于政治发展的是文化的发展。

东南亚文化受印度影响也起源于公元初年，当时的爪哇岛受到了当时可以说更加文明的印度人的影响，他们把宗教带到了爪哇，包括湿婆教、毗纽教，还有佛教。

苏门答腊的情况也与之类似，并且第一个伟大的印度–马来国家室利佛逝（今天的巨港）也成立在苏门答腊。

环境复杂的东南亚

这一王国在 8 世纪统治了大部分的马来群岛，包括爪哇的西部和中部地区，建立了十分强大的塞林多罗王朝。王朝的室利佛逝诸王以佛教为信仰，他们在爪哇的中部建立起了大量的宏伟佛刹，并试图与外部发生联系。他们还曾到达过遥远的华夏，但双方除了短暂朝贡关系之外，没有建立起其他联系。

经历了最辉煌的一个世纪，随后到了 9 世纪中期，爪哇中部的本地土著部落慢慢形成了一个个小政权，他们发动起义夺回了本地的统治。然而这种分裂的情况没有维持多久，土著小政权没有形成能够与室利佛逝王国抗争的实力，10 世纪初，他们又纷纷向塞林多罗王朝投降。此后，爪哇的政治中心向东部转移，随后又经历了许许多多朝代的更替。

二、印度影响下的马来亚艺术

最早的印度 – 爪哇式艺术，应该出现在 7 世纪与 8 世纪交汇之间，当时在岛的中部迪恩高地曾兴建了许多建筑物，其中不乏湿婆教的庙宇。在这些庙宇中，神像的形象特点与印度一个美术流派十分相似。但是，就在这些深受印度影响的神像中，我们已经发现了独具爪哇艺术特点的苗头。

从所用的材料上来看，这里的灰色火长石安山岩让爪哇雕刻家的艺术风格更为遒劲有力。这些雕像一般都塑造得简洁朴素，尽管有些地方略显粗糙，但

湿婆画像

是可以看出,这些材料已经被创造者熟练运用,这种特点之后成了爪哇艺术的传统。

当然,除此之外,还有一些小的细节十分独特,其中诸神们所骑乘的不再是动物,而是长着兽面的人体,比如大自在天本来所骑乘的神牛变成了牛首人神的形象。

约于 730 年—860 年,爪哇在苏门答腊的统治下和室利佛逝帝国时期,印度－爪哇艺术达到了最高峰。当时的苏门答腊的塞林多罗王朝就以佛教为信仰。他们在爪哇的中部地区兴建了大量十分精美的佛教庙宇,比如伽拉散、旃底曼杜提和婆罗浮屠 [1] 等。

其中,旃底曼杜提是一座正方形的建筑物,具有希腊多立克样式清丽之感,

婆罗浮屠

———————————

[1] 婆罗浮屠位于东南亚的印度尼西亚,大约建于 750 年—850 年,由当时统治爪哇岛的夏连特拉王朝统治者兴建。"婆罗浮屠"这个名字的意思很可能来自梵语"Vihara Buddha Ur",意思就是"山顶的佛寺"。

结构紧凑还不失优美。殿有两层高，基坛上装饰着精美的柱脚，可以说是其后兴起的婆罗浮屠的前驱之作。

据考证，婆罗浮屠应建于 8 世纪后期，它可以说是一座人工造就的山，从下到上包括三个部分：第一部分，坛基是一个极大的正方形石台，上面有凸角堡形的突出部分；第二部分是平台之上的五层高坛，自下而上逐渐缩小，在各坛的壁面上是一系列被装饰过的壁龛，其中放着精美的佛像；第三部分就是在五层高坛之上的一个有三级阶梯的环形平台，在平台的四周，耸立着 72 座钟形的小舍利塔。最上层的中央是半球形的圆顶。

这一座巨大的建筑，让人看过之后无不惊叹。它整齐匀称的艺术风格正是印度 – 爪哇式艺术的优点所在。

与印度本土的特点不同，此时的德干地区正朝怪诞、夸张和堆砌的方向发展，而印度 – 爪哇式艺术却循规蹈矩地遵循着古典传统之风。在很多的佛龛中可以看见那种过分紧密拥挤在一起的雕刻，而在婆罗浮屠的雕刻装饰中却并不这样，尽管内容丰富繁多，但是显然都附属于整个建筑设计之中。每座精美的佛陀坐像都构成整体中的一个主要部分。在壁龛上那如火焰一般的光环下，每一座佛像都显得十分精美典雅。

到了 9 世纪中期，如上文所谈到的那样，爪哇人民在当地领袖的带领下，逐渐摆脱了苏门答腊的塞林多罗王朝的统治，恢复了独立，之后建立起了普拉姆巴南的庙宇。现在这些庙宇已经为印度教所占有了。

在普拉姆巴南境内，拉拉·扬格蓝的一批建筑共有八座庙宇，它们全部建立在一个巨大的坛基上。位于中央的是一座宏伟的湿婆神庙，旁边是毗纽天庙和梵天庙。尽管这些庙宇中的神像不比婆罗浮屠里的那样超脱宁静，但是它们丰富且具有戏剧性的神态则显得十分灵活生动。这种风格是受宗教的影响还是本地马来人的性格使然，我们不得而知。除去这点不同，这些建筑仍然没有突破印度古典艺术的规范。

拉拉·扬格蓝的壮观湿婆神庙，以其所刻的《罗摩衍那》①全部故事的浮雕而闻名于世。我们接下来主要谈谈其中特别优秀的一幅——十车王礼遇世友仙人图。

在图中老国王的形象尊贵庄严，罗摩因能拉开湿婆的神弓而得到了美丽的息姐。这位英雄矫健的射箭姿态和具有婀娜身躯的美女被刻画得十分细致生动。这种神射手射箭的姿势在一定程度上对世界美术的人体典型做出了贡献，就像希腊人创造了掷铁饼人的典型形象一样对后世艺术有很大的影响。

到了 10 世纪，爪哇政治中心渐渐从中部转移到了东部，从此东部爪哇就成为本岛的文化中心。在此时期出现的新爪哇艺术（即东爪哇艺术），刚开始还保留着浓厚的印度色彩，并且和中部爪哇艺术以一种传承的方式出现。

比如，在普劳桑北部神殿中，有一尊宏伟的巨大弥勒像。它的右脚像欧洲人坐着的姿势，而左腿则是像东方人那样盘着，头部和胸部附近都有火焰式的光芒。这具雕像具有与之前同样的冷漠高雅气质，给人一种雍容宁静的感觉。

之后，爪哇开始摆脱了印度对它的影响，如在潘纳塔兰的一群 14 世纪、15 世纪建筑物，它们已经可以明显地看出与印度的不同之处。从此，爪哇开始发展起纯粹本土的艺术文明。

三、印度支那的印度化

在印度支那的西部和南部地区，情况也和爪哇大致相同，基本都接受了印度的文明，但当时并不存在所谓的殖民和征服。

---

① 《罗摩衍那》（梵语，Rāmāyaṇa，意思为"罗摩的历险经历"），与《摩诃婆罗多》并列为印度两大史诗。

当时的印度支那各地区，当地土著民族都是各自进行着自己的统治，并没有外来势力的干预。比如，在柬埔寨生活的是当地的克美尔人，他们与缅甸南部的孟人形成了一种近似于印度蒙达人的民族。在越南南部生活的是当地的占姆人，占姆人与马来－波尼西亚同种，都是航海民族。

在 1 世纪的时候，这些越南的占姆人和柬埔寨的克美尔人就接受了印度的文明。他们分别建立起了充满印度色彩的王国，他们把佛教和婆罗门教设为自己的国教，把古梵文作为宗教和宫廷事务使用的文字。这样，通过纷争和融合，3 世纪在印度支那的中南部就建立起了占婆王国。

占婆王国有两个中心，分别是以中心地带的土伦区建立起首都，梵文名为因陀罗补罗，和以平定区为陪都建立起的城市毗阇耶。当时的占婆诸王都有自己的梵文名字，他们在很长一段时间里（数百年）一直与北方占据东京湾区的越南人和西南方的世仇克美尔人作战。

大约在 3 世纪的时候，在当时由克美尔人统治的柬埔寨境内，还出现了一些被印度化了的国家，其中之一被华夏人叫作扶南①。扶南的中心大约相当于今天的交趾支那②地区。

另一个被华夏人称作真腊，真腊的位置在扶南的更北边一些，也就在今天的老挝一带。这两个国家也有多年的纷争，在纷争中，扶南在大多数时候都处在上风，并经常使真腊成为它的属国。直到 6 世纪后期，真腊通过不断地壮大，终于取得了霸权地位，建立起了真腊王国。

9 世纪初，真腊国把帝国的重心放在了金边湖地区。到了 9 世纪中后期，真腊帝国在这里建立起了著名的吴哥城，此城也成了当时克美尔人的首都。

克美尔人的帝国在历史上存在了五个半世纪，在它的前半段时期，也就是

---

① 扶南，是存在于古代中南半岛上的一个古老王国，存在时间从 1 世纪一直持续到 7 世纪末，在所有曾经存在过的东南亚古代王国中，扶南的国土是较为广大的，其辖境大致相当于当今柬埔寨全部国土以及老挝南部、越南南部和泰国东南部一带，同时在周边地区拥有一些属国，其中较著名的是真腊。

② 交趾支那，位于越南南部、柬埔寨之东南方。

在 10 世纪—13 世纪，帝国的领土远远超过了今天的柬埔寨王国，包括今天交趾支那的全部地区、老挝的大部分地区和暹罗①的整个南部，并且一直没有停止对占婆王国的侵犯。

当然，我们通过领略吴哥城遗迹的风采，就可以知道当时帝国的强盛。

吴哥城遗址

四、印度支那的艺术

柬埔寨地区的艺术，在 6 世纪—8 世纪，开始于"前吴哥期"的风格，这一时期正处于扶南王国和真腊王国交会的时候。

在一些残损的梵文和柬埔寨、华夏文献中有这样一种说法，扶南和真腊王国是由印度的婆罗门娶了当地的女王或神话人物而建造的。

这种说法也从侧面说明了该地区国家的建立是印度和克美尔文明融合的产物，尽管如此，这一时期的作品并没有像之后的吴哥艺术那样更具有印度特色，反而有一种独特的风格，既不和印度美学理想分裂，又向新的艺术规范发展。

考古学者们在当时扶南的所在地区发现的前吴哥期建筑都是一些孤立的砖塔形，它们与之后的吴哥时期的伟大庙宇大相径庭，甚至一眼就能区分开来。

———————————

① 暹罗，是中国对现东南亚国家泰国的古称。

吴哥的艺术，据专家学者研究可以分为两个时期：一为 10 世纪的吴哥第一型；一为 11 世纪、12 世纪的吴哥第二型。第一型中的主要建筑有卢楼的遗址等，第二型有吴哥－瓦特及巴壤的庙宇。

理论上，柬埔寨的庙宇的周围都围有围墙，墙的四面开有一个庙门，在庙的顶上是阶层性的方尖塔。庙的本身都建有一重重同中心的高下回廊。这些构造与印度教建筑有十分明显的亲缘关系。

吴哥的雕刻与建筑相应也有两种风格。吴哥第一型的雕像（10 世纪）的特征是在眉间部分，连出一条突出的线，以表示眉毛；嘴和眼睛的周围都用双线描边，下巴上突出一块用来表示胡须。我们今天在吉美博物馆看到的许多头像和一尊巨大的梵天坐像就是这样的。

到了 11 世纪、12 世纪，吴哥雕刻就发展到了第二型。这一时期的造型与之前相比发生了巨大的变化，那种一字眉式的几何形传统手法被异常温雅生动的塑造手法所取代，甚至一下使克美尔人的艺术赶超了印度艺术的一切成就。

在第二型的吴哥塑像艺术作品中，大多数都带有一种特有的"吴哥微笑"。这种微笑中深藏着一种神秘感，仿佛是佛教中最高境界的一种表情，而当时第一型的作家对此还没有认识。

这种神秘的微笑使那种无上的宗教智慧找到了具体的化身，看懂这些微笑就仿佛懂得了整个佛教。此外，尽管这些佛像都有统一的微笑，但是这并没有让人感到单一、枯燥。

在具有不同特征的脸上，这些微笑给人以不同的感受。比如在细长的脸型上，那种微笑让人感觉它是超脱空灵的。在高颧厚唇、具有浓厚世俗气息的假面具式的人脸上，它又出现一种更深刻的意义。

更让人感到惊异的是，这种和蔼慈祥的微笑还出现在了魔怪的脸上。比如在吉美博物馆中的一具雕像上，一个皈依佛门的夜叉，眼睛突显，獠牙外露，这种恐怖的食人妖怪面容在世尊的教化下发生了改变，变得神圣化。当然这种吴哥的微笑，不单单出现在佛教的雕像上，在湿婆等其他宗教造像中也有出现。

最后，克美尔族艺术家们也创造出了很多让人惊叹的青铜作品。比如，看起来就像是从浮雕中走出来的美丽女性的小雕像；或者像埃及作品一般优雅，但手法更加柔和成熟的武士像；再或是风格遒劲典雅，装饰富丽的百手神像和多头龙王，等等。

克美尔人在圆雕上已经如此出色，而他们的浅浮雕更为卓越。

克美尔人的浅浮雕是这样发展

东南亚的微笑佛像

的，最开始它有圆、厚的浮雕，渐渐到仅有刻划而没有深度，就像砂石的花挂毯一样，这样的作品在吴哥神殿里随处可见。

柬埔寨浅浮雕艺术家们塑造了克美尔土地上和印度王国的各种场景和面貌。比如有关湿婆和婆婆娣事迹的画幅、《罗摩衍那》史诗中的奇幻场景、《摩诃婆罗多》史诗中的战斗画面，等等。

相对于克美尔人的艺术，占姆人的艺术尽管也源于印度的美学标准，但他们的表现要差一些。尽管如此，他们还是有其独出心裁的特点。

占姆人在建筑上始终不变地使用着砖瓦，而且这些建筑也不像吴哥第二型那样，以走廊相互连接，总是彼此相互分离。在雕刻上，它们受印度影响很大，甚至在一些雕刻的外观上简直就是印度式的。比如自登奇得来的高约 1 米、造于 6 世纪或 8 世纪的毗纽天立像等。

到了 14 世纪，占婆①被来自北越东京地区的越南人所灭，克美尔人的帝国也被暹罗（泰国）人所颠覆。从此这种受印度深深影响而高度发展的印度支那艺术遗产被带到了暹罗。

应该说，真正的暹罗人的艺术是从 13 世纪的雄孙派开始的。在曼谷博物馆就能看到这一早期流派的佛像，它们极具特点，比如卵形的脸、弯弓形的眉、钩子状的鼻子、不大不小的嘴和丰满的下颌。

---

① 占婆位于中南半岛东南部，北起今越南河静省的横山关，南至平顺省潘郎、潘里地区。

泰戈尔向学者讲述《罗摩衍那》

随后是 12 世纪、13 世纪的暹罗的第二派，即苏科达耶派。它们与之前的区别在于，佛像的两腿成"莲花座"式，脸型被极度拉长。而且，从此之后，暹罗的塑像便一直为这种脸型。随后，1350 年—1767 年，迎来了暹罗艺术的最优秀时期，以阿犹地亚派为代表。这一时期的塑像往往是修长清秀的弯眉曲鼻，面容也显得消瘦，身材也不像吴哥时期的肥重和柔软，变得柔和简单。

总的来说，暹罗的艺术作品并不像克美尔人各派那样有创造性和独特的个性，它们往往有些生硬但又十分典丽高雅。当然，暹罗艺术有一种独有的文明魅力，受到很多观赏者的钟爱。

第五卷

亚洲的谢幕

Volume 5

Asian curtain call

随着蒙古大帝国的崩溃，亚洲进入另一个时代，这个时代的亚洲更满足于故步自封，重新组建的民族帝国丧失了对外扩张的进取心，帝国与帝国之间也保持了一种微妙的平衡。除了本身的朝代更迭，我们再也看不到有哪一个强势的民族崛起，站出来引领亚洲。

　　而此时的西方经历了中世纪的千年黑暗，通过文艺复兴、思想启蒙和技术革命，已经孕育出引领世界、征服世界的力量。被禁锢了千年的欧洲人走向全球，开始替代亚洲人在世界舞台上的地位，并做出了大量前所未有的创举。

　　在强势的西方面前，亚洲人终于到了告别舞台中心的时刻，他们甚至让出了亚洲，成为躲在西方人背后的次要角色。亚洲的谢幕时间到来了。

第一章
退潮的蒙古帝国

一、蒙古人被逐出中原

就像成吉思汗曾预见的那样，来自草原的蒙古狩猎者如果忘记了先祖们艰苦奋斗和开拓疆土的原因，一味地追求和满足于奢靡舒适的生活，只会让蒙古人的活力消失殆尽。曾经一度让世界颤抖的征服者，他们的子孙如果退化到软弱无能和优柔寡断的地步，等到大难临头的那一天，他们只会像懦弱的绵羊一般，任人宰割。

蒙古人在中国地区建立起的元帝国历时98年就走向了灭亡。铁穆耳①皇帝是元帝国最后一位有为能干的君主。之后的元帝国就开始日渐衰微，直到灭亡。其中有一部分原因在于，这些来自蒙古的统治者过度地享乐纵欲，致使他们大大缩短了自己的寿命。

忽必烈于1294年去世，享年79岁。他的次子真金于1286年就去世了。

---

① 铁穆耳，即元成宗（1295年—1307年在位），元帝国的第二位皇帝。元世祖忽必烈之孙、皇太子真金第三子。母徽仁裕圣皇后弘吉烈氏。

反映元帝国贵族生活的画

忽必烈汗画像

真金之子铁穆耳虽然戒掉了祖辈们酗酒的恶习，可还是在42岁时就去世了。忽必烈的后代、极具军事才能的海山因为沉溺于烈酒和美女，31岁就过早地离开人世。他的兄弟爱育黎拔力八达具有优秀的治国才能，但35岁就早早去世。孙子也孙铁木儿30岁被立为皇帝，5年后就因纵欲过度而死。显然，贪图美色和烈酒让这些统治者的寿命大大缩短，使元帝国的政权无法稳固长久。

另一方面，蒙古权贵各派之间的斗争也加速了元帝国的灭亡。从妥欢帖睦尔[①]统治时期就可以预见元帝国的衰落。当时，蒙古大臣们为争夺权利和消灭政敌而整日明争暗斗。各派斗争使王朝的威信崩塌，中央政权从此瘫痪。妥欢帖睦尔无心理政，每日沉迷于玩乐，渐渐忽视了在中国南方逐步发展起来的反抗势力。

面对腐败的元帝国王室，中国的爱国志士纷纷起义反抗。在共同反抗外族的同时，他们各势力之间也互相兼并吞食。比如徐寿辉，他最开始是从蒙古人手中夺取了两湖的大部分地区和江西，但是没过多久，就于1359年被他的部将陈友谅取代，而陈友谅后来又被朱元璋杀死并吞并。各路势力纷纷为了权力

[①] 妥欢帖睦尔，元帝国第十一位皇帝，蒙古帝国第十五位大汗。也是元帝国作为全国统一政权的最后一位皇帝，元明宗长子、元宁宗长兄。生母是圣裔迈来迪。

和地盘争斗，其中最有才能和智谋的就是日后的明太祖朱元璋。

朱元璋本是安徽一家贫农的孩子，还当过和尚。1355 年，他在长江下游发动起义，成为一个小头目，他仁慈和圆滑的处事方式使其他人愿意依附于他。1356 年，他从蒙古人手里夺下南京，便以此建都。1363 年，击败陈友谅，吞并其地盘，占领了湖北、湖南、江西，成为长江流域的霸主。1367 年，从张士诚手中夺取浙江，1368 年，从方国珍手中夺取福建。随后，两广地区纷纷不战而降。朱元璋统一中国南方。

此时的中国北方虽然仍属于蒙古人，但是蒙古内部的王公贵族正在积极内战。两位有能力的蒙古王子为了太原的统治权几乎兵戎相见。窝阔台^① 家族的一位王子蓄谋谋取王位，结果被帝国军队打败并杀死。内斗让蒙古人无暇顾及中国南部的起义者，当然日后明帝国的首领面对的正是这些只顾内斗而作战能力大打折扣的蒙古人。

朱元璋于 1368 年 8 月从南京发兵，经广平和馆陶进入河北。蒙古将军卜颜守卫在去往北京的路上，于通州被明帝国杰出统帅徐达击败并杀死。皇帝和皇太子纷纷出逃北京，蒙古宗王帖木儿不花继续守卫北京，不久后在战斗中战死。

最后一支蒙古军队是占据着山西的扩廓帖木儿，他拒绝援助自己的皇帝妥欢帖睦尔，只是希望用兵力保卫住自己的属地。然而，当徐达率领军队兵临城下时，他也放弃了抵抗。山西被攻陷，扩廓帖木儿逃到甘肃，而亡国之君妥欢帖睦尔逃亡至沙拉木伦河畔的应昌，并于 1370 年 5 月 23 日去世。

不到 100 年，成吉思汗的子孙在中国建立的王朝就灭亡了。

---

① 孛儿只斤·窝阔台（1186 年—1241 年），蒙古帝国大汗，史称"窝阔台汗"。元太祖成吉思汗的第三子。1225 年受封于也儿的石河（今额尔齐斯河）上游和巴尔喀什湖以东一带，建斡鲁朵于也迷里城（今新疆额敏县）。1229 年，忽里台大会被拥戴登基，管理整个蒙古帝国。他继承父亲的遗志，继续扩张领土，南下灭金朝，派拔都远征欧洲。他在位期间疆域版图曾扩充到中亚、华北和东欧。

二、蒙古人重返草原

忽必烈建立的元帝国于 1368 年彻底被朱元璋建立的明帝国所取代。成吉思汗的后裔也随之被驱逐出国境，逃往蒙古地区。明帝国士兵不给蒙古人喘息的机会，紧接着就追到了蒙古地区。

妥欢帖睦尔之子爱猷识理答腊得知父亲去世后，在哈拉和林称汗，希望有朝一日能重新征服中国，恢复帝国，但他没能实现梦想，此时明帝国的军队已经进入了哈拉和林。明军兵分三路，其中两路获得小胜，但中间一路受到严重打击，死亡惨重，因此短期内明军无法继续进攻。

几年后，爱猷识理答腊去世，他的儿子脱古思帖木儿继位。这时的蒙古帝国已经急剧缩小，几乎到了成吉思汗发家时的规模。1388 年，明帝国派出一支由 10 万人组成的军队进攻蒙古地区。在这一场大战中，脱古思军彻底被打败，脱古思也在这场战争中被一名反叛的部下杀害。

自此，忽必烈家族的荣誉已经不复存在，没有哪个蒙古部落愿意再归顺于它，纷纷宣布自治。其中更有一支部落首领鬼力赤否认了忽必烈后裔额勒伯克大汗的宗主权，甚至于 1399 年将其杀死，取得了各部的统治权。无疑，蒙古的内乱让当时的大明永乐皇帝十分高兴，推翻了忽必烈家族的鬼力赤也得到了明帝国的承认。

之后，鬼力赤又遭到反叛的部落首领阿苏特部的阿鲁台和卫拉特部的马哈木的攻击并被杀死。两个

明成祖永乐皇帝画像

部落的首领阿鲁台和马哈木纷纷向明帝国皇帝表示效忠，以此来扩张自己的势力。1408 年，额勒伯克之子成为蒙古大汗。

《明史》以本雅失里称呼他，阿鲁台也愿意拥护正统的本雅失里，这让明帝国皇帝感到深深的不安。因此永乐皇帝要求本雅失里对明帝国表示出臣服的态度，然而被本雅失里拒绝。明帝国恼怒，马上出兵蒙古，击败了本雅失里和阿鲁台的军队。

元气大伤的本雅失里部再也没有了往日的威信和实力，紧接着就遭到了卫拉特部的进攻，卫拉特最终取得了蒙古霸权。实际上，卫拉特部族十分善于使用钟摆谋略，在此之前一直与明帝国保持良好关系，但一旦卫拉特取得草原上的霸权和足够的实力，他就会马上和明帝国断交。之后明帝国多次出兵征讨卫拉特部族，也起到了不错的牵制作用。

三、蒙古各汗国的衰败与灭亡

蒙古西征后，那些被征服了的广阔土地被分成了四大汗国，由成吉思汗的后裔们统治。这四大汗国即：钦察汗国（也称金帐汗国）、察合台汗国、窝阔台汗国和伊尔汗国。

窝阔台汗国，由成吉思汗的儿子窝阔台及其子孙所建立的汗国，是大蒙古国的四大汗国之一。领土范围包括：额尔齐斯河上游和巴尔喀什湖以东地区，建都在也迷里。在很早之前成吉思汗就已经决定要让窝阔台成为继承人，因此在给自己的儿子们分封领地时，就把最靠近蒙古的土地分封给了窝阔台。但是相较于其他两位哥哥，窝阔台的封地要小得多。不过，成吉思汗把更宝贵的东西留给了他，即蒙古最精锐的军队"怯薛军"。这才是他将来征服天下的最好资本。

窝阔台因为要四处征战，因此就把自己的封地留给了大儿子贵由，把二儿子阔端分到了另一个地方，因为封地实在太小，就又从托雷系的封地中拿走了几千户给了阔端。托雷的妻子，即后来"四帝之母"——唆鲁禾帖尼，是一个非常有谋略的人，在关键时刻能屈能伸。她容忍着不公平的对待，暗自带着自己的四个儿子蒙哥、忽必烈、旭烈兀、阿里不哥与蒙古贵族搞好关系。之后，窝阔台和继承人贵由相继死后，唆鲁禾帖尼成功把儿子蒙哥辅佐上位，坐上了汗位。

随后，蒙哥为了瓦解窝阔台系的势力，把他们的封地纷纷授给诸王。尽管如此，窝阔台系的海都仍然在日后的努力中夺取了大片地盘，最终统治了窝阔台汗国。忽必烈称帝后，海都还联合窝阔台系诸王、钦察汗国、察合台汗国征战元帝国。之后，忽必烈对海都进行了大规模的反攻。海都受重伤，死在班师的路上。

海都死后，窝阔台汗国陷入混乱，渐渐走向分裂。察合台汗国和元帝国趁机夹击了窝阔台汗国，海都的儿子察八儿后来投靠了元帝国，至此，窝阔台汗国灭亡，土地迅速被察合台汗国和元帝国瓜分，共存在了84年。蒙古人自家兄弟的自相残杀无疑是造成这一悲剧的最主要原因。

描绘伊尔汗国创建者旭烈兀的古画

伊尔汗国是蒙古人在波斯地区建立起的汗国,不赛因当时是伊尔蒙古汗国的第九任君主,1335 年 11 月 30 日不赛因去世。结果伊尔蒙古汗国发生内乱,导致伊尔蒙古汗国被肢解。

不赛因死后理应找一位他的继承人,立为新的君主。而当时的汗国权贵并没有从创立者旭烈兀的家族中寻找君王,而是选了另外一支——成吉思汗的后裔,即阿里不哥的后裔阿尔巴合温为汗。这种不合常规上任的君王无疑令很多人不满,甚至遭到了公开反抗,企图推翻他。1336 年,这位意外上任的君主被地方反叛首领打败并杀死。

此后,汗国的内部势力分为两派,双方明争暗斗,拉拢蒙古贵族到自己的阵营。一派为小亚细亚的长官大哈桑·札剌儿,另一派是出班的孙子小哈桑·库楚克。尽管他们都是蒙古人,但为了自己的势力,两派水火难容。

1338 年,小哈桑从大哈桑手里抢夺了当时波斯的都城——桃里寺,在桃里寺的西北方建立了属于自己的王国。国境内包括阿哲儿拜占和伊剌克·阿只迷。1343 年,小哈桑去世,他的兄弟阿失剌甫即位。此时的大哈桑占领着报达,并以此地宣布独立。两派战斗不断,特别是在 1347 年,大哈桑抵抗了阿失剌甫的多次进攻。

波斯地区战乱连连,局势动荡。之后外国人也加入了战斗之中,钦察(南俄)汗札尼别在 1355 年将阿失剌甫击败并杀死,占领了阿哲儿拜占。这一变故无疑对札剌儿人十分有利。在札尼别返回俄罗斯之后,札剌儿的儿子乌畏思继承了王位,并对阿哲儿拜占发起进攻,尽管战斗并不十分顺利,但还是成功拿下阿哲儿拜占。

直到乌畏思去世,他一直占据着报达和桃里寺两地,1374 年乌畏思去世,他的儿子胡赛因·札剌儿即位。之后,胡赛因·札剌儿的兄弟阿合木·札剌儿篡位成功,将胡赛因·札剌儿处死。此时报达和桃里寺地区为阿合木·札剌儿所统治。波斯地区的战乱随着帖木儿帝国的崛起而被终止,波斯最终被突厥人帖木儿征服。

钦察汗国又叫金帐汗国,是大蒙古国的四大汗国之一,13 世纪上半叶,由成吉思汗的孙子拔都建立起的封建国家。东起也儿的石河（额尔齐斯河），西到斡罗思，南起巴尔喀什湖、里海、黑海，北到北极圈附近。

钦察汗国的国境庞大，但到了14世纪末，就显现出了衰败局面。花剌子模、克里木、保加尔逐渐从钦察汗国中分裂出去，并且强大的中亚帖木儿帝国还频频对钦察汗国进行侵犯。

到15世纪时，钦察汗国先后分裂出了西伯利亚汗国、喀山汗国、克里木汗国、阿斯特拉罕汗国等独立国，钦察汗国的领土大大削减。1474年，时任钦察汗国大汗的阿黑麻汗命令莫斯科大公伊凡三世大帝交纳贡赋，遭到了伊凡的拒绝，随后阿黑麻汗发动对伊凡的进攻，派军队包围了莫斯科大公国。

两军于乌格拉河对阵很久，但是双方都没有胜利的把握，迟迟没能开战。1480年10月，阿黑麻汗部队因无法忍受严寒而退兵。这次没有战果的战役实际上导致了俄罗斯的解放。

之后不久，阿黑麻汗被刺杀，他的儿子萨克和阿里即位。萨克和阿里联合立陶宛人继续敌对俄罗斯，伊凡三世与克里米亚汗联盟，攻占并摧毁了钦察汗国的首都萨莱。至此，钦察汗国的历史结束了，它的领土被三个已经脱离钦察汗国的"小汗国"所瓜分，它们分别是克里米亚汗国、喀山汗国和阿斯特拉罕汗国。

蒙古帝国金币

察合台汗国成立于1222年，也是蒙古帝国四大汗国之一，由成吉思汗的次子察合台建立，统治新疆大部地区和中亚部分地区（今土库曼斯坦、吉尔吉斯斯坦、乌兹别克斯坦、塔吉克斯坦及哈萨克斯坦南部地区）。

察合台汗国后期因内乱而分裂，分为东察合台汗国（1348年——1680年）和西察合台汗国（1347年——1369年），东部称为"蒙兀儿斯坦"，西部称为"马维兰纳儿"。1360年以后，东察合台汗国大汗秃黑鲁帖木儿两度率领大军入侵河中，打败乌巴都剌，占领西察合台汗国，并留其子亦里牙思·火者驻兵其地，此时的东察合台汗国和西察合台汗国取得了短暂的统一。

1362年，秃黑鲁帖木儿死后，西部异密（诸侯）乌巴都剌之侄迷里忽辛与巴鲁剌氏部贵族帖木儿将亦里牙思·火者的军队逐出河中，并立麻哈木汗之子阿的勒为汗。此后，帖木儿的势力迅速发展起来，他击败自己的同盟者迷里忽辛，废杀阿的勒汗，另立燕只吉台之子合不勒为汗，并陆续兼并各部诸侯，不断向外扩张。之后的西察合台汗国渐渐沦为帖木儿帝国的一部分。到了1369年，合不勒汗去世，西察合台汗国正式灭亡。

1389年，明帝国军队抵达新疆，东察合台归顺明帝国，明帝国在新疆设立阿端卫和哈密卫，管辖整个新疆。

第二章
中华的自我封闭

一、汉民族的复辟

在漫长的历史进程中，元帝国是中国第一次完全被蒙古游牧民族所统治的时期。但是在忽必烈和他的孙子去世后，元帝国的统治者迅速堕落，汉人爱国者开始有了反抗的机会。

反抗者组建了许多秘密社团，其中一个叫作白莲教的宗教社团，他们宣称弥勒佛降临，太平盛世即将到来，号召人民起来反抗，推翻外族王朝。

1351 年，白莲教在长江中下游及广东地区展开起义，很快得到许多组织的响应，起义迅速席卷了整个南方。这些起义的首领中一半是爱国者，一半是强盗，他们在反抗蒙古人的同时，自己人之间也打得不可开交。这些人之中有一位叫朱元璋的获得了最后的胜利，创立了明帝国。

作为元帝国社会的最底层，朱元璋的家庭过着最为艰辛的生活。当天灾来临时，这个丝毫没有抵御天灾能力的家庭瞬间崩溃，朱元璋沦为了乞丐。

乞讨的生活让朱元璋尝到了生活的艰辛，后来，他进入一间寺庙成为一名僧人，而本质也不过是另一种乞丐。

当反抗蒙古人的起义爆发时，朱元璋脱下袈裟，拿起了武器，他从一个参加起义的普通小兵，一步步成为一支小股部队的领袖，后来又逐渐开始领导一支大部队。

虽然朱元璋本人具有凶残的性格，但在早期的起义战争中，他所表现出来的宽容和仁慈还是帮他赢得了人民的感激。善于延揽人才是朱元璋的第二个优

朱元璋画像

势，不为元帝国统治者所欢迎的汉族底层士人成了朱元璋的智囊和支持者，他们为朱元璋提供切实可行的谋略。

在人民和士人的帮助下，朱元璋最终击败了所有竞争者，赶走了蒙古人，统一了中国，成为汉唐遗产的继承者。

在朱元璋的竞争者中，对他威胁最大的并不是蒙古人，而是与他身份近乎相同的汉族起义首领——长江中上游的陈友谅和江浙地区的张士诚。

朱元璋领导他的军队进行了几次艰苦卓绝的战争，有时甚至直到战争的最后一刻，胜利的天平才向朱元璋倾斜。但最终，朱元璋还是战胜了他的汉族同胞，获得了与蒙古人争夺天下的资格。

由于蒙古帝国统治者的腐朽和愚蠢，蒙古军队四分五裂地掌握在不同人的手中。他们把对方看作是最大的敌人，甚至会出现联合汉族军队攻击政敌的情况。在这种情况下，除了西北的小股部队之外，大多数蒙古军队都没能抵挡住朱元璋凶猛的进攻。最后，蒙古人逃回了蒙古草原。

幸运的朱元璋轻而易举地完成了宋帝国所有皇帝没有完成的事，将蛮族人赶出了中原。于是，朱元璋在制定国家制度方面直接跳过了宋帝国，参考最后一个统治中国全部领土的唐帝国的法律，制定了明帝国的行政法规。

明帝国建立时，由于当时华北地区已经被鞑靼人占领了 242 年，北京城更

古画中的明帝国军队

是被他们控制了 432 年，北方各省早已被草原民族所渗透，但华南地区一直都是由汉民族主导，这次民族解放运动也是在这里发起，所以当时的南方代表了真正的中国，朱元璋因此在南京建立了首都。

为了消除南北方之间因为两个半世纪政治分离而造成的意识差距，恢复中国精神和政治的统一，朱元璋决定，不仅派南方的官员管理北方，还让北方的官员参与到南方的管理中。

为了弥合蒙古人在统治中国时对中国文化造成的断裂，朱元璋完善了科举考试制度，重建了贵族爵位，还举行了隆重的祭祀孔子的仪式，试图把中国与遥远的汉人的辉煌过去接续起来。

这一切让汉民族重新焕发了荣光。然而，随着他年龄越来越大，他性格中真实的一面开始毫无顾忌地显露了出来。

身边的大臣惊恐地发现，皇帝正逐渐丢掉之前受人欢迎的性格，转变为一个难以伺候、性情古怪的老人。

朱元璋开始变得习惯性猜疑，因为莫名的事件，他一次性就处死了 18 位贵族以及他们的所有家人。后来在一次不知真假的阴谋中，愤怒和恐惧的朱元璋又在南京处死了上万人。曾经的民族解放者变成了专制统治中的残酷君主。

但无论如何，明帝国还是带领汉民族完成了他们的复辟，一个强大的帝国又一次出现在了世界的东方。

二、明帝国的扩张与衰落

朱元璋法定的继任者先于他而去世，因此在他临死之前，他将帝国传给了他的孙子——一个爱好儒学的皇帝。

新皇帝宽容而儒雅，不像朱元璋那样残暴，他乐于听取身边大臣的意见，这让经历了朱元璋恐怖统治的大臣们都松了一口气。然而，随之而来的却是帝国内部的反叛。

朱元璋像春秋战国时期那样把自己的亲属都分封到了帝国的边界地带，并授予他们掌控军队的权力。这种分封让新皇帝备感焦虑，他决定削弱叔叔们的权力，由此引发了一场旷日持久的叛乱。

在叛乱中，来自北方边界能征善战的朱元璋四子朱棣赢得了胜利。在新皇帝离奇失踪之后，朱棣成了明帝国的皇帝，他被后人称为"永乐皇帝"。

永乐皇帝有着强大的野心，他想要恢复汉人的荣光，像汉唐一样征服周边国家，成为天可汗一样的角色。抱着这个想法，1421 年，永乐皇帝将明帝国的首都从南京迁到了北京，并建造了宏伟的皇城——紫禁城。

明帝国都城——北京

建都北京是之前任何一个汉人帝国都不曾想到的选择。最先在北京建立都城的是生活在 10 世纪的契丹人，之后在此地建都的还有女真人和忽必烈。因为北京是中原的边陲重镇，穿过南口（南口关，位于燕山余脉与太行山脉交会处，是居庸关南侧的长城要隘。）就是蒙古草原，蛮族在这里建都就是因为这里是汉人和他们的分界线。

永乐皇帝将首都搬迁到这里，就是为了占领通往蒙古草原的入口，征服蒙古草原。

在朱元璋时期，明帝国的军队就曾进入过蒙古草原，对蒙古部落进行报复性远征。而永乐皇帝则趁成吉思汗的子孙被明帝国打败、权威遭到严重削弱的时机，千方百计煽动其他蒙古部落反抗成吉思汗部落的统治，并且派兵进攻蒙古，甚至亲自率兵打到了成吉思汗的老家，获得了蒙古的宗主权。

在南方的印度支那，永乐皇帝重新采取了汉唐时期的国家政策。永乐皇帝以安南国一个篡位者推翻了这个国家的合法王朝为借口，占领了安南国，并把它分割成中国的几个行省。

吞并安南后，永乐皇帝将目光放到了广阔的大海之上。他组建了一支庞大的舰队，宣示着他在印度洋上的霸权。这支舰队在 1405 年到 1424 年之间几次出航，帮助明帝国获得了在占婆、高棉、暹罗、马六甲半岛、爪哇、苏门答腊、锡兰、孟加拉和南印度等海岸地区的宗主国权力。

然而，由于中国士大夫阶层一如既往地敌视在他们看来代价高昂而又毫无益处的对外征服，永乐皇帝的"国际事务"遭到了强烈的反对。

在永乐皇帝时期，大臣们趁机上书要求中国退回到中原范围之内，安心管理好自己的国家和人民。

明朝士人画像

明帝国的这项决定让中华退出了原本属于

他的国际舞台，要不然在这个世纪末，当西班牙人到达印度的时候，可能就会发现印度已经被中国的海军占领，世界的轨迹也就要产生变化了。

除了在领土上的退缩，在意识形态上，明帝国也产生了退化。1464 年，朝廷颁布诏令将朱熹的"朱学"作为明帝国国家的信条。这种国家性的意识形态最终通过科举被稳固了下来。科举给明帝国的每一个人民改变命运的机会，条件是他们必须服从于国家的意识形态。

1424 年，永乐皇帝去世，他是明帝国最后一位有能力带领帝国称霸东方的人。在他死后，明帝国陷入长期的自我封闭状态。明帝国的统治者顽固地相信他的帝国是世界上最好的地方，帝国之外的世界是不值得他去冒险的。统治者的信念最终成了整个帝国的信念，以至于数百年后，当明帝国都已经不复存在了，中华这片土地的人们仍然将自己视为天朝上国，而将更为发达的西方视为"蛮夷"。

在之后 200 多年的统治里，朱棣的子孙中再也没有出现一位像汉、唐王朝一样实现复兴的伟大统治者。国家权力在士人、宦官和皇帝之间流转，帝国陷入无穷无尽的内部斗争之中。直到帝国末期，农民李自成领导的起义推翻了帝国的统治，但随后，李自成的政权又被满洲人所取代，异族再次统治了中华。然而，中华强大的文化最终又让满洲人成了中华的一部分。

三、满洲人的崛起

到了明帝国的末期，腐朽的统治几乎已经让帝国丧失了所有人民的拥戴，每当有饥荒出现时，农民起义就接踵而至。贪婪的官吏和拮据的帝国财政把更重的负担压在没有起义的农民身上，从而催生出更大规模的起义。

明末的起义者李自成经历了早期的失败和逃亡，但当他因为 1643 年的饥

满清皇帝画像

荒再次集结军队起义时，他幸运地没有遭到什么镇压就推翻了明帝国的统治，因为这个时候，明帝国已经没有任何能力镇压他的反对者了。

然而，李自成并没有成为下一个朝代的开创者。幸运的满洲人篡夺了他的成果，建立了中国最后一个王朝——清帝国。

满洲人是一个和女真人有直接联系的通古斯民族，他们生活在满洲北部的松花江流域。17世纪初，一位叫作努尔哈赤的满洲首领统一了满洲的各个部落，建立了政权。他自认是建立过金帝国的女真人的后代，因此把自己的政权称为后金国。

建立了金帝国的努尔哈赤随后对统治着满洲的明帝国发动了战争，但一开始，战争的范围只局限于满洲当地。在彻底统一了整个满洲地区后，满洲人试图越过长城，但遭遇了耶稣会士为明帝国皇帝制造的大炮的攻击，努尔哈赤的计划完全失败了。

努尔哈赤死后，他的儿子皇太极登上了他的位置，皇太极是一名相当有天赋的野心家。他发现了明帝国的衰落，为了能够从明帝国的手中夺得中国皇帝的位置，他竭力将自己的族人伪装成中华文明的继承者，就像另一位皇帝忽必烈一样。

皇太极在1629年—1630年的冬天，带领他的族人打到了北京城下。在无法攻破城墙的情况下，皇太极前往女真人建立的金国皇帝们的陵墓。在那里他举行献祭，宣布满洲人与女真人之间的血脉关系，宣布了满洲人对中国皇帝的宝座拥有合法的继承权。1636年，皇太极在奉天称帝，成为清帝国的第一位统治者。

虽然满洲人在满洲称帝，但对明帝国的统治并没有造成严重的危害。他们依然被长城阻挡，只能偶尔越过长城对河北地区不设防的乡村造成威胁，在抢掠一番之后赶快退出长城之外。吴三桂率领精锐的皇家部队震慑着满洲人的野心，让满洲人不敢也无法长久逗留在长城以内。

直到一位大胆的反叛者李自成带领着饥饿的农民们占领了北京，明帝国皇帝为了避免落入敌手，选择上吊自杀。吴三桂在得到消息后，匆忙地与满洲人签订停战协议。满洲人欣然同意，并将一支精锐的军队交给吴三桂，以惩罚叛乱者。

满洲骑兵画像

李自成的军队被吴三桂率领的精锐在永平迅速击溃，李自成为了泄愤杀死了吴三桂的父母，两个人的仇恨再也无法化解。愤怒的吴三桂向满洲借兵，邀请他们一起进军北京。李自成被满洲人和吴三桂吓得烧毁了皇宫，带着洗劫的财物逃回陕西。等到吴三桂和满洲人进了北京后，满洲人终于露出自己的真面目，他们带着 10 万大军占领了北京，不顾吴三桂的抗议，将刚刚死去的皇太极的儿子立为皇帝，年号顺治。

当时，明帝国的残余抵抗力量在帝国的东南仍有很大的势力，他们拥有精锐的部队和充足的粮饷。然而，他们陷入了和当年蒙古人一样的内斗当中。在内斗和互相背叛中，满洲人得以坐收渔利，最终明帝国彻底失去了复兴的机会。

被满洲人戏弄了的吴三桂在形势所逼下，不得不成为他们的同伙。他们提出只要吴三桂赶走李自成，就封他为陕西总督。吴三桂将所有的怒火都转向了杀父仇敌李自成，组织了一场浩大的围剿，消灭了李自成。

就此，满洲人成了中国王朝的统治者，他们强迫每一个汉人都将前额剃光，这种发型成了满洲人政府治下的标志。清帝国崛起了。

四、日渐黄昏的盛世

满洲人通过李自成和吴三桂之间的斗争，兵不血刃地接管了中国的权力中心，成为华夏帝国的新主人。

满洲人对中原的征服方式和蒙古人的屠杀比起来就显得聪明得多了，虽然在统治的早期屠杀仍然不可避免地存在，但满洲人迅速就过渡成了文明的统治者。他们给予普通百姓比明帝国还要优厚的税收政策，前提是这些百姓必须服从于他们。

华夏皇权的至高象征——紫禁城

满洲人对支持清帝国统治的明帝国贵族们给予非常丰厚的回报，赐予他们金钱和爵位。为了得到汉人贵族的支持，他们还在南方建立了三个大的封邑，封给了三个汉人权贵，其中就有吴三桂。

这些由清帝国初期辅佐年幼的顺治皇帝的摄政王颁布的绝妙政策，帮助清帝国真正接管了明帝国皇帝遗留下来的权力。

摄政王去世后，顺治皇帝收回了他的权力，由自己直接掌控国家。顺治皇帝在位时，对耶稣会的神父汤若望十分推崇，曾任命汤若望为钦天监监正，授予他"通玄法师"的头衔。朝廷还采用了汤若望递交的一篇关于欧洲天文学的论文。后来顺治皇帝因为自己宠爱的贵妃去世，变得消极抑郁，早早去世。

顺治去世后，他年仅 8 岁的儿子继承了皇位，他就是中国历史上最有名的皇帝之一——康熙皇帝。

康熙皇帝在未成年时，皇帝的权力被四位摄政王大臣掌控。他们管理这个帝国时，抛弃了顺治皇帝之前的一些政策。他们不只颁布诏令禁止基督教，对于科举考试的成绩，还要按照朱熹学派的教义，根据文学创作水平来评判士子是否可以成为官员，这种制度一直持续到了 1905 年才被废除。

对于权臣的专权，年轻的康熙皇帝十分不满。1667 年，13 岁的康熙皇帝终于从摄政王大臣手中拿回来他的一部分权力，他开始想办法清算这些摄政王大臣。1669 年，康熙终于夺回了他作为皇帝的全部权力，于是他下令让所有满洲人将他们非法夺取的土地全部归还给原先的主人。

康熙皇帝亲政后，开始对之前满洲人为了获取汉人支持而再分封的三个汉人亲王的巨大权力感到不满。

康熙皇帝看着三位自治的亲王，尤其是吴三桂，完全像是一名独立的统治者，他决定除掉他们。于是他便下令召吴三桂来北京，被吴三桂以年迈为借口推托。后来在康熙皇帝再次召见吴三桂时，吴三桂干脆揭竿而起，号召汉人发动起义，反抗满洲人的统治。

另外两位汉人自治的亲王纷纷效仿，发起叛乱。但是，清帝国的统治已经获得了大多数汉人的拥戴，而这三位亲王作为明帝国的背叛者却并没有强大的号召力。

叛乱很快就被清帝国的军队平定，康熙皇帝将整个华夏全部都纳入他的统治之下。

在巩固了国内的统治后，康熙皇帝将他的目光放到了外蒙古地区，在耶稣会士制造的火炮的帮助下打败了外蒙古地区的抵抗者。然后凭借着游牧民族之间的联系，满洲人和蒙古人达成协议，清帝国轻而易举地获得了蒙古地区的统治权。

1722 年，康熙皇帝不幸感染风寒去世，雍正皇帝接替了他的位置。

雍正皇帝受了朱熹学派的士大夫影响，思想极端保守狭隘，他下令赶走了所有的传教士，除了一些可以用科学知识制造大炮的传教士。雍正去世后将他的位置传给了他的第四个儿子，也就是后来的乾隆皇帝。

乾隆皇帝在位时将帝国的触手再一次伸向了中亚，将今天的新疆地区重新纳入了大清帝国的版图之中。

相比于异族征服者，此时的清帝国皇帝更像是一位充满民族自豪感的汉人帝王，他以汉人的"天朝上国"自居，固执地认为自己的帝国是一个可以比肩汉、唐的华夏帝国。在他的心里，他更希望人们将他与那些伟大的汉族帝王比如汉武帝、唐太宗放在一起，而不是他的满洲祖先。

西方描绘马戛尔尼觐见乾隆的漫画

乾隆末年，清帝国确实像汉、唐一样，将华夏的版图扩大到那块被西伯利亚、阿尔泰、天山、帕米尔高原和喜马拉雅山所环抱的"封闭的大陆"。在这个帝国内部，人民井然有序地生活着，因为皇帝的励精图治，国家财富多得惊人。

然而乾隆皇帝和华夏人民不知道的是，就在同一时间，西方已经崛起，仍然做着帝国梦的他们实际上已经开始落后于世界，并且还会在未来被世界远远甩在身后。清帝国迎来了一个盛世，但却是一个日渐黄昏的盛世。

第三章
日渐衰落的印度

一、莫卧儿的衰落

莫卧儿帝国的伟大皇帝奥朗则布让帝国强大了起来，然而在他统治时期，帝国内部也出现了很多弊端。

首先，他的上位是与他的皇兄达拉拼死竞争而得来的，双方各有支持者，虽然在竞争中奥朗则布占了上风，但他的反对势力在帝国内部依然强大。

奥朗则布的反对势力主要是印度教信徒，因为达拉拥护印度教信徒们的利益，并宣称自己为阿克巴事业和宗教宽容政策的继承人，由此他也得到了印度教各阶级的拥戴。

而与达拉相反，奥朗则布是一位虔诚的伊斯兰教教徒，他反对伊斯兰教之外的所有宗教。他主张掠夺印度教教徒的财产，以此来扩大帝国收入和地产。

奥朗则布画像

在双方的竞争中，奥朗则布占据了上风。而当他获得了帝国之后，莫卧儿帝国已经出现来自于内部的危机了。

可以说，这种危机完全是奥朗则布自己造成的。在他的父亲沙·贾汉时期，帝国采取宗教宽容政策，这让不同民族、不同宗教的国人对帝国始终有所认同，帝国的强盛也正源于这种认同。

然而，奥朗则布却固执地排斥除了伊斯兰教之外的所有宗教，为此，他曾经下令禁止伊斯兰教教徒采用印度教的习俗，不准在钱币上铸造"清真言"，宣布恢复使用伊斯兰教历，丝毫不顾及伊斯兰教教徒已经和其他教徒和睦共处的现状。

对于伊斯兰教之外第二大国内宗教印度教，奥朗则布则采取残酷打压的政策。掌握帝国 4 年之后，他就出台政策加重印度教商人的关税，几年之后他又下令摧毁印度教寺庙和学校，并在原址上修建新的清真寺。

此后，他还重征印度教教徒人头税、禁止印度教教徒骑马、处死印度教领袖，种种措施让本来近乎相安无事的伊斯兰教教徒和印度教教徒的关系变得十分紧张。

奥朗则布这种激化宗教之间矛盾的做法很显然会给帝国造成深深的裂痕，他虽然得到了伊斯兰教各阶层的拥戴，但也相应地被印度教教徒们所憎恶。在他的统治时期，印度教教徒频频发动起义以推翻他的统治。

1667 年，普什图人在帝国西北发动了起义，起义一直持续了 8 年时间才被镇压下去。1672 年，印度教教徒发动了大起义，起义战火几乎引燃了整个帝国。而印度教卫士马拉塔人的起义则近乎摧毁了莫卧儿帝国。

马拉塔人的首领西瓦吉是个文盲，但他却是一个比奥朗则布更好的统帅。他笃信印度教，但

印度宗教浮雕

对伊斯兰教也采取宽容的态度，他组织了护卫印度教的军队，军纪严明，对所有宗教都秋毫不犯，他的军队数次击败莫卧儿帝国的军队。终奥朗则布一生也没有看到马拉塔人起义被平息下去的希望。

1707 年，89 岁的奥朗则布死于阿马德纳加尔，他虽然目睹了莫卧儿帝国的辉煌，但他给子孙留下的却是一个四分五裂，并被马拉塔人、锡克人强大势力包围的莫卧儿帝国。

奥朗则布去世之后，不仅仅宗教起义没有平息下去，因为奥朗则布晚年的懈怠而导致的帝国管理层腐化的问题也爆发了。各地方强大的总督们纷纷宣布独立，帝国已经到了崩溃的边缘。

此时，如果有一位强势并睿智的统治者来掌管帝国，莫卧儿帝国仍然有复兴的希望，然而历史已经不会给印度机会，因为此时更可怕的敌人到来了。

二、波斯帝国的入侵

奥朗则布去世之后，留给了子孙一个四分五裂的莫卧儿帝国，此时帝国似乎有两种未来，一种是由一个强势的帝王进行复兴，另一种是被国内的马拉塔人政权所取代。然而，西部的波斯人来了。

在印度被奥朗则布皇帝搞得四分五裂的同时，波斯人却在有名的暴君纳迪尔沙的统治下开始了对外侵略。

1736 年，纳迪尔沙皇帝入

反映波斯军队入侵印度的画

侵阿富汗，阿富汗人进行了顽强的抵抗。但对于强大的波斯人来说，这些抵抗是没有意义的，阿富汗很快就被征服。

在攻占了阿富汗首都之后，1739 年波斯人又翻过大山向印度进发。此时的印度北部已经被腐败的政治搞得四分五裂。得知波斯人的入侵，莫卧儿帝国居然派不出军队来。

匆忙之际，北部的王公们筹集巨款聘请了 2 万阿富汗雇佣军抵挡波斯人，但根本无济于事，纳迪尔沙的军队继续向德里进发。

此时，德里的将军们又发生了内讧，导致波斯人长驱直入，最终双方在卡尔纳尔（Karnal，在今印度哈里亚纳邦境内）附近展开了激战。此时，德里军队还有超过 30 万士兵和数千头战象，波斯人只有不到 8 万人。但是，最终胜利的一方却是波斯人。

在卡尔纳尔之战后，摆在波斯人和德里之间的就只有平坦的大路了。1739 年 3 月 22 日，纳迪尔沙皇帝的军队进入了德里，并开始了大规模的抢劫。

据说，纳迪尔沙共抢走了超过 2000 万卢比的财富，夺走了莫卧儿首都所有的宝物，并封闭了粮仓以榨干德里市民的财富。当他满载而归回到波斯之后，由于战利品太过丰厚，纳迪尔沙甚至取消了国内三年的赋税。

除了掠夺财富，纳迪尔沙的军队还对德里进行了各种各样的暴行，屠杀、强奸随处可见，保守估计至少有超过 20 万人被屠杀。

纳迪尔沙国王画像

最终，抢掠一番的波斯人决定撤离，他们割走了印度河以西所有莫卧儿帝国的领土，并将德里这个伟大的首都付之一炬。经过这次打击，莫卧儿帝国在北方的势力已经微乎其微，各地方都由总督重新建立政权，但这些政权对于帝国的忠诚度却是值得怀疑的。

因为入侵印度带来的丰厚回报，和印度北方的近乎不设防，在此后的 20 年里，波斯帝国对印度进行了数次入侵。入侵的结果是，莫卧儿帝国彻底分裂了。各地的总督不再听命于帝国，更有地方和波斯人达成了某种协议。

不过，波斯人的入侵也给了莫卧儿帝国一个诡异的回报，那就是他们也顺带摧毁了马拉塔人的政权，这导致印度完全变成了一盘散沙。虽然表面上还是莫卧儿帝国掌握着印度次大陆，但实际上已经没有人认为莫卧儿帝国可以复兴。

莫卧儿帝国无法复兴，波斯人也没有能力建立取代莫卧儿帝国的政权，此时，一个权力的真空地带暴露给了更为强大的西方殖民者。

三、来自西方的殖民者

对于印度次大陆，西方殖民者一直有所觊觎。葡萄牙人、荷兰人、法国人先后进行过殖民尝试，但最终胜出的却是英国人。

英国对印度次大陆的殖民是从孟加拉开始的。1757 年 1 月，臭名昭著的殖民强盗克莱武在孟加拉省登陆，在收买了内奸之后打败了孟加拉军队，开始实行野蛮的统治。

克莱武的统治没有丝毫文明可言，最后使得他所扶持的傀儡政权也无法容忍他的暴行，最终选择迁都和他决裂，并率兵 20000 于 1763 年发动了反英起义。不过，面对现代武装的殖民者，起义很快就被镇压了下来。

随后，已经占领孟加拉的英国殖民者开始他的征服整个次大陆的疯狂计划。19 世纪 40 年代，英国侵略者开始侵略居住在旁遮普地区的锡克教徒。尽管锡克教徒进行了顽强抵抗，但还是没能战胜英国殖民者。

1849 年，英国人在吞并了旁遮普之后，已经将整个莫卧儿帝国都变成了自己的殖民地。在这里，英国人采取"分而治之"的统治政策，政治实权完全掌

英国东印度公司标志

握在英国人的手中，而莫卧儿帝国已经名存实亡，所谓的皇帝不过是个傀儡罢了。

不过，英国人对印度的殖民并不是由政府主导而是由英女皇特许的一家公司来主导的。1600年12月31日，英国女王伊丽莎白一世授予东印度公司皇家特许状，把印度的贸易特权给予它。

这一特权的授予给了东印度公司长达21年的贸易垄断权。随着东印度公司的逐渐发展，它渐渐从一个贸易企业变成了后来的印度实际统治者。

相对于东印度公司的目标，即整个印度，公司的实力无疑是十分渺小的。针对印度的这种现实情况，东印度公司采取了多种手段并举的侵略方式。

首先，干涉印度王公们的内部争斗，收买、扶植代理人，利用他们配合军事行动。

其次，逐步分化、瓦解各个王公的势力，激化他们的矛盾，使他们自相残杀，无暇联合抵抗英国的统治。

再次，对一些地区采取直接兼并的方式，用武力征服并建立附属国，起到杀一儆百的作用。

最后，建立军事部队，招募印度士兵加入，用印度人来管理印度人。面对庞大的军费问题，英国殖民者巧妙地与附属国签订了资助协约，把军费负担分摊到印度人的头上。

通过这些办法，东印度公司逐渐发展起来，反客为主了。面对英国入侵者的殖民统治，那些印度王公贵族们很少有坚决抵抗者。为了各自的利益，谁也不愿意多蹚这摊浑水。

不仅如此，有些王公还认敌为友，主动与英国人交好，以获得一己私利。此时的印度，各个王公各自为政，完全没有一致对外的向心力，就像一摊散沙，

英国殖民者

这也就是当时封建主义印度的最大悲剧。

英国人在统治印度时，把它分成了两个部分，其中之一为公司直接管理，也就是"英属印度"，另一部分则是印度存在的众多附属国，叫作"吐蕃印度"，当时这种土邦多达 554 个，分布在印度的各个地区。

这种管理策略使英国成功地对如此庞大的印度完成了统治，英国人在完成了印度的统一之后，又人为地把印度分裂成无数个小块，由保留下来的王公来统治各个地区，从而使他们互相牵制。这样也就造成了印度统一中又不统一的局面。

在东印度公司获得了印度这块巨大肥肉之时，英国的广大工商业者和社会的上层也希望能分一杯羹。他们的势力逐渐强大，之后迫使议会通过立法的手段插手管理印度，从而渐渐削弱了东印度公司的统治权。他们要求在公司的法院之外，还需要设立英国王室的法院系统，从而为印度制定法律制度，并推广英语教育等。

这个由英国女王授权的管理印度的公司逐渐被收回权力。终于，在 1857 年爆发了反抗英国统治者的印度民族起义，起义被镇压之后，印度归到英国的直接统治中。

与很多殖民统治一样，当时英国对印度也采取了赤裸裸的暴力掠夺手段，包括对国库直接搜刮，强迫王公支付战争赔款；垄断印度的贸易，把印度商人排挤在外；在金融信贷领域把印度人排斥在外。

更为悲惨的是印度底层人民的生活，英国人强迫工人为其无休止地劳作。有些工人甚至宁愿自断手指，以避免被抓去充当苦力。

英国人对土地税也进行疯狂的榨取，致使农民无法生存，甚至卖儿卖女，耕地无人劳作，农民成群逃亡。1770 年，因饥荒而饿死的人就达 1000 万之多。英国殖民者就是靠着这种残暴而不计后果的方式，把印度榨取一空。

一、阿拉伯帝国走向衰落

庞大的阿拉伯帝国自建立之始就存在着很多隐患,是阿拉伯贵族凭借强大的武力硬生生把这些不同民族、不同信仰的人统一在一起。

不仅如此,阿拉伯帝国的各阶层人民也有很大隔阂,广大的劳苦群众与贵族官僚及富商之间的矛盾几乎达到了不可调和的程度。此外,就是穆斯林的内部也因为复杂的原因导致四分五裂、分崩离析的局面。

早在阿拔斯王朝创立之初,倭马亚家族的后裔就跑到了欧洲伊比利亚半岛,割据独立,在那里他们建立了后倭马亚王朝(756年—1236年)。由于他们的服饰多为白色,因此在华夏的史书中都把他们称为"白衣大食"。

这一"白衣大食"王国与阿拔斯王朝分庭抗礼。788年,北非的摩洛哥还出现了什叶派的伊德里斯王朝。

国家内部的经济差异和地方势力的崛起进一步加速了阿拉伯帝国的分裂瓦解。在各个地方,其总督和军事首领因军事封土制的推行而渐渐得到了强大的

阿拉伯人

经济基础和军事实力，他们的崛起无疑对阿拔斯王朝的统治构成了巨大的威胁。

随着实力的不断壮大，一时间几十位各地方的统治者都趁机自立，并开始互相征伐兼并，甚至推翻中央政权。

比如在 800 年时，军事将领伊本·艾格莱卜在得到突尼斯封土之后，就建立起了艾格莱卜王朝（800 年—875 年）。埃及的总督哈默德·图伦在 868 年也宣布了独立，进而建立起了图伦王朝（868 年—905 年）。随后在东方各省还相继建立了希尔王朝、萨法尔王朝以及萨曼王朝。

909 年，什叶派的穆斯林在突尼斯建立了法蒂玛王朝，随后开始迅速对外扩张，先后征服了阿尔及利亚、叙利亚、埃及、撒丁岛。到 973 年，将都城迁往开罗，由于他们的服饰在颜色上崇尚绿色，因此在华夏的史书中被称为"绿衣大食"。

除此之外，摩苏尔和阿勒颇还建立了哈姆丹王朝；波斯人与突厥人在波斯、中亚和小亚细亚地区建立起了萨曼王朝、白益王朝、伽色尼王朝、塞尔柱帝国；在埃及、叙利亚和也门地区则建立起了阿尤布王朝。在此时期，曾经的阿拉伯帝国迅速被各种大小王国所割据。

到了 10 世纪之后，阿拉伯帝国早已失去了各地方的统治权，实际管辖的区域只有巴格达及周边地区，国王已经徒有其名。

塞尔柱突厥骑兵

934 年，里海南岸的德莱木人白益第三子阿里攻占了法尔斯的都城设拉子，945 年，他的弟弟艾哈迈德进入并控制巴格达，此时的哈里发穆斯台克非已经成了白益家族的傀儡政权。1055 年，一支塞尔柱人 ① 再次攻占了巴格达。哈里发的政治权力全部被废除，只保留宗教首领的地位。

二、从内部瓦解的阿拉伯帝国

在军阀接连割据自立的同时，广大下层人民群众也纷纷发起了反抗起义。

为了满足皇室贵族们的奢靡生活，他们一直对人民采取繁重的剥削压迫政策。那些农民、手工业者和奴隶们长期遭受统治者的压榨，致使人民和封建主之间的矛盾日益加剧。因此，那些无法忍受的劳动者们开始纷纷起义，发起反抗。

① 塞尔柱人是 10 世纪到 12 世纪活动在中亚及西亚历史舞台的一个民族，曾经建立了强大的塞尔柱王朝。

贩卖黑人奴隶的阿拉伯人

9 世纪之后，人民的起义已经遍及全国，其中声势最为浩大的包括巴贝克起义、黑奴起义和卡尔马特起义。

巴贝克起义的领导人巴贝克出身于阿塞拜疆的底层，他利用祆教胡拉夫派的教义，领导人民开展反抗恶神所造成的暴力、压迫和不平等。

巴贝克以推翻阿拔斯王朝的统治为目标，在 816 年于阿塞拜疆起义，很快就控制了阿塞拜疆、亚美尼亚和波斯西部等地区。他们的武装部队被称为"红衣军"，在最强盛时一度达到了 30 万大军，并且在有勇有谋的首领巴贝克的带领下，与政府军战斗了 20 年，对阿拔斯王朝造成了极大的威胁。

帝国政府不仅加大力度镇压他们，还出重金悬赏缉拿巴贝克。终于在 837 年，巴贝克被叛变者出卖，英勇牺牲。随着巴贝克的死亡，起义也宣告失败。

但是过了 30 年，在帝国的腹地美索不达米亚地区又爆发了黑奴大起义。这些黑奴都是阿拔斯王朝从东非押运到美索不达米亚的，他们的处境和生活十分悲惨。

869 年 9 月，自称阿里后裔的阿里·本·穆罕默德来到巴士拉地区，宣称奉真主之命来解救黑奴脱离悲惨处境，因此很快就得到大批黑奴的支持响应，迅速聚集了 20 万起义军。

随后，穆罕默德开始进攻两河流域的重镇巴士拉，并于 871 年攻陷巴士拉。起义军屡败政府军，并直入距离巴格达仅有 20 千米处。

帝国的命运迫在眉睫，哈里发穆耳台米德亲自派军征讨，剿抚两计并用。由于穆罕默德未能及时兑现起义之初所做出的承诺，起义军的势力被大大削弱。终于在 883 年，已经斗争了 14 年之久的黑奴起义被镇压，穆罕默德也被杀死。

尽管起义失败，但是仍然强烈撼动了统治者的王位，随后阿拉伯帝国明显减少了从非洲输入黑人奴隶的数量。

三、阿拉伯帝国的灭亡

伴随着大规模的人民起义，异端教派也趁机发展起来。

9 世纪末期，由阿布·阿杜拉创立的"卡尔马特教派"兴起。这支教派反对哈里发政权的专断统治，主张社会平等、财产共有，反对并废除伊斯兰教的教义。

890 年，哈马丹·卡尔马特在伊拉克南部的库法发起起义，随后势力迅速扩大，蔓延到波斯、中亚一带。899 年，他们在波斯湾西岸的巴林建立起了卡尔马特国家，并存在了 200 多年。

实际上，在塞尔柱人到达巴格达之际，阿拉伯帝国还一度出现过复兴的局面。尽管当时的哈里发只是名义上的统治者，但实权早已握在塞尔柱人苏丹的手中。但是这些塞尔柱人对阿拉伯帝国的传统十分尊重，把他们以往的封建制度都基本继承下来，帝国的东部地区也恢复了短暂的统一。

可是剧烈的社会矛盾并没有消除，人民依旧发起对政府的反抗，同时教派组织也发展起来，其中有一支由什叶派的主要派系伊斯玛仪派发展出来的阿萨辛派就是一个十分恐怖血腥的教派。

他们以波斯希波的阿刺模忒堡作为根据地，以神秘的山中老人霍山[①]（哈桑·本·萨巴赫）为首领，专门从事地下暗杀行动，对哈里发、苏丹以及达官贵人们开展了以排除异己为目的的极端恐怖行动。

到了 11 世纪末 12 世纪初，军事封土制所带来的弊端再一次显现出来。那些手握重兵、拥有广阔根据地的突厥封疆大吏们分裂成了 10 多个封建小邦国。这种支离破碎的时局也让西欧的封建主和基督教会乘虚而入。从 11 世纪起，他们的十字军发起了多次对阿拉伯帝国的东征，导致圣城耶路撒冷被血洗劫掠。

12 世纪末期，中亚的一个新兴王朝崛起，即花剌子模王朝。他们取代塞尔柱人的位置，控制了哈里发。

没多久，13 世纪初，强大的蒙古帝国崛起，此后的蒙古帝国几乎扫遍了亚洲，他们第一次西征就灭掉了花剌子模。随后在 13 世纪中期，强悍的蒙古铁骑杀进西亚地区。1252 年，成吉思汗的后裔旭烈兀奉其兄蒙哥汗之命开始西征。

旭烈兀的军队席卷了波斯、小亚细亚、美索不达米亚和叙利亚地区，一路烧杀劫掠来到了帝国的都城巴格达，在 1258 年，将巴格达摧毁。除了少数的有高超技艺的工匠被带回蒙古之外，巴格达全城居民全部遭到屠杀，总人数达到 9 万人。

反映蒙古人攻陷巴格达的古画

值得一提的是，作为皇族的哈里发为了不受战刀的玷污，选择裹在地毯里被战马踩死。就这样，在蒙古人的铁蹄之下，强盛一时的阿拉伯大帝国灭亡了。

[①] 山中老人是一个真实的历史人物，本名哈桑·本·萨巴赫，波斯籍。他开创了著名的阿萨辛派，以恐怖活动对付政敌。

四、伊斯兰的复兴与衰落

巅峰时期的蒙古帝国曾经席卷欧亚大陆，然而蒙古帝国很快就在内部分裂的情况下退出了它曾经侵略过的土地。在蒙古人退走之后，伊斯兰势力迎来了复兴。

一些蒙古王公割据他们曾经领有的土地，建立了一个个小政权。这些政权最终多皈依伊斯兰教，使得伊斯兰教再次成为统治西亚和中东的唯一宗教。

而在蒙古人之外，很多原本在其生活地域占据次要角色的小民族开始变得强大，他们纷纷建立起自己的伊斯兰政权，其中比较出名的有土库曼族建立的白羊王朝和黑羊王朝。

不过，此时一个真正强大的政权出现了，那就是塞尔柱突厥人建立的奥斯曼帝国。奥斯曼帝国通过征伐逐渐掌握了今天中东和阿拉伯地区，虽然伊斯兰教依然是奥斯曼帝国的信仰，然而在文化和风俗方面，奥斯曼帝国更多是向西方靠近而非亚洲。此时，作为东方伊斯兰文明代表的阿拉伯已经衰落了。

真正让伊斯兰教在亚洲复兴的依然是波斯人。奥斯曼帝国在小亚细亚扩张的时候，一些穆斯林什叶派信徒受到迫害，他们被迫迁徙并逐渐团结成为一个新的政治势力。

这股政治势力由伊斯玛仪领导，他团结身边的什叶派信徒，开始对暴政进行反抗。此时，奥斯曼帝国"适时"地强硬推出了禁止什叶派的法令，这导致伊斯玛仪的势力迅速壮大起来。

随后，伊斯玛仪用武力统一了波斯，并把触角伸到了中亚和小亚细亚。在与奥斯曼帝国达成了某军事上的均衡之后，伊斯玛仪建立了新的萨非帝国。

萨非帝国一直保持与奥斯曼帝国和中亚另一个帝国乌兹别克汗国的军事敌

西方为瓜分亚洲进行战争

阿巴斯一世画像

对。在这种军事敌对中，萨非帝国一直处于下风，这种状况一直持续了几代人，直到阿巴斯一世成为帝国的新皇帝。

阿巴斯一世于 1587 年登基，睿智的他意识到帝国军队已不适应新时代战争的需要，而帝国的战略也存在某种问题，于是，他率先在战胜的情况下与奥斯曼帝国达成和平协议，将西北地区让给奥斯曼帝国。

然后，阿巴斯一世雇用了一位英国将军来重组他的军队，使帝国军队变为一支类似于欧洲正规军的军队。依靠这支军队，他首先向乌兹别克人开战，并于 1598 年重占赫拉特和马什哈德。

在解决了乌兹别克之后，他又开始了对奥斯曼帝国的进攻。1622 年，阿巴斯一世重新占领了巴格达、伊拉克东部和高加索省份。1602 年，他将葡萄牙人逐出巴林，并在英国海军的帮助下于 1622 年重占波斯湾中的霍尔木兹。

阿巴斯一世复兴了帝国，复兴了伊斯兰在东方的势力，然而我们也能够清晰地看到，在阿巴斯一世的帝国里，西方人已经开始慢慢渗透进来。终于，在强大的阿巴斯皇帝病逝之后，西方势力开始慢慢控制了萨非帝国。

在此后的一系列对外战争中，萨非帝国再也没有往日阿巴斯时期的荣耀，帝国领土不断丧失。最终，在 100 年之后，阿巴斯的子孙们交出了帝国的权力。在突厥人、西方人和国内反对势力的共同打击下，萨非帝国灭亡了。

此后的波斯地区几经分裂和战乱，虽然曾经有过短暂统一，但也不过是昙花一现。经过了 18 世纪的衰败之后，当 19 世纪到来的时候，波斯完全成了奥斯曼帝国和沙俄帝国的争斗场，伊斯兰在亚洲的最后荣光也熄灭了。